트렌드
지식 사전 **3**

김환표 편

트렌드
—— Trend Keyword ——
지식 사전 3

최신
키워드로 보는
시사 상식

인물과
사상사

'지식의 대중화'를 위해

디지털 혁명과 SNS의 확산으로 우리는 지금까지 경험해보지 못했던 새로운 현상에 직면하고 있다. 바로 정보 폭증이다. 디지털 시대의 개막으로 인해 한동안 정보 홍수라는 말이 회자되기도 했지만 이제 정보 홍수라는 단어는 옛말이 된 지 오래다. 정보 홍수로 설명할 수 없을 만큼 하루가 다르게 정보가 폭증하고 있기 때문이다. 오죽하면 정보공해라는 말까지 등장했겠는가. 정보공해는 과장인가? 그렇지 않은 것 같다. 정보 폭증으로 인한 피로감을 호소하는 사람이 적지 않기 때문이다.

정보 폭증은 새로운 문제도 던져주고 있다. 바로 정보의 옥석을 가리는 일이다. 정보 자체가 곧 지식인 시절도 있었지만 정보가 폭증하고 있는 오늘날에는 넘쳐나는 정보 속에서 자신에게 필요한 알맹이를 취하는 게 쉽지 않은 일이 되었다. 한때 포털사이트가 제공하는 검색 서비스가 그런 문제를 해결해줄 해결사로 각광받기도 했지만, 검색 서비스를 통해 정보의 옥석을 가리고 지식을 얻는 것에도 한계가 있다. 아무래도 가장 큰 문제는 효율성이다. 투자하는 시간에 비해 길어올리는 지식이 적기 때문이다.

『트렌드 지식 사전』은 정보 폭증 시대에 자신에게 필요한 지식을 찾아 헤매는 사람들을 위한 책이다. 폭증하는 정보 가운데 우리 삶과 관련이 있는 정보를 선별해 요약·정리·제공함으로써, 정보·지식 관리를 위해 아까운 시간을 투자하고 있는 사람들을 도와주겠다는 취지를 담은 책이라는 의미다. 이 책의 특징은 '압축·정리'에 있다. 압축·정리라고는 하지만 키워드를 중심으로 하나의 이슈와 개념에 대해 다양한 시각들을 보여주고자 했다. 독자들의 이해를 위해 개념과 관련된 구체적인 사례들도 포함시켰는데, 이는 하나의 개념이 현실 세계에서 어떻게 적용되고 활용되고 있는지 알 수 있도록 돕기 위해서다. 사전이라는 이름에 어울리게 키워드마다 분량은 A4 한 장을 넘지 않도록 했다. 물론 이보다 짧은 글들도 있다.

『트렌드 지식 사전』이 궁극적으로 지향하는 것은 '지식의 대중화', '지식의 민주화'다. 목표가 너무 거창한 감이 없지 않아 있지만, 이 책을 통해 지식 쌓기의 즐거움과 쾌감을 느끼는 사람들이 늘었으면 하는 바람이다. 이 책은 모두 8장으로 구성되어 있으며, 다루고 있는 키워드는 총 200개다. 아 책이 체계적인 정보·지식 관리의 필요성을 절감하고 있는 분들과 세상 돌아가는 소식에 목마른 독자들, 대학 입시를 위해 논술을 준비하는 고등학생들, 취업을 위해 시사 상식을 공부하는 취업 준비생들에게 조금이라도 도움이 된다면 더 이상 바랄 게 없겠다.

2015년 4월

김환표

Culture Section

Media Section

Society Section

Life Section

1

Culture Section

TALK

Trend Keyword

그래픽노블 Graphic Novel

문학작품처럼 깊이 있고 예술성 넘치는 작가주의 만화를 일컫는 말
이다. 기존 코믹스에선 보기 힘든 깊이를 추구하며 예술적 실험성
이 두드러지는 게 특징이다. 바로 이런 이유 때문에 그림 소설, 문예
만화라고도 한다. 그래픽노블은 만화의 형식을 빌리지만 소설처럼
길고 복잡한 스토리라인을 가지고 있는데, 이야기가 완결되는 구조
의 만화책을 그래픽노블, 『배트맨』이나 『슈퍼맨』처럼 시리즈로 이
어지는 만화는 코믹스로 구분하기도 한다.[1] 이한빛은 "미국과 유럽
에서는 '만화'를 통칭하는 용어로 쓰이기도 하는 그래픽노블은 냉
전 이후 자본주의가 급속히 팽창하던 시기에 유행하던 슈퍼 히어로
물에서 벗어나 문학성과 예술성이 강조된 새로운 장르를 일컫는다"
면서 "유럽의 소설적 상상력과 복잡한 스토리라인을 바탕으로 회화
적 표현력을 갖춘 것이 특징이다. 그래픽노블은 애니메이션 마니아
집단(오타쿠)의 광적인 취미 활동이 예술 영역으로 발전한 결과물이
다. 만화라는 장르가 아이들 취향과 유치함에 그치지 않는다는 것
을 명확히 드러낸다"고 말한다.[2]

    1978년 미국에서 등장했으며 1992년 만화로는 최초로 퓰리처
상을 수상한 미국 만화가 아트 슈피겔만의 『쥐The Complete Maus』가 대
표적인 그래픽노블에 해당한다. 미국의 만화 전문 출판사인 마블

코믹스나 DC 코믹스에서 발간한 유명 히어로들의 코믹스 시리즈도 좀더 깊은 스토리와 세계관 성립이 필요할 때 그래픽노블의 형식을 이용하는 것으로 알려져 있다.[3] 외국에서 그래픽노블은 하나의 장르로 자리를 잡았지만 한국에서는 코믹스에 비해 진지하기 때문에 외면을 받았는데, 2013년경부터 웹툰 시장이 커지고 그래픽노블을 원작으로 한 영화가 잇달아 히트하면서 그래픽노블 시장도 덩달아 커지고 있다. 2013년 개봉한 〈설국열차〉나 2014년 개봉한 〈프랑켄슈타인: 불멸의 영웅〉, 〈300: 제국의 부활〉, 〈어메이징 스파이더맨2〉 등이 그런 경우다.[4] 한국에서 그래픽노블은 만화 출판사가 아닌 인문 예술서 출판사들이 주도적으로 출간해왔다. 2005년 민음사의 시각 문화 전문 브랜드 세미콜론과, 같은 해 열린책들의 예술 전문 출판사 미메시스 등에서 미국과 유럽의 그래픽노블을 독자에게 선보이기 시작했다.[5] 2014년 1월 20일 창간한 만화 전문 잡지 『이미지 앤 노블』은 '문예 만화'를 기치로 내걸고 웹툰이 주는 경쾌한 웃음과 즉각적인 반응에 맞서 인문학적 지식을 추구하겠다고 말했다. 『이미지 앤 노블』은 풍부하고 예술적인 시각 연출과 문학적 깊이가 있는 서사를 담은 만화를 '문예 만화'로 정의하고 만화와 일러스트레이션, 소설 등을 담았는데, 이상문학상 대상 수상자인 소설가 편혜영의 대표작 『서쪽 숲에 갔다』를 만화가이자 영화감독인 변병준 작가가 만화로 만든 작품을 선보이는 등 소설과 만화의 컬래버레이션도 시도했다.[6]

다운에이징 Down-Aging

젊어 보이고 싶거나 어린 시절로 되돌아가고 싶은 욕망을 표현하는 연령 파괴 현상을 이르는 말이다. 처음에는 자신의 나이보다 어려 보이는 외모를 원하는 소비자들이 기능성 화장품을 선호하는 현상을 지칭했던 말로 쓰였지만, 2013년경부터 젊고 아름답게 살기 위해 시간과 비용의 투자를 아끼지 않는 '젊은 중년' 소비자들이 증가하면서 이들의 소비 행태 전반을 이르는 말로 쓰인다. 다운에이징 현상으로 주름살 제거 수술이나 젊은 피부로 가꿔주는 기능성 화장품, 연령대를 파괴한 패션 등이 인기를 얻고 있다.

다운에이징 소비 트렌드가 확산되면서 30~40대 소비자들의 심리를 이용한 마케팅도 활발하게 펼쳐지고 있다. 이들을 붙잡기 위해 20대에게 인기 있는 상품이라고 홍보하는 식이다. 패션 업체 관계자는 "20대를 타깃으로 제품을 내놓으면 30~40대도 많이 찾아온다"면서 "주요 소비층인 30~40대를 잡기 위해 아예 20대 제품이라고 홍보하는 경우도 있다"고 말했다.[7] 외식 업체들도 다운에이징 마케팅에 한창이다. 음료 기업들은 주로 중장년층의 건강기능 식품이나 보조 식품 등에 한정되어 왔던 제품에서 나아가 이른바 '동안 음료'를 내놓고 있다. 주요 홈쇼핑 업체들은 중년 여성들이 소화할 수 있는 트렌디한 패션 아이템과 코디법을 소개하고 있으며,

패션 스타일링을 어려워하는 중장년층 고객들을 위해 전체 착장着裝이 가능한 상의, 하의, 잡화 등 3개 이상의 아이템을 묶어서 판매하고 있다. 성형수술 시장도 다운에이징이 대세다. 유상욱 그랜드성형외과 원장은 2014년 "최근 다운에이징 분위기 탓에 실제 나이보다 더 젊게 보이려는 사람들 사이에서 성형외과를 방문하는 경우가 늘고 있다"며 "주로 기능성 화장품만으로 해결하기 어려운 부위를 시술로 개선한다"고 했다.[8]

다운에이징 소비 트렌드가 확산하면서 이와 관련된 스마트폰 앱도 증가하고 있다. 동안 유지에 필요한 뷰티 숍 정보를 모아놓은 '뷰티라떼', 같은 연령대에서 사용자의 신체질량지수가 어느 정도인지 알려주는 'BMI 신체 계산기', 빗소리, 숲 소리, 파도 소리, 악기 소리, 동물 소리 등을 테마별로 구성해 효과적인 휴식을 도와주는 '자연의 소리: 10분간 휴식!', 집에서 혼자 요가를 하는 방법과 과정을 상세하게 소개한 '홈다이어트요가' 등이 그 예다.[9]

드라마셀러 Drama Seller

드라마와 베스트셀러의 합성어로, 드라마에 등장한 책이 베스트셀러가 되는 현상을 일컫는 말이다. 드라마셀러의 가장 대표적인 경우로 거론되는 책은 소설 『모모』다. 2005년 공전의 히트를 기록한 드라마 〈내 이름은 김삼순〉에 등장한 이 책은 100만 부 넘게 팔렸다. 2013년 드라마 〈주군의 태양〉에 나왔던 『폭풍우 치는 밤에』, 〈결혼의 여신〉에 등장한 『이중섭, 편지와 그림들』 등도 대표적인 드라마셀러로 거론된다. 〈신사의 품격〉에 나왔던 신경숙의 『어디선가 나를 찾는 전화벨이 울리고』역시 드라마 방영 뒤 10만 부가 팔렸다. 2009년 출간되었다가 사실상 묻혀 있었던 『에드워드 툴레인의 신기한 여행』은 2014년 드라마 〈별에서 온 그대〉에 등장한 지 보름 만에 5만 부가 팔렸다. 드라마셀러 현상은 베스트셀러 순위도 단숨에 뒤바꿔놓을 만큼 갈수록 심화되고 있다. 한국출판인회의가 발표한 2014년 2월 마지막 주 베스트셀러 순위 '톱10' 가운데 8권이 영화나 드라마, 기업광고 캠페인 등 '외부 효과'를 등에 업은 것으로 나타났다. 이런 현상은 한국출판협동조합, 교보문고, 예스24 등 대형 온·오프라인 서점이 발표하는 베스트셀러 순위에서도 마찬가지였다.[10]

드라마셀러의 영향력이 커지면서 책을 드라마에 넣기 위한 경쟁도 치열해지고 있다. 출판사가 비용을 대고 간접광고를 의뢰하는 식이다. 드라마 제작사가 간접광고 형식으로 수억 원대의 제작 지원금을 요구하는 경우도 있다. 예컨대 2014년 8월 SBS에서 방영된 수목 미니시리즈 〈괜찮아, 사랑이야〉의 제작사가 몇몇 출판사에 넣은 제안서는, 제작 지원금 5억 원에 (해당 책이나 출판사 관련) 에피소드 5회, 간접광고 전全회, 주·조연의 직업으로 설정, 메인 배경 사용, 제작 지원 표기, 보도자료와 홈페이지를 통한 홍보 등을 약속하기도 했다. 이 제작사는 출판사에 "출간할 책의 표지를 먼저 주면 그 표지를 드라마에 노출한 후, 종영 뒤 출간을 하게 되면 홍보가 조금 더 극대화될 수 있다"고 제안했다. 이어 "이미 정해진 큰 틀의 주제는 있으나 출판 예정인 책의 스토리대로 변경은 가능"하다며 책 홍보를 위해 드라마 내용까지 바꿀 수 있다고 했다.[11]

드라마셀러에 대한 출판계의 반응은 엇갈린다. 드라마를 통해 새로운 독자층이 생기고, 다른 책에 대한 관심으로도 이어져 책 시장이 활기를 띨 것으로 보는 시각도 있는 반면, 출판 시장이 드라마에 종속될 것으로 보는 시각도 있다. 한기호 한국출판마케팅연구소장은 "책은 자체의 콘텐츠 파워를 가진 대표적인 본원상품이었지만 최근 들어 외부 요인에 휘둘리는 파생상품으로 전락했다"며 "출판사들이 영화와 텔레비전 드라마에 등장하는 스크린셀러나 드라마셀러를 만들기 위해 외부 시장에 목을 매는 현상이 점점 심해지고 있다"고 했다.[12] 김영희는 "'드라마 속 책'은 대단히 한국적인 현상이다. 과문한 탓인지, 주인공들이 특정 책을 읽어주다시피 하는 미드나 영드를 본 기억은 별로 없다"며 이렇게 말했다.

"게다가 한국 드라마 속 돈 많고 잘생긴 남자 주인공들은 절대 두껍거나 복잡한 책은 안 읽는다. 〈별에서 온 그대〉의 김수현은 석 달간 『에드워드 툴레인의 신기한 여행』의 마지막 페이지만 주로 읽는다. 〈시크릿 가든〉의 현빈은 그 멋진 서가에서 『인어공주』만 펴든다. 〈주군의 태양〉의 소지섭은 난독증인 덕에 『폭풍우 치는 밤에』가 계속 클로즈업되었다." [13]

드라마셀러는 미디어셀러media seller의 한 유형이다. 미디어셀러는 미디어에 노출된 이후 베스트셀러가 된 도서를 이르는 말이다.

디스_{Diss}

결례를 뜻하는 디스리스펙트Disrespect의 약자로 힙합 장르에서 랩을 통해 다른 래퍼나 못마땅한 사람들을 비난하는 행위를 뜻한다. 디스는 미국 힙합계에서는 일상이나 마찬가지다. 디스는 게임의 성격을 띠기도 하는데, 래퍼들이 누군가를 디스하는 곡을 특히 심혈을 기울여 만들고 힙합 마니아들이 내용보다 누구의 랩 실력이 훌륭한지를 따지는 것도 이 때문이다. 힙합을 오늘날 세계적인 음악 장르로 만든 것도 디스다. 1990년대 미국에서 본격화된 랩 배틀로 미국은 랩 음악의 전성기를 맞았다.[14]

미국의 래퍼들은 서로 뭉쳐 다니며 패거리Crew를 이루거나 자신이 속한 레이블(음악 기획사) 단위로 뭉칠 때가 많다. 따라서 디스는 계파 간의 자존심을 건 파워 게임 양상을 보이기도 한다. 디스전戰이 총격전으로 비화된 경우도 있다. 1990년대에는 뉴욕을 중심으로 한 동부 힙합과 캘리포니아를 중심으로 한 서부 힙합으로 파벌이 나뉘어, 랩으로 서로를 헐뜯다 총격전이 벌어지는 등 심각한 문제가 발생하기도 했다.[15] 이와 관련해 강수진은 "'힙합'은 이른바 집단성을 과시하려는 경향이 짙다"면서 "특히 하드랩의 일종인 '갱스터 랩' 등이 힙합의 본고장인 미국에서 인기를 끌면서 '크루'나 '레이블' 성향은 더욱 강해졌다. 1990년대 후반 '동부 힙합', '서부 힙합'

으로 나뉘어 각종 다툼을 벌인 일도 '집단' 문화를 고착화시킨 것으로 평가된다"고 했다.[16]

2013년 한국의 힙합 그룹 사이에서 격렬한 디스전이 발생하면서 디스는 큰 관심으로 부상했다. 당시 발생한 디스전 역시 폭로전까지 가세하며 집단 간 세券 대결 양상으로 전개되었는데, 래퍼들 간 경쟁과 발전이라는 디스의 본질이 제거된 채 진행되어 '디스=폭로전'이라는 잘못된 인식을 불러올 수 있다는 지적도 나왔다.[17] 하지만 경멸과 무례가 없으면 디스가 아니라는 주장도 있다. 힙합은 미국의 빈곤층 밀집 지역인 할렘에서 출발한 하층민들의 한이 담긴 음악으로, 디스는 부조리한 사회와 위선을 욕설로 희화화하는 하나의 형식이라는 것이다.[18] 한국의 대표적인 래퍼로 통하는 조PD는 "사생활이 되었든 뭐가 되었든 상대방이 '멘붕'이 될 정도로 씹어야 디스죠"라고 하며 "사소한 것으로 중학생들 삐치듯이 하는 그런 스토리 가지고 디스를 하면 욕만 듣죠. 상대방을 멘붕시키는 것이 진짜 디스라고 생각합니다"라고 했다.[19]

디스 신드롬 Diss Syndrome

2013년 한국에서는 '디스diss 열풍'이 불었다. '디스 신드롬'은 이렇게 디스 행위가 큰 인기를 누린 사회문화적 현상을 이르는 말이다. 2013년 미국 래퍼 켄드릭 라마Kendrick Lamar가 미국 래퍼들을 향해 "똑바로 하라"며 디스곡 〈컨트롤〉을 발표한 이래 10여 명의 한국 래퍼들도 이 '컨트롤' 비트에 가사만 바꿔 디스 행렬에 가담했는데, 이후 이를 따라하거나 패러디하는 사람들이 크게 증가했다.[20]

　『매일신문』 2013년 9월 14일자는 디스가 놀이 문화로 성장하며 불과 몇 달 사이에 하나의 문화 코드로 성장했다면서 이렇게 말했다. "기자가 인터넷에 '디스'라는 단어를 검색하자 각종 패러디 동영상과 텔레비전 프로그램의 디스전이 쏟아져나온다. 여배우를 등장시켜 경쟁 회사를 디스하거나 경쟁 방송을 디스하는 내용도 예사다. 인터넷은 디스의 진원지가 되고 있다. 일부 연예인과 정치인의 막말 기사가 올라오면 기다렸다는 듯이 '디스'가 올라온다. 얼마 전 종방한 MBC 〈무릎팍도사〉와 〈라디오 스타〉, tvN의 〈SNL 코리아〉 등은 감추고 싶은 과거나 치부를 제대로 디스한다."[21]

　디스 신드롬이 은근하게 비판을 던지던 '풍자의 시대'를 후퇴시키고, 말초적인 욕설의 시대를 앞당겼다는 비판도 나왔지만[22] 토크쇼와 예능 프로그램에서는 스스로를 비하하고 비방하는 '셀프 디스Self-Diss' 현상도 나타났다. 〈SNL 코리아〉 책임프로듀서 안상휘는 "기존 방송에서는 다른 사람을 헐뜯는 토크쇼가 많았다"며 "차라리 자신을 비하하면 보는 사람도 편하고 본인도 당당하게 보이는 것 같다"고 했다. 셀프 디스 현상을 보는 시각은 갈렸다. 보는 사람이 부담 없이 웃을 수 있다는 장점 때문에 셀프 디스가 솔직하고 인간 적인 면모를 보여준다는 평가가 있는 반면, 자신의 잘못을 희화화해 대수롭지 않은 것처럼 만들어 어물쩍 넘어가려는 꼼수라는 비판도 나왔다.[23] 셀프 디스 현상은 정치·사회 풍자가 쉽지 않은 한국의 현 실과 관련이 있다는 분석도 있다. 대중문화평론가 하재근은 "최근 한국은 패러디를 패러디로 보지 않고 경계하는 경향이 있어 개그맨 들이 점점 소극적으로 변해간다"며 "힘이 없는 집단을 패러디하거 나 드라마와 영화 패러디, 문제의 소지가 없는 '셀프 디스' 쪽으로 방향이 순화되었다"고 말한다.[24]

정치권도 셀프 디스 마케팅에 합류했다. 예컨대 새누리당은 2013년 8월 6일부터 31일까지 '새누리당을 디스해라'라는 캐치프 레이즈를 건 '디스 공모전'을 열고 "새누리당에 불만 있는 2030 여 러분을 위해 새누리당에서 멍석을 깔아드립니다. 여러분들의 비난 과 질타로 인해 새누리당이 발전할 수 있습니다"라고 홍보했다. 2014년 6월 지방선거를 앞두고 셀프 디스를 통해 반전 마케팅을 시 도한 정치인들도 등장했다.[25]

로열 와이프 Royal Wife

비싼 주방 용품을 구매하는 주부들을 일컫는 말이다. 로열 와이프의 증가는 로열 베이비 현상에서 비롯된 것으로 분석된다. 2013년 영국 케이트 미들턴 왕세손비가 이른바 '로열 베이비'를 출산한 후 비싼 가격이지만 소장 가치가 있다는 입소문이 나면서 한국에서도 영국산 육아 용품에 대한 수요가 커졌는데, 그런 소비 심리가 주방 용품으로까지 번졌다는 것이다.[26] 2013년 8월 오픈마켓 11번가가 최근 2주간 주방 용품 매출을 분석한 결과 프리미엄 주방 용품 매출이 2012년 같은 기간 대비 118퍼센트 증가한 것으로 나타났다.[27]

　로열 와이프 현상은 한국인의 명품 사랑이 주방 용품으로 확산하고 있는 것으로도 볼 수 있다. 2013년 강남을 중심으로 빠르게 번진 이른바 '강남냉장고'도 로열 와이프가 불러온 현상이다. 스메그 SMEG라는 이름의 이 냉장고는 용량도 작고 기능도 적은 반면 가격은 다른 냉장고의 두 배 가까울 정도로 비쌌음에도 불티나게 팔려나갔다. 한국에서 소비가 급증하자 스메그는 전체 9개 생산 라인 중 1개를 한국 전용 라인으로 할당하기도 했다.

　스메그를 구입한 한 주부는 "국산 냉장고가 가격 대비 성능이 좋은지는 알지만 그렇다고 집에 하나 더 두고 싶은 욕심이 생기는 디자인은 아니지 않으냐"면서 "생활 가전이 인테리어 소품 노릇을

x

x

한다는 점에서 스메그는 훌륭한 세컨드 가전"이라고 말했다.[28] 로열
와이프가 증가하면서 유통업계는 빅데이터 분석을 통한 타깃 마케
팅을 강화하고 있다.

레테크

블록 장난감 레고와 재테크를 합성한 말로, 아이들의 장난감으로 여겨졌던 레고가 단종된 희귀품을 중심으로 성인들에게 투자 상품으로 인기를 끌면서 등장했다. 레고는 덴마크어로 '레그 고트leg godt', 즉 '잘 논다'는 의미다. 2013년 현재 레고 전문 커뮤니티 '브릭나라'에는 매일 200~300건의 거래 글이 올라오며 재테크를 목적으로 레고를 사재기하는 사람들도 생겼다. 레테크 현상은 레고의 한정판 마케팅과 관련이 깊다. 레고는 한번 출시된 제품은 더 이상 제작·판매하지 않는데, 바로 그런 이유 때문에 "레고를 모아두면 가격이 오른다"는 입소문이 퍼진 것이다.[29]

단종이 빨리 될수록 중고 가격도 급상승한다. 일단 단종이 되고 나면 온라인 레고 커뮤니티나 중고 거래 카페, 해외 구매 대행 등을 통해서만 한정적으로 구할 수 있기 때문이다. 예컨대 2007년 50만 원 정도에 출시된 '스타워즈 밀레니엄 팔콘'은 2013년 현재 중고가가 290만 원에 달하며 2008년 나온 '레고 타지마할'은 30만 원에서 100만 원으로 껑충 뛰었다. 단종된 레고 인기 제품은 박스를 뜯지 않은 채 팔면 보통 30퍼센트에서 많게는 배 가까이 프리미엄이 붙는 것으로 알려졌다.[30]

키덜트kidult족의 급증도 레테크 열풍을 부추기는 이유 가운데 하나다. 키덜트는 아이kid와 어른adult의 합성어로, 20~30대가 되었음에도 불구하고 여전히 어린이의 분위기와 감성을 간직하고 추구하는 성인을 일컫는 말이다. 어릴 적 레고를 가지고 놀아본 경험이 있는 30~40대가 자신이 좋아하는 것을 소비했던 경험에 따라 적극적으로 지갑을 여는 것이다. 유통업체의 '레고 마케팅'도 치열하다. 2013년 이마트는 서울 성수점, 월계점 등 10곳에 49~132제곱미터(약 15~40평) 규모의 레고 단독 매장을 열었으며, 롯데마트는 송파점, 중계점 등 문화센터 30여 곳에서 레고 조립 강좌를 진행하고 있다.[31]

진정한 레고 마니아를 자처하는 사람들은 레테크 열풍을 비판적으로 바라보지만, 자신의 취향을 즐기면서 재테크도 할 수 있는 일거양득의 효과 때문에 레테크 열풍은 지속될 것으로 예측된다. 레테크는 쇼테크의 대표적인 사례라 할 수 있다. 쇼테크는 쇼핑하면서 돈을 버는 사람들을 이르는 말이다.

먹송

음식을 소재로 한 가요를 말한다. 먹방이 대중문화의 킬러 콘텐츠로 떠오르면서 먹송도 각광받고 있는데, 음식을 소재로 했다는 점에서 푸드송이라고 볼 수도 있다. 먹송의 대표주자는 악동뮤지션이다. 2013년 악동뮤지션이 직접 작사, 작곡한 먹송 〈콩떡빙수〉는 "달콤한 팥 앙금 후식으로 방금/먹고 또 먹고 싶은 쫄깃쫄깃 콩떡"이라는 재미있는 가사로 실시간 음원 차트 1위를 차지했다. 같은 해 7월 마블링이 발표한 〈쌀이야〉도 네티즌들 사이에서 인기를 끌었다. 사실 먹송은 새로운 현상은 아니다. 2007년 발표된 윤종신의 〈팥빙수〉나 MBC 〈무한도전〉에서 박명수가 그룹 소녀시대의 제시카와 함께 부른 〈냉면〉, 정준하와 애프터스쿨이 호흡을 맞춘 〈영계백숙〉, 노라조의 〈카레〉, 다이나믹듀오의 〈어머니의 된장국〉 등도 먹송의 한 사례다. 한동윤은 "보통 사람들이 쉽게 접하는 음식을 소재로 보편적인 공감대를 형성하는 것이 '먹송'의 매력이다. 감칠맛 나고 리얼하게 묘사하는 게 관건"이라면서 "가사에서 반복적으로 나오는 음식은 멜로디와 함께 대중들에게 쉽게 각인된다"고 했다.[32]

먹송이 트렌드로 떠오르면서 식품업계도 먹송 마케팅에 한창이다. 중독성 있는 멜로디에 제품의 특징을 가사에 실으면서 제품에 대한 관심을 자연스럽게 유도할 수 있기 때문이다. 아이돌 가수

수지가 부른 광동제약 '비타 500'의 〈참 착하네요〉 CM송이나 서울 우유의 요거트 CM송이 그런 경우다. 맥도날드는 일반인을 대상으로 '빅맥송' 따라 부르기 행사를 벌였으며, 어린이들이 부른 풀무원의 '바른 먹거리송'은 학부모들 사이에서 화제를 모았다.[33]

몸캠 피싱

음란한 화상 채팅을 통해 돈을 뜯어내는 피싱을 말한다. 몸캠 피싱은 이런 식으로 이루어진다. 우선 핸드폰 문자나 메신저, 또는 일반 채팅으로 대화하다가 여성이 스마트폰 영상 통화 앱을 켜도록 유도한다. 이후 자신의 벗은 몸을 보여주며 상대 남성 또한 옷을 벗고 음란행위를 하도록 해서 이를 녹화하거나 캡처를 한 후, 돈을 주지 않으면 알몸 영상과 사진을 유포하겠다고 협박한다. 몸캠 피싱은 과거 온라인을 통해서도 이루어졌는데, 스마트폰 이용이 증가함에 따라 채팅 어플리케이션을 통해 확산하고 있다. 몸캠 피싱은 주로 SNS '세컨드 계정'을 통해 이루어지는 것으로 알려져 있다. 세컨드 계정은 익명으로 음란한 사진과 이야기를 공유하기 위해 만든 계정으로, 경찰 관계자는 "몸캠 범죄자들은 범인이 될 만한 사람들을 상대로 제안을 한다"며 "SNS 세컨드 계정을 가진 불특정 다수를 상대로 무작위로 범행을 저지른다. 안 되면 그만이라는 식이기 때문에 부담이 없다"고 했다.[34]

2014년 포털사이트 검색창에는 "몸캠 사기를 당했습니다. 어떻게 해야 할까요?"라며 해결 방법을 묻는 남성들의 글이 다수 올라왔으며, 몸캠 피싱 협박에 시달려온 20대 대학생이 스스로 목숨을 끊는 등 사회문제로 떠올랐다. 2014년 4월 부산 사상경찰서는 몸캠을 통해 확보한 음란 영상으로 남성들을 협박해 돈을 빼앗은 혐의로 중국인 ㄱ씨(34)를 구속하고 한국인 조직원 ㄴ씨(23)를 불구속 입건했는데, 이들은 2013년 4월부터 2014년 1월까지 화상 채팅으로 남성들에게 음란 영상을 찍도록 유도한 뒤 이 영상으로 협박을 해 9,000여 명에게 53억 원을 받아낸 것으로 알려졌다.[35]

무비컬Moviecal

영화movie와 뮤지컬musical의 합성어로, 영화를 원작으로 한 뮤지컬을 이르는 말이다. 미국의 브로드웨이나 영국의 웨스트엔드 극장가에서 무비컬은 뮤지컬의 주류로 자리를 잡았다. 예컨대 2014년 영국에서는 〈원스〉, 〈마틸다〉, 〈보디가드〉, 〈찰리와 초콜릿 공장〉, 〈라이언 킹〉 등이 크게 흥행을 했으며, 브로드웨이에서는 뮤지컬만을 위한 오리지널 작품도 사라지고 있는 추세다.[36] 외국에서 무비컬이 흥행하자 한국에서도 한 해 몇 편씩 등장하고 있지만 썩 신통한 성적은 거두지 못하고 있다. 2012년 〈번지점프를 하다〉, 〈완득이〉 등 다수의 드라마컬이 초연되었지만 모두 소리 없이 종연되었으며 2013년에는 〈완득이〉가 두 번째 시즌을 준비하던 중 일정이 무기한 연기되었고, 〈왕의 남자〉도 제작사 사정으로 공연이 취소되었다.

무비컬은 원 소스 멀티유즈 형식의 문화 산업 장르다. 그래서 성공 가능성도 크지만 반대로 실패할 가능성이 적지 않다는 지적도 있다. 흥행 영화를 원작으로 하는 만큼 관객에게 익숙하다는 게 무비컬의 최대 장점으로 꼽히지만 바로 그 익숙함 때문에 흥행하기 어렵다는 것이다. 외국의 무비컬이 원작의 내용을 이미 다 알고 있는 사람들에게 어필하기 위해 갖가지 특수 효과와 볼거리를 더하는 것도 이런 이유 때문이다.[37]

병맛

맥락이 없고 형편없으며 어이없음을 뜻하는 말이다. '병신 같은 맛'의 줄임말인데, 장애인을 비하하는 의미가 아니라 B급 정서를 극대화하고 조롱하는 의미를 내포하고 있다. 어이가 없어 욕이 나오지만 왠지 웃음이 새어나오는 콘텐츠들도 병맛이라고 한다. 예컨대 MBC 〈무한도전〉에서 멤버들이 여장이나 기괴한 분장을 하면서 박명수를 중심으로 맥락이 없는 농담을 주고받는 경우가 있는데, 이런 코드가 바로 '병맛'이라 할 수 있다. 병맛이라는 말은 인터넷 커뮤니티 '디시인사이드' 만화 연재 코너에 '무악공고'라는 누리꾼이 연재한 『정재황』에서 처음 등장한 것으로 알려져 있는데, 2000년대 하반기 인터넷을 중심으로 급격하게 퍼진 병맛 코드는 2013년 대중문화계의 주요 트렌드로 자리 잡았다. 보수적인 매체라 할 지상파에서도 병맛은 주요한 코드가 되었으며, 아예 대놓고 병맛물을 표방한 인터넷 드라마도 등장했다. 2013년 매니지먼트사 '판타지오'와 드라마 제작사 '그룹 에이트'가 공동 제작해 인터넷, 모바일에서만 방송한 드라마 〈방과 후 복불복〉이 그런 경우로, 각본과 연출을 맡은 정정화는 "보통 이야기에 '기승전결'이 있다면 우리 드라마에는 '기승전병(병맛)'이 있다"고 선언했다.[38]

　　병맛을 대중문화 코드로 널리 알린 일등 공신으로는 tvN의

〈SNL 코리아〉가 꼽힌다. 최현정은, 인터넷상에서는 상당히 오랜 기간부터 '병맛 코드'가 유행하고 있었지만, 과거에는 대중문화 전면에 이런 '병맛 코드'가 드러난 경우를 거의 찾아보기가 힘들었다면서, 네티즌들의 향유물이었던 '병맛 코드'가 대중문화 전면에 나서게 된 결정적인 계기는 바로 tvN의 〈SNL 코리아〉였다고 말했다. "초기 시사 풍자 코미디 위주로 진행되던 〈SNL 코리아〉는 시즌을 거듭하면서 본격적으로 섹시 코드와 병맛 코드를 담은 콩트들을 선보이기 시작했고, 이것이 입소문을 타며 사람들의 관심을 끌기 시작했다."[39]

〈SNL 코리아〉가 병맛을 널리 알렸다면 가수 싸이는 '병맛 대중화'에 견인차 역할을 했다. 이른바 'B급 코드'와 '병맛 코드'로 무장한 싸이의 〈강남스타일〉과 〈젠틀맨〉 뮤직비디오가 전 세계적인 히트를 기록하면서 병맛이 대중문화의 전면에 선 것이다.[40] 병맛 콘텐츠를 10~20대가 쉽게 받아들이는 것도 병맛 대중화의 한 이유다. 정석현은 "병맛 코드에는 일단 권위가 없다. 그들도 우리와 다르지 않고, 오히려 못할 수도 있다는 일종의 안도감이 즐기는 마음에 자리잡는다"며 "완벽하지 않은 모양새로 누구나 참여해 만들 수 있는 요소가 젊은이들과 잘 맞는 것 같다. 기존 체제의 관념을 아예 허무는 예측불가의 특성도 장점"이라고 했다. 잉여족의 증가에 따른 잉여 문화의 확산과도 관련이 깊다는 분석도 있다. 이택광은 병맛은 "한마디로 우성학적으로 밀려난 지질한 사람들이 즐기는 자기

비하와 B급 정서가 조합된 코드"라고 정의하는데,[41] 그래서 병맛을 "잉여 문화를 관통하는 키워드"로 보는 시각도 있다. 온라인 게시판에서 말꼬리를 잡는 '댓글 놀이'로 시간을 보내고, 1차원적 개그로 가득 찬 웹툰을 보는 이른바 잉여족들의 문화가 병맛과 밀접한 관련이 있다는 것이다.[42]

콘텐츠 생산자들은 자유로움과 맛깔스러움 때문에 '병맛'을 선호한다. 〈SNL 코리아〉의 책임프로듀서 안상휘는 "사실 예측할 수 없는 결말과 전개를 보이는 새로운 코미디를 해보고 싶었다. 섹드립이나 욕설은 수위 문제일 뿐, 지상파에서도 수위가 풀리면 얼마든지 할 수 있는 내용이다. 남들이 할 수 없는 걸 하려다보니 병맛이 〈SNL 코리아〉에 자리 잡은 것 같다"고 말했다.[43] 〈방과 후 복불복〉을 연출한 정정화는 "〈방과 후 복불복〉에서 풍선을 타고 전 세계를 구경하는 설정이나, 방귀에 불을 붙이는 설정 등은 정극에서 나왔으면 지탄을 받았을 것"이라며 병맛물은 "상상력에 거의 제약이 없는 장르"라고 했다.[44]

병맛이 대중문화의 주류로 떠오르면서 병맛에 대한 인식도 바뀌고 있다. 과거엔 병맛이라는 단어 자체에 부정적인 의미와 어느 정도의 선정성, 폭력성 등이 포함되어 있었지만 대중문화의 전면에 등장하면서 그런 부정적인 이미지가 희석되고 있다는 것이다. 병맛이 대중문화 트렌드를 선도하면서 병맛에 대한 '해석의 오남용'을 경계하는 목소리도 있다. 이명석은 2013년 9월 "최근 뭔가 싸구려

스럽고 과격한 코미디만 보면 '병맛'이라고 부르는 풍조도 달갑지 않다. 웃음 자체가 기존의 도덕과 관성을 깨뜨리는 데서 나오는데, 그런 식이면 세상에 병맛 아닌 코미디가 존재할 수 있는가?"라며 병맛의 핵심은 " '이게 무슨 병× 같은……' 이라는 욕이 튀어나오는데 키득거리며 웃음을 터뜨려야 한다"는 데 있다고 했다.[45]

아예 병맛을 논리적으로 해석하려 애쓸 필요가 없다는 지적도 있다. 병맛 코드로 인기를 끌었던 웹툰 작가 이말년은 "병맛은 병맛으로 즐겨야지 논리적으로 분석하려 하면 더욱 재미없어진다"고 했다.[46]

뽀샵

잡티 없는 하얀 피부를 일컫는 말인 '뽀샤시'와 미국의 어도비시스템이 개발한 그래픽 편집 소프트웨어 포토샵의 합성어로, 포토샵을 통해 사진과 이미지 등을 보정한다는 뜻을 담은 조어다. 포토샵으로 사진 수정이나 합성 등을 하는 행위를 일러 '뽀샵질'이라고 한다. 뽀샵을 하는 가장 큰 이유는 재미 때문이지만 생존경쟁 차원에서 뽀샵을 하는 사람들도 있다. 바로 취업 준비생들이다. 이들에게 이력서에 붙이는 사진을 뽀샵하는 일은 필수가 된 지 오래다. 외모를 중시하는 사회 분위기 속에서 이른바 '페이스펙'이 중요해졌기 때문이다. 페이스펙은 얼굴을 뜻하는 페이스Face와 학점·학력을 뜻하는 스펙Spec의 합성어로, 얼굴도 스펙이라는 것을 의미하는 말이다. 포토샵을 활용하거나, 얼굴형, 눈, 코, 입의 크기와 모양을 자유자재로 변형할 수 있는 스마트폰 앱을 활용해 직접 뽀샵을 하는 사람들도 있지만, 전문적으로 뽀샵을 해주는 곳도 많다. 사진 수정방修正房을 따로 운영하는 취업 정보 인터넷 카페나 뽀샵을 위한 사진관 등이 그런 경우다. 비슷비슷한 뽀샵 사진이 일반화되면서 포란성 쌍둥이라는 말도 등장했다. 포토샵과 일란성 쌍둥이의 합성어다.[47]

화장품·패션·다이어트 모델의 얼굴은 대부분 뽀샵을 통해 이미지 보정을 하는데, 시민사회와 광고계 일각에서는 뽀샵 보정을 거쳐 재탄생한 광고 속 '미인'이 여성 건강과 미의 기준을 왜곡시킨다는 이유를 들어 '디지털 미인'을 만드는 뽀샵을 규제하자고 말한다. 실제 유럽은 뽀샵을 통한 디지털 미인 만들기를 규제하고 있다. 예컨대 영국 정부가 뽀샵 사용 규제 법안을 통과시키자 2011년 영국 광고규제기구는 이 법안에 따라 배우 줄리아 로버츠와 모델 크리스티 털링턴이 등장한 로레알사의 화장품 광고를 금지했다.[48] 2011년 미국의 국립광고부NAD도, 내츄럴럭스 무스 마스카라의 커버걸 광고가 과도한 뽀샵질을 통한 이미지 조작으로 소비자를 현혹한다는 이유를 들어 광고를 금지했다. NAD 이사 안드레아 레빈은 "여자의 얼굴을 변형시키는 것을 설명하기 위해 포토샵을 사용하면 안 된다"면서 다시는 이 광고를 할 수 없을 것이라고 했다.[49]

뽀샵의 대중화로 이미지 조작도 전성시대를 맞고 있다. 예컨대 음식점에서 대가를 받고 음식 맛이 뛰어난 것처럼 포스팅을 하는 파워 블로거들은 뽀샵을 통해 허구의 이미지를 만들고 있으며, 일부 아파트 모델하우스는 공간이 넓어 보이도록 실제보다 작은 가구를 들여놓고 밝은 색상으로 인테리어를 꾸미기도 한다. 『한국일보』는 2014년 7월 1일자 「보이는 대로 믿습니까?」라는 기사에서 "이미지 조작은 이제 더 이상 놀랍거나 충격적이지 않다"면서 "디지털 영상 기술의 발달로 이미지를 쉽게 합성하고 수정할 수 있게 되면서 이미지 조작을 범죄에 악용하는 사례도 늘고 있다"고 전했다.

판결문을 위조하고 송달료 등을 가로챈 사건, 불법 건축물 사진을 정상인 것처럼 조작해 단속을 면해주고 뒷돈을 받다 적발된 사건, 네티즌의 관심을 끌기 위해 특정 연예인의 얼굴을 누드 사진과 합성해 유포한 사건 등이 뽀샵을 활용한 이미지 조작 사건의 대표적인 경우다.[50]

스낵 컬처 Snack Culture

출퇴근 시간, 휴식 시간 등 짧은 시간에 간편하게 즐길 수 있는 문화 콘텐츠를 말한다. 스낵(간식)처럼 10~15분 남짓한 시간에 즐길 수 있다고 해서 스낵 컬처라 한다. 스마트폰, 태블릿PC, 패블릿 등 스마트 기기의 대량 보급으로 인해 인스턴트 즐길 거리를 찾는 소비자들이 증가하면서 나타난 현상이다. 스낵 컬처를 즐기는 사람들이 증가하면서 이들을 겨냥한 문화 콘텐츠도 속속 등장하고 있다. 모바일 영화, 웹소설, 웹드라마, 웹툰 등이 그런 것이다.

예컨대 네이버 웹툰은 2014년 1월 기준 월평균 방문자가 1,700만 명에 이르고 누적 페이지뷰가 15억 건을 넘었다. 인기 웹소설은 월간 100만 명 이상의 독자가 읽는데, 스낵 컬처 바람을 타고 원고지 10~30장 분량에 기발한 아이디어와 게임성을 엮은 스마트 소설이 등장하기도 했다. 2013년 5월 포털사이트 다음은 인기 웹툰 『미생』의 프리퀄(원작보다 시간상으로 앞선 이야기를 보여주는 속편) 영화 6편을 5~10분짜리로 제작해 공개했는데, 이 모바일 영화는 다음 앱에 공개된 지 3주 만에 조회 수 150만 건을 기록했다. 2013년 제작된 모바일·웹드라마는 약 10여 편에 달한다. 다음 관계자는 모바일 사용자들의 이용 경향을 분석한 결과 "사용자들이 2분이 넘어가는 영상을 조금 힘들어 한다는 통계가 잡혔다. 모바일 기기로 무엇 하나를 꾸준히 보는 일이 쉬운 것이 아니어서 5~10분 정도의 분량이 가장 적절하다고 판단했다"고 말했다.[51]

스낵 컬처는 출판 시장에도 영향을 미치고 있다. 시인 하상욱이 2013년 리디북스를 통해 연재한 단편 시들을 묶어 출간한 책 『서울 시』는 인터파크도서가 선정한 신인작가상인 '루키상'을 거머쥐며 2013년 시 분야 베스트셀러로 등극했다. 김은주의 『1cm+』, 파울로 코엘로의 트위터 글들을 모은 『마법의 순간』 등도 스낵 컬처 콘텐츠다.[52] 그래서 스낵 컬처 현상이 콘텐츠 소비는 물론이고 창작의 지형도까지 바꾸고 있다는 해석도 있다. 김혜인은 "스낵 컬처가 유행하고 유통 통로가 넓어지면서, 더 이상 창작이 전문가나 예술가만이 누리는 어렵고 거창한 영역이 아니게 되었다"며 "스마트 기기 확산으로 이러한 경향은 국내뿐만 아니라 해외에서도 더욱 활발해질 것"이라고 했다.[53]

박찬은은 2014년 스낵 컬처 현상은 '단축 마라톤 같은 경험을 하는 '트레일 러닝Trail Running'이나 야외 취침을 하지 않고 잠깐 캠핑 문화를 즐기는 '데이 캠핑' 등 오프라인으로도 옮겨가고 있다"고 말했다.[54]

스마툰 Smartoon

스마트smart와 카툰cartoon의 합성어로, 스마트폰 등에서 구현되는 웹툰이나 디지털 만화, 애니메이션 등을 일컫는 말이다. 광의적으로는 학습 만화, 원 소스 멀티유즈OSMU 콘텐츠, 해외 수출용 작품들을 포함하는 말인데, 전통적인 만화 시장에서 볼 수 없었던 만화, 그러니까 기능과 역할이 분명한 똑똑한 만화들이라 할 수 있겠다. 애플의 아이패드를 통해 스마툰이 처음 등장했을 때 관련 업계는 큰 충격을 받았다. 태상준은 "아이패드 출시 때 애플이 전 세계에 내보낸 텔레비전 광고는 만화 산업 관계자들과 팬들의 시선을 사로잡았다"며 이렇게 말한다. "미국 최대 만화 출판 기업인 마블코믹스 작품들이 아이패드 속에서 색다른 방식으로 구동되었기 때문이다. '아이언맨', '엑스맨' 등 마블코믹스의 슈퍼 히어로들은 아이패드 안에서 마치 '활동사진'처럼 자유롭게 날고 뛰었다. 화면을 손가락으로 터치하면 페이지가 넘어가고, 엄지와 검지로 칸을 키웠다가 줄일 수도 있었다. 자동으로 읽을 부분을 표시하기도 했고, 부채처럼 펼쳐진 페이지를 찾는 방식도 새로워졌다. 미국 만화계는 발칵 뒤집혔다."[55]

스마트폰 등 모바일 기기가 대중화되면서 급속하게 확산하고 있는 스마툰은, 만화 시장의 블루오션으로 각광받고 있다. 예컨대 미국의 어플리케이션 개발업체 '코믹솔로지ComiXology'는 동명의 어플리케이션을 미국의 유명 만화 출판사들에 제공해, 마블코믹스와 DC코믹스 등 미국을 대표하는 만화 출판사들이 이 어플리케이션을 기반으로 앱스토어에서 만화를 판매할 수 있도록 해서 승승장구하고 있다.[56] 한국에서도 스마툰은 각광받고 있다. 2011년 8월 17일부터 21일까지 열린 제14회 부천국제만화축제BICOF는 '이제는 스마툰Smart+Cartoon이다'라는 슬로건 아래 디지털 시대에 걸맞는 만화의 새로운 변화와 가치, 비전을 제시했다.[57]

스몰 럭셔리|Small Luxury

경기 불황으로 지갑을 열기가 힘들어진 소비자들이 고가 명품에 돈을 쓰는 대신 상대적으로 저렴한 상품을 통해 명품이 주는 최대 만족감을 얻으려는 현상을 말한다. 맹목적인 명품 추구보다 자신의 삶의 범위 내에서 합리적인 소비를 통해 자신과 가족을 위한 소비를 하기 때문에 '작은 사치'라고 불린다.[58] 한국에서는 2013년경부터 고가의 명품 백이나 의류 대신 그 브랜드의 소품 판매가 급증하고 화장품 판매가 부진한 가운데서도 고가의 향수는 나홀로 판매가 크게 증가했는데, 이는 스몰 럭셔리가 낳은 현상으로 분석되었다.[59]

2013년부터 부동산 시장도 스몰 럭셔리 시장에 합류했다. 평형은 중소형이지만 과거 중대형아파트에서만 누릴 수 있었던 차별화된 고급 주거 서비스와 최고의 편의를 누릴 수 있는 '스몰 럭셔리' 아파트가 주택 시장의 핵심 키워드로 떠오른 것이다. 스몰 럭셔리 바람은 2014년 외식가에도 번졌다.

스몰 럭셔리 현상은 1인 가구의 증가와도 밀접한 관련이 있다. 대표적인 경우가 식품 시장이다. 2006년 6,000억 원 규모였던 가정식 대체식품HMR: Home Meal Replacement 시장은 2012년 3조 원 규모로 5배 성장했는데, 이 역시 스몰 럭셔리를 즐기려는 1인 가구의 소비 경향에서 비롯된 것이다.

HMR은 일정 수준 조리가 된 상태에서 가공과 포장을 하기 때문에 단순히 데우거나 약간 끓이기만 하면 완성할 수 있는 음식을 말한다.[60]

스팀펑크Steampunk

산업혁명을 부른 증기기관을 뜻하는 스팀Steam과 현대사회에서 주류에 편승하지 않는 아웃사이더를 지칭하는 펑크Punk를 조합한 말로, 증기기관을 주로 사용했던 영국의 산업혁명 시기를 배경으로 한 SF장르를 뜻한다.[61] 스팀펑크라는 용어는 미국의 SF소설 작가인 K. W. 지터가 당시의 과학소설계를 휩쓴 사이버펑크 운동에 빗대어 "컴퓨터 대신 증기기관이 등장하는 우리 소설은 스팀펑크라고 불러야 한다"라는 농담을 한 후 사용되기 시작했다.[62]

1980년대부터 대중문화의 한 경향으로 본격 등장했는데, 이후 회화, 사진, 디자인, 영화, 패션, 건축 등 다양한 방면에 영향을 주었다. 미야자키 하야오의 〈하울의 움직이는 성〉, 봉준호의 〈설국열차〉, 배리 소넨필드의 〈와일드 와일드 웨스트〉 등이 스팀펑크 장르의 특징을 잘 보여준 작품으로 평가받는다.[63] 스팀펑크 분야 종사자들은 '새로운 과학기술의 홍수 속에서 사람들이 인간성을 잃어가고 있다'는 공통된 정서를 가지고 있는데, 그래서 '폐품·쓰레기·잡동사니'를 뜻하는 정크junk와 아트art의 합성어로, 일상생활에서 발생하는 폐품·쓰레기·잡동사니 등을 활용한 예술 작품을 이르는 말인 정크아트의 한 갈래로 보는 시각도 있다.[64]

스팀펑크는 빠른 속도로 세를 확산하고 있다. 2009년부터

2012년 사이 스팀펑크에 관한 소셜 미디어의 채팅 규모가 12배나 증가했으며, 2010년 이후 무려 24개 이상의 미국 내 백화점과 전문점이 스팀펑크 스타일을 적용한 것으로 드러났다. 이렇게 인기를 얻으면서 스팀펑크는 진화하고 있다. 김봉석은 2014년 11월 "정통 스팀펑크는 빅토리아 시대를 배경으로 한 대체 역사물"이라며 "그런 점에서 스팀펑크는 대체 역사물의 하위 장르다. 하지만 장르는 시간이 흐를수록 변화하고, 발전하고, 융합한다. 지금의 스팀펑크는 단지 증기만이 아니라 마법, 평행 우주까지 넘나드는 광활한 세계로 증폭했다"고 말했다.[65]

트위터, 블로그, 게시판, 기타 소셜 미디어에 드러난 대중의 취향을 분석해 새로운 트렌드를 예측하는 'IBM 소셜감성지수IBM Social Sentiment Index'는 2014년 향후 2년간 유통산업의 트렌드는 '스팀펑크 스타일'이 주도하게 될 것이라고 전망했다. 미국의 스팀펑크 아티스트 도노반은 스팀펑크 아트가 단기간에 전 세계로 파급된 것을 두고 "청결하고 현대적이며 기술적으로 살균된 문화 속에 사는 우리의 불안을 스팀펑크가 건드렸기 때문"이라고 분석한다.[66] 그런 이유 때문일까? 정준모는 "거대한 세상과 과학 또는 전자 매체가 삶의 굴레가 되는 세상을 거슬러보려 하지만 그 달콤함과 안온함에서 결코 벗어날 수 없음을 아는 이들에게는 스팀펑크가 작은 위안이 된다"면서 이렇게 말한다.

"얼굴을 보거나 만나지 못하는, 아니 알지도 못하는 이와 SNS

스팀펑크

를 통해 대화하면서 친구를 만난다고 착각하고, 이모티콘이 유일한
마음을 열고 이야기를 나눌 수 있는 창구가 되는 이들에게 스팀펑
크는 일종의 탈출구인 셈이다."[67]

어뷰징 Abusing

자신의 이해관계를 관철하기 위해 시스템의 정상적 운영을 파괴하는 변칙적인 방식으로 시스템을 악용하는 행위를 말한다. 어뷰징의 사전적 정의는 '과용過用' · '오용誤用'이다. 대량 중복 가입을 통해 게시물의 추천 수를 올리는 행위가 대표적인 어뷰징이다. 어뷰징은 대중문화 영역에서 자주 발생한다. 예컨대 온라인 게임에서 어뷰징은 게임의 시스템을 이용해 불법적인 이익을 취하는 행위를 뜻하는데, 어뷰징을 통해 게임머니 획득, 빠른 시간의 경험치 획득, 게임 내 지위 상승 등의 혜택을 누리는 식이다.[68]

디지털 음원 영역에서도 어뷰징은 문제가 되고 있다. 2013년 8월 SM · YG · JYP · 스타제국 등 4개 기획사는 음원을 수천 회씩 재생하는 비정상적 어뷰징 행위가 기승을 부리고 있다며, 홍보 목적을 위한 디지털 음원 사용 횟수 조작 행위에 대해 조사해줄 것을 요구하는 고발장을 서울중앙지검에 제출했다. 이들은 어뷰징을 통해 음원 차트 상위권에 진입한 음원이 손쉽게 인기곡으로 둔갑할 뿐만 아니라, 음악 순위 프로그램에도 그대로 소개되는 등 대중음악 시장을 크게 교란시키고 있다고 지적했다. 음원 사용 횟수 조작을 주업으로 삼는 이른바 '바이럴 업체'까지 등장해, 기획사에 음원 사용 횟수 조작 상품을 제안하고 월 수억 원의 매출을 올리고 있다는 지

적도 있다.[69]

　뉴스 어뷰징도 있다. 인터넷 언론이 독자들의 관심을 끌 만한 사안에 대해 비슷비슷한 내용을 담은 기사들을 표현만 조금 바꿔 속보식으로 다량을 올려 클릭을 유도하는 행위로, 자기 표절 기사라 할 수 있다. 어뷰징을 위해 개인 정보를 구매하는 사람들도 있다. 2014년 1월 중국 해커들에게 국내 포털사이트 아이디와 비밀번호 등 개인 정보를 싼값에 사들여 인터넷 카페 관리 대행업자 등에게 돈을 받고 넘긴 전문 판매상이 경찰에 붙잡혔는데, 카페 관리 대행업자는 특정 단어 검색 시 카페 평가 지수를 상승시켜 상단에 노출하는 이른바 '카페 어뷰징'을 하는 데 사용하기 위해 개인 정보를 사들였다고 했다.

　어뷰징은 온라인에만 존재하는 것이 아니다. 김낙호는 사재기로 베스트셀러 목록을 조작한 출판사, 문법과 단어 실력을 갖추기보다는 집합적으로 문제를 유출하고 공유한 영어 시험 수험생, 조직적 전입으로 경선 결과를 비틀며 정당의 당권을 장악하는 행위 등도 어뷰징으로 볼 수 있다면서, 어뷰징에 총력을 다해서 적극적으로 대처하는 게 "온라인 게시판이든 사회 어느 분야에서든 가장 중요한 임무"라고 했다.[70]

정크아트 Junk Art

'폐품·쓰레기·잡동사니'를 뜻하는 정크Junk와 아트Art의 합성어로, 일상생활에서 발생하는 폐품·쓰레기·잡동사니 등을 활용한 예술 작품을 이르는 말이다. 정크아트는 1950년대 이후 서양의 가난한 예술가들이 사람들이 쓰다 버린 물건이나 버려진 쓰레기에서 발견한 잔해를 이용해 새로운 것을 만들어내면서 시작되었다. 정준모는 예술가들은 "버려진 그대로의 날것이 주는 질감을 살려 공업화되어 가는 산업사회의 비정함을 노래했다"면서 이렇게 말한다.

"정크아트는 당시 크게 유행하던 추상 표현주의에 대한 반발과 자본주의사회의 화려한 도회의 이면을 장악하고 있는 소비가 미덕인 세상에서 엄청나게 소비되고 버려지는 쓰레기들을 고르고 모아 아상블라주assemblage(조합)라는 기법을 통해 작품을 완성했다."[71]

'폐품·쓰레기·잡동사니'를 소재로 한 예술이기 때문에 정크아트는 '쓰레기의 반란'으로 볼 수도 있는데, 이 때문에 환경오염을 가속화시키는 현대 문명에 대한 비판을 담고 있는 예술 장르라고 보는 시각도 있다.[72] 박승환은 "정크아트는 말 그대로 쓰레기를 활용한 예술이다. 버려진 잡동사니와 기계 부품 따위를 재활용해 조형예술 작품을 만들어 무분별한 과잉생산과 환경 파괴에 대한 경고를 담거나 자원 순환의 의미를 강조한다. 환경문제로 지구가 몸살을 앓고 있는 시대에 정크아트는 우리에게 환경문제를 알림과 동시에 희망의 메시지를 보여주고 있다"면서 "정크아트가 폐자원에 대한 새로운 가치와 의미를 되새기는 사회적·문화적 계기가 될 수 있기를 바란다"고 했다.[73]

2014년경부터 한국에서도 정크아트가 주목받기 시작했다. 예컨대 서울시는 2014년 4월 1일부터 4월 20일까지 사회적 기업 '위누'와 함께 폐가전제품과 장난감 20여 톤을 활용한 정크아트 작품 전시회 '다시 돌아와줘서 고마워'를 개최했으며, '품바의 고향'으로 불리는 충북 음성군은 품바와 정크아트를 맛볼 수 있는 예술촌 조성을 추진한다고 밝혔다.[74]

지름신

'지르다'와 '신'이 합쳐진 말로, 자신도 모르는 사이에 '마음에 드는 물건'을 구매했을 때 '지름신이 강림하셨다'라는 식으로 사용하는 말이다. '충동적 구매'가 자신의 의지가 아니라는 것을 호소하기 위해 '지르다'에 '신'이라는 단어를 붙였다는 해석이 있다.[75] 지름신이라는 용어는 2000년대 초반부터 사용되었는데, 2004년경에는 이른바 '지름교'도 등장했다. 소비의 영도자 '지름신'의 강림을 믿는 종교라 할 수 있겠다. 박지희는, 지름교 신도들은 "신앙을 돈독히 하기 위해 '지름 이외의 다른 지출은 생각지 말라', '출시일을 거룩히 지켜라', '신용불량을 두려워하지 말라', '네 이웃의 지름을 탐내지 말라' 등 십계명을 꼬박꼬박 지키며 살아가고 있다"고 했다. 지름교의 기도문도 있다. "하늘에 계신 우리 지름신, 이름이 외경히 여김을 받으시옵고⋯⋯우리를 저금에 들게 하지 마옵시고 다만 신용 불량에서 구하옵소서. 대개 카드와 현금서비스와 돌려막기가 주님께 영원히 있사옵나이다. 질러라."[76]

덴버를 중심으로 활동하는 금융 전문가 킴 맥그리그는, 2014년 자신이 고안한 '한 손가락 규칙One Finger Rule'으로 지름신을 억제할 수 있다고 주장했다. "우리 인간은 어떤 상품을 '손에 쥐게 되면' 사지 않고서는 견딜 수 없게 된다"는 이른바 '보유 효과'를 가지고 있기 때문에, 상품과 닿을 때 "손가락만 사용하면 '만져보고 싶다'는 욕구를 충족하면서도 '갖고 싶다'는 소유 의식은 억제할 수 있다"는 게 그의 주장이다. 보유 효과는 어떤 대상을 소유하거나 소유할 수 있다고 여기는 순간 그 대상에 대한 애착이 생겨 객관적인 가치 이상을 부여하게 되는 심리 현상을 말한다.[77]

하지만 '한 손가락 규칙'이 지름신의 강림을 막는 것은 어려울 것으로 예측되고 있는데, 그건 바로 사물인터넷IoT 시대의 개막에 따른 쇼핑 혁명 때문이다. 예컨대 2014년 아마존은 스마트폰, 태블릿을 비롯한 인터넷 단말기와 무선 인터넷으로 정보를 주고받는 사물인터넷 쇼핑 기기 '대시Dash'를 내놓았는데, 대시에 필요한 물건을 말하면 태블릿PC 쇼핑 구매 리스트에 그 물건이 올라 바로 구매로 이어진다. 세계 최대 전자상거래 업체 이베이는 2014년 사내 벤처팀을 가동해 미래 먹거리로 사물인터넷 쇼핑툴 개발에 매진하고 있다.[78]

SNS를 자주 쓸수록 지름신이 온다는 분석도 있다. 윌콕 미국 컬럼비아대학 교수 등의 연구에 따르면 페이스북을 많이 이용할수록 신용카드 결제액이 많아지는 것으로 나타났다. 페이스북을 많이 하는 사람일수록 자기 통제력을 잃기 쉽고, 대신 쾌락을 추구하며 이를 통해 자기만족을 얻으려는 경향이 있어 지름신의 유혹에 쉽게 넘어간다는 것이다.[79]

파라소셜Parasocial

미디어 속 인물에 대한 이용자들의 심리적 연결을 설명하기 위해 사용해온 개념으로, 한 사람은 다른 사람에 관해 많이 알고 있어 친하다고 생각하지만 상대방은 그렇게 느끼지 않는 현상을 일러 파라소셜한 상호작용 관계라고 한다. 이 개념에 따르면, 사람들은 미디어를 이용하며 자신이 좋아하는 인물과 실제 삶에서와 같은 친구 관계를 경험함으로써 감정적 연대감을 갖는데, 이러한 감정적 연대감을 통해 실제적으로 교류하는 것 같은 느낌을 지니면서 등장인물에 대한 감정이입, 유사성, 우정의 감정을 보다 적극적으로 추구한다.[80]

파라소셜한 관계는 실제의 인격체 사이에서 형성되는 관계가 아니라 텔레비전 시청자가 텔레비전에 등장하는 유명인의 페르소나와 한 방향으로 맺는 관계라 할 수 있는데, 그래서 시청자가 아무리 친근하다고 인식해도 실제로는 일방적인 '짝사랑'에 불과하다.[81]

파라소셜은 전통적 미디어 환경에서 생겨난 것이지만 소셜 미디어에서의 인간관계에도 적용할 수 있다. 트위터나 페이스북을 통한 친구 맺기가 그런 경우다. 김은미 등은 "트위터에서 유명한 인사를 팔로우할 때 이런 현상이 흔히 발생한다"면서 이렇게 말한다.

"연예인이나 대기업 회장, 정치인 등 유명인들에게는 팔로어가 많고, 우리는 유명인이 떠우는 친밀한 글을 읽고 그들의 일상을 들여다보면서 이들에 대해 잘 안다고 인식할 수 있다. 이 때문에 많은 팔로어들은 이 유명인에 대해 친밀감을 느끼며 나와 가까운 관계의 사람이라고 착각할 수 있다. 하지만 이 친밀성은 나에게서 유명인에게 흐르는 일방적인 관계일 뿐이며, 그 사람은 마치 상인이 고객을 대하듯 나의 존재 자체에 대해 잘 모르거나 아예 무관심할 수도 있다. 이는 전형적인 파라소셜 관계의 한 형태라고 할 수 있다." [82]

SNS를 매개로 한 파라소셜이 텔레비전을 매개로 한 파라소셜보다 유명인에 대한 감정이입을 더욱 촉진시킨다는 해석도 있다. 예컨대 유명 영화배우의 트위터 화면을 본 집단이 이 내용을 그대로 보도한 인터넷 기사를 읽은 집단에 비해 해당 인물과 직접 대화를 나눈 것 같은 느낌을 더 강하게 느끼고, 해당 인물에 보다 높은 수준의 호감을 표현하며, 그 인물이 촬영 중이라고 언급한 영화를 보고자 하는 의향을 더 강하게 나타낸다는 것이다. [83]

팝저씨

아이돌 걸그룹 '크레용팝'과 '아저씨'의 합성어로, 걸그룹 크레용팝에 열광하는 중년 아저씨 팬들을 의미한다. 이들은 크레용팝과 똑같은 의상을 입고, 굵은 목소리로 공개 방송마다 응원을 해 신인이나 다름없던 크레용팝의 인기 상승에 큰 힘을 더해준 것으로 알려져 있다. 2013년 9월 미국 시사주간지 『타임』은 「K-Pop의 의외의 팬: 중년 남성K-Pop's Unlikeliest Fans: Middle-Age Males」이라는 기사에서 "10대 위주의 K팝 가수들의 공연에 '삼촌팬'으로 불리는 중년 남성들의 활약은 놀라운 광경"이라며 K팝 열성 팬인 미국인 스티븐 나이트 (47)의 말을 인용해 이렇게 말했다.

"K팝의 삼촌팬들은 극도의 섹시함보다 재미를 추구하는 그룹을 좋아하는 경향이 있다. 그 예로 중독성 있는 〈빠빠빠〉로 K팝 음원 차트 상위권까지 오른 5인조 걸그룹 크레용팝은 가장 눈에 띄는 삼촌팬을 보유하고 있는 그룹 중 하나다." 84

2014년 정연두는 50여 명의 '팝저씨'와 함께 협업을 통해 세속적인 시각에서는 조롱받기 쉬운 크레용팝을 주인공으로 내세운 이색적인 퍼포먼스 설치 작업을 전개했다. 이 작품은 '크레용팝'의 아저씨 팬들인 팝저씨들이 크레용팝 그룹이 길거리를 전전하면서 거리 공연을 펼치던 때부터 현재의 위치에 이르기까지 이들을 후원하면서 대리만족을 해온 과정을 보여주었다. 크레용팝과 같은 트레이닝복을 입고 "사랑해요 ○○○"을 연호하는 영상은 물론 크레용팝을 위해 만든 소품들도 전시했으며 작가 자신은 크레용팝을 위해 거대한 전용 무대까지 설치했다.[85] 정연두는 "크레용팝에 열광하는 '팝저씨'는 한국 중년 남성의 자화상"이라면서 이렇게 말했다.

"팝저씨들은 1980년대 시위와 군대 생활을 경험했고 지금은 가정·직장·사회에서 힘겹게 삶을 영위하는 존재들입니다. 이들이 어느 날 역경 속에서도 성공을 위해 노력하는 걸그룹의 어린 여성들에게 감동받아 후원을 자처하고 나섰죠. 흥미로운 것은 이들이 통일된 함성과 몸짓을 보인다는 거죠. 한 개인의 목소리라기보다 마치 사회를 향한 집단적 외침 같아요."[86]

퍼블리시티권 Right of Publicity

특정인이 자신의 성명·초상·목소리·이미지·캐릭터 등을 상업적으로 이용하거나 혹은 제3자에게 상업적인 이용을 허락할 수 있는 배타적 권리를 말한다. 초상 사용권이라고도 하며 연예인·스포츠 스타 등 유명인이 자신의 얼굴이나 이름 등을 본인의 동의 없이 상업적으로 이용할 수 없도록 하는 게 대표적인 퍼블리시티권이다. 퍼블리시티권에서 핵심적인 부분은 상업적 이용 여부로, 퍼블리시티권은 재산 가치를 보호하는 권리라는 점에서 인격권의 초상권과는 다르다.[87] 미국은 판례와 각 주의 성문법에 의거해 퍼블리시티권을 보호하고 있지만 한국은 아직 법적인 규정이 없어 퍼블리시티권을 둘러싼 논란도 심심치 않게 발생한다. 예컨대 2013년 유명 연예인들의 퍼블리티시권 침해 소송이 줄을 이었는데, 재판부마다 판단이 엇갈렸다. 가수 백지영은 퍼블리시티권 침해를 인정받았지만, 걸그룹 소녀시대의 멤버 제시카와 애프터스쿨의 유이, 배우 수애, 이지아 등은 인정받지 못했다.[88]

 퍼블리시티권에 대한 법적인 판단이 엇갈리면서 이른바 '기획 소송'도 줄을 잇고 있다. 이는 일부 법무법인이 아르바이트생을 동원해 퍼블리시티권을 침해 사례를 대량 수집한 뒤 연예 기획사와 함께 소송을 제기하는 식의 소송으로, 별다른 비용을 들이지 않고 퍼블리시티권을 지키려는 기획사와 패소 가능성이 낮아 쉽게 돈벌이를 할 수 있는 사건을 만들어내려는 로펌의 이해관계가 낳은 현상으로 해석되었다.[89] 아예 연예 기획사와 계약을 맺고 퍼블리시티권 분쟁만 전문적으로 다루는 대행업체까지 등장했는데, 이런 기획소송이 증가하면서 한숨을 쉬는 영세 자영업자들도 많다. 포털사이트에는 법무법인의 강압에 돈을 내고 합의했다는 글들이 적지 않게 올라와 있다.[90] 그래서 연예인들의 권리 주장이 지나치다는 비판도 나오고 있다. 처벌이 너무 과하다는 게 그 이유다. 퍼블리시티권을 보호하기 위한 게 목적이라면, 퍼블리시티권 침해를 알게 되었을 때 시정 명령 같은 경고 조치 공지를 먼저 해야지 그런 과정 없이 소송을 통해 합의금만 뜯어내는 것에 집착하고 있다는 지적인 셈이다.[91]

연예 · 스포츠계의 유명인들은 스타를 활용한 문화 · 엔터테인먼트 산업이 지속적으로 발전하기 위해서는 퍼블리시티권이 반드시 인정되어야 한다고 말한다. 유병한 저작권위원회 위원장은 "K팝을 비롯해 영화, 드라마 등 우리나라 문화 콘텐츠의 국제적 경쟁력이 높아지는 시점에서 퍼블리시티권의 법적 보호 근거를 마련하는 것은 늦출 수 없는 과제다"라고 말한다.[92] 연예인의 권리를 위해서나 영세 자영업자들의 피해를 막기 위해서라도 하루빨리 현실을 고려한 퍼블리시티권에 대한 구체적인 법률적 근거가 필요하다는 목소리가 나오는 이유다.

푸드 포르노 Food Porno

고열량 음식을 만들거나 먹는 장면을 담은 사진 또는 영상을 의미
하는 말이다. 야한 사진이나 영상이 성욕을 자극하는 것처럼 먹음
직스러운 음식이 사람들의 식욕을 자극한다고 해서 푸드 포르노라
불린다. 한국은 푸드 포르노의 세계적인 강국이다. 한국을 찾은 한
외국인은 음식점에 갈 때마다 한국인들이 스마트폰이나 카메라를
꺼내 사진을 찍자, 음식 사진 찍기가 한국의 음식문화인 줄 알았다
고 고백했다.[93] 미국의 블룸버그TV는 2014년 1월 14일 한국의 먹방
(음식 먹는 방송)을 보도하면서 먹방은 한국의 푸드 포르노라고 말했
다.[94] 정도의 차이일 뿐 푸드 포르노는 세계적인 현상이다. 예컨대
아시아 식재료를 공급하는 스웨덴의 'CT Food'는 인스타그램에
푸드 포르노를 권장하는 요리 페이지를 개설하는 등, 푸드 포르노를
활용한 마케팅에 열심이다.

　일부 요리사들은 푸드 포르노에 대해 불편한 심기를 감추지 않
는다. 예컨대 뉴욕의 한 고급 레스토랑 요리사들은 현대인들의 푸
드 포르노 습관이 레스토랑에서의 식사 경험을 방해하는 '질 나쁜
행위'라고 간주해 손님들이 음식 사진 찍는 것을 막았다.[95] 푸드 포
르노가 웰빙 식품 유행에 대항하는 정크푸드 업체의 전략이라는 견
해를 내놓는 사람들도 있지만, 푸드 포르노 열풍이 식을 것이라고

보는 사람들은 많지 않다. 나홀로족의 급증에 따른 밥상 공동체의 해체 때문이다. 손조문은 "푸드 포르노의 수준을 결정짓는 건 영상의 씨즐sizzle(소비자 구미를 돋우는 표현 기법)감과 먹는 이의 연기력"이라면서 이렇게 말한다.

"아무리 음식이 맛없어 보여도 주인공이 복스럽게 먹어치우면 우리는 이 먹방에 큰 자극을 받습니다. 입에 양념을 묻히고 손가락을 쪽쪽 빠는 주인공의 모습에선 생의 활기가 느껴집니다. 오물조물 움직이는 주인공의 입에선 의욕이 넘쳐납니다. 사람들이 '먹방'을 즐겨보는 이유는 음식 그 자체에 대한 욕망이 아닌, 움직임에 대한 욕망이 아닐까요."[96]

캘리그래피|Calligraphy

손으로 쓴 그림문자로, 문자의 본뜻을 떠나 유연하고 동적인 선, 글자 자체의 독특한 번짐, 살짝 스쳐가는 효과 등으로 뜻을 표현한다. 그리스어 칼리그라피아kalligraphia에서 유래한 말로, KALLOS는 아름다움, GRAPHY는 서법書法을 뜻한다. 흔히 '달필'이나 '능필'로 통용되기도 한다. 캘리그래피를 직업으로 삼은 사람들을 캘리그래퍼calligrapher라고 한다. 필체가 사람의 마음과 정신을 드러내듯, 캘리그래퍼는 제품의 내용과 느낌을 글씨로 드러낸다. 글이 정형화되지 않고 글을 쓴 사람의 개성이 드러나는 것이 특징이다. 고명섭은 "캘리그래피는 글씨를 쓴다는 점에서는 전통적인 서예와 영역이 겹친다. 아름다움이나 균형감, 개성 같은 요소를 강조한다는 점에서도 두 세계는 공통점이 있다"면서 이렇게 말한다. "그러나 서예가 글쓴이의 주관과 정신을 최대한 강조하는 예술의 영역이라면, 캘리그래피는 상업적 고려가 우선한다는 점에서 서예와 다르다. 글쓴이가 주관을 너무 앞세우면 제품이 죽어버릴 수가 있다. 제품의 특성이나 이미지를 최우선으로 생각해 거기에 가장 합당한 글씨를 써내는 것이 캘리그래피다."[97]

캘리그래피는 기업이미지CI 브랜드이미지BI, 드라마·영화 타이틀, 광고 카피, 책 표지 등에 널리 사용되고 있다. 그중 캘리그래피가 가장 왕성하게 사용되는 곳은 드라마라 할 수 있다. 김수지·김혜원은 2013년에 "올해만 해도 총 40개의 드라마가 손 글씨 제목을 택했다" 면서 이렇게 말한다.

"과거 드라마 캘리그래피는 메인타이틀에 불과했다. 그저 예쁘게 표현하려 애썼다. 제목만 봐서는 내용을 짐작하기도 어려웠다. 반면 요즘 캘리그래피는 드라마의 특징을 담고 있다. 단순 손 글씨를 넘어 드라마의 열쇠까지 디테일하게 담았다.……캘리그래피, 드라마 이름을 알리는 도구를 넘어섰다. 장르, 캐릭터, 스토리 등의 정보를 알리는 간접 도우미인 셈이다. 드라마 이해도를 높이는 데 기여하기도 한다. 드라마의 시작과 끝에서 긴장감을 유지시키는 역할도 한다."[98]

한국이 캘리그래피 강국이라는 주장도 있다. 이규성은 이황李滉(1502~1571)이 "글씨의 법은 마음의 법을 따라 나오는 것이니, 글씨를 쓸 때 유명한 글씨만을 따를 필요는 없다" 며 중국의 유명한 글씨체만을 따라 쓰는 것을 경계한 이후 다양한 서체가 등장하는 등, 조선 시대 중기 이후 캘리그래피 운동이 활발하게 전개되었다고 했다.[99]

해피 슬래핑Happy Slapping

'행복한 때리기'란 뜻으로, 10대가 자신들과 아무 상관이 없는 행인을 지목해 집단으로 구타하는 '묻지마 폭행'을 이르는 말이다. 오프라인상에서 단순히 재미를 위해 폭행을 하거나 성적 희롱을 하고 그 대상의 당시 모습을 사진·영상·음성 자료로 만들어 유포하는 행위인 사이버 불링도 해피 슬래핑의 한 유형이다.[100]

해피 슬래핑은 2000년대 중반 영국 런던에서 시작된 것으로 알려졌는데, 이후 유럽 전역과 미국 등으로 확산하며 커다란 사회문제로 떠올랐다. 전문가들은 해피 슬래핑이 텔레비전에서 방영하는 위험하고 폭력적인 스턴트 쇼에서 영향을 받은 것으로 분석하고 있다.[101] 해피 슬래핑을 행하는 일부 청소년들이 카메라폰으로 그 모습을 찍어 친구들에게 자랑삼아 전송하거나 인터넷에 올려 이 영상이 널리 퍼지는 일이 발생하자, 프랑스 정부는 기자 자격증을 가지지 않은 사람이 폭력적인 장면을 담은 동영상을 유포하는 것을 금지하는 법안을 만들기도 했다.[102]

해피 슬래핑은 한국에서도 자주 발생하고 있다. 예컨대 『한국경제』 2012년 12월 28일자는 한 해를 마무리하는 기사를 내보내면서 2012년 한국의 사건·사고 현장을 '성범죄'와 '묻지마 범죄', '학교 폭력' 등 3개의 키워드로 정리했다. 박영배는 "해피 슬래핑은 대상이 무차별적이란 점에서는 '이지메'와도 통한다. 그러나 이지메는 서로 알고 지내는 또래 사이에서 반복적으로 일어나는 데 반해, 해피 슬래핑은 어른, 아이를 가리지 않고 장난삼아 우발적으로 저질러진다는 점에서 이지메보다 위험성이 훨씬 크다"고 했다.[103]

2

Media Section

TALK

Trend Keyword

내러티브 저널리즘Narrative Journalism

소설을 쓰듯 이야기체로 사건이나 인물의 심층적인 리얼리티를 그려 내는 저널리즘을 말한다. 내러티브 리포트narrative report라고도 한다. 내러티브narrative는 '알다'라는 뜻의 그리스어 그나루스gnarus에서 온 말로 스토리텔링storytelling과는 다소 다르다. 내러티브 저널리즘은 언론을 멀리 하는 대중과의 사이를 좁히고 신뢰를 회복할 수 있는 하나의 방안으로 제시되고 있다. 그래서 내러티브 저널리즘 예찬론을 펴는 사람들도 많다. 예컨대 남재일은 "스트레이트 기사로 생존할 수 있는 시대는 끝났다"면서 사안에 따라 내러티브 저널리즘이 효율적일 수도 있다고 했다.[1] 안수찬은 "내러티브 심층 보도에는 언론이 인간을 이끄는 게 아니라 인간이 필요로 하는 언론을 만드는 힘이 있다"며 "더 많은 발품과 땀은 기사를 근본적으로 바꾼다"고 말했다. 또 그는 "내러티브 저널리즘은 진실의 전모를 이야기하는 것을 추구한다"고 강조했다.[2]

한국에서 내러티브 기사 작법을 처음 시도한 사람은 이규연 『중앙일보』 논설위원으로 알려져 있다. 그는 2005년 농구 코치를 하다가 루게릭병에 걸려 안구마우스로만 소통할 수 있는 박승일 선수와 4년간 주고받은 50여 통의 이메일을 내러티브 형식으로 보도했다. 내러티브 저널리즘 확산에 크게 기여한 언론은 『한겨레21』이다. 2009년『한겨레21』사회팀 기자 4명은 4개월간 난로 공장·갈 빗집·가구 공장·대형 마트에서 각각 한 달간 일하며 보고 듣고 느낀 그대로를 기사로 풀어낸 내러티브 연재 기획 '노동OTL'을 선 보여 '내러티브 심층 보도'로 "두껍게 기술된 리얼리티"라는 평을 받았다.[3]

『한겨레』 2012년 11월 5일자는 "내러티브 저널리즘은 기획 기 사에 단골로 등장하는 방식이기도 하다. 내러티브 방식으로 인물에 대한 기획 기사를 쓸 경우, 그 인물이 사회적인 모순이나 문제를 드 러내는 경우가 많다"면서 4대강 공사 현장에 대한 기획 기사를 그 사례로 들었다.

"4대강 공사 현장에서 숨진 노동자 19명의 삶을 추적한『한겨 레』의 탐사 기획 보도는 마치 3인칭 시점의 소설 같다. 소설과 다른 점은 등장인물이 가상이 아닌 실존 인물이라는 점, 등장인물이 겪는 사건이 꾸며낸 것이 아닌 실화라는 점이다. 기사는 돌잡이 갓난아 기를 남겨놓고 밤샘 작업에 시달리다 콘크리트에 묻혀 사망한 인물 의 개인사를 구체적으로 복원했다. 4대강 공사 현장에서 사망한 노 동자와 어린 자녀와 함께 홀로 남은 아내의 삶은 4대강 사업의 문제 를 웅변한다. 독자들은 전문가들이 논리적으로 4대강 사업을 비판 하는 기사보다 이처럼 한 가정을 산산조각낸 비극을 들여다봄으로 써 4대강 사업의 문제를 체감한다."[4]

내러티브 저널리즘을 시도하는 언론사는 증가하고 있지만 내러티브 저널리즘이 활성화되기 위해서 넘어야 할 산이 적지 않다는 지적도 있다. 우선 뉴스룸의 혁신이 필요하다는 지적도 많다. 심층 탐사 보도가 추진되어도 팀의 명맥이 이어지는 경우는 드물고 기존 뉴스룸은 정치적 파워엘리트에만 맞춰져 있기 때문이라는 게 그 이유다. 이에 대해 안수찬은 "출입처를 벗어나 기자 개인에게 취재·집필하는 데 충분한 시간을 주지 않으면 좋은 기사는 나올 수 없다"며 "나아가 각 언론의 이해관계를 떠나 매체·기자간 교류와 협력을 강화하는 뉴스룸 개방과 공유도 고려해볼 수 있다"고 했다.[5]

뉴스 어뷰징 News Abusing

인터넷 언론이 독자들의 관심을 끌 만한 사안에 대해, 비슷비슷한 내용을 담은 기사를 표현만 조금 바꿔 속보식으로 다량 올려 클릭을 유도하는 행위를 말한다. '동일 기사 반복 전송'이라고도 한다. 어뷰징의 사전적 의미는 남용, 오용, 폐해 등이다. 이른바 낚시성 기사나 자기 표절 기사 등이 뉴스 어뷰징에 해당한다. 뉴스 어뷰징은 국내 최대 포털사이트 네이버가 2006년 12월 키워드를 입력해 찾는 기사의 운용 방식을 바꾸면서 본격화된 것으로 알려져 있다. 네이버는 이전까지 독자가 기사 제목을 클릭하면 네이버 안에 저장된 기사를 소개했지만 이후부터는 해당 언론사 홈페이지의 기사 화면으로 연결되도록 했는데, 언론사들이 광고 수익으로 이어지는 조회 수를 더 높이는 방식으로 뉴스 어뷰징에 본격적으로 돌입했다는 것이다.[6]

　뉴스 어뷰징이 심각한 문제로 떠오르자 2007년 11월 문화관광부는 언론사의 뉴스 반복 전송이나 부당 전송 행위를 금지하는 내용을 골자로 하는 '언론사와 포털의 뉴스 콘텐츠 이용 계약에 관한 지침'을 발표했지만 뉴스 어뷰징은 여전히 기승을 부리고 있다.[7] 종합 일간지, 스포츠 · 연예 매체, 경제지, 온라인 신문 등 사실상 모든 언론이 뉴스 어뷰징에 나서고 있는 것으로 알려져 있는데, 조선일보사와 동아일보사 등 이른바 메이저 언론들이 뉴스 어뷰징에 적극적이라는 지적도 있다. 예컨대 네이버에서 2013년 12월 2일 '실시간 급상승 검색어' 상위권에 오른 호주 출신 모델 '미란다 커'의 경우가 대표적이다. 당시 한국 언론은 미란다 커가 호주 재벌 제임스 파커와 열애 중이라는 현지 언론 보도를 인용해 총 543건의 기사를 네이버에 전송했는데, 이 가운데 조선닷컴의 기사가 60건, 동아닷컴의 기사가 84건으로 나타났다.[8]

이정환은 2013년 5월 언론사들 사이에서는 "요즘은 조선·동아가 마이너 언론사들보다 더한다"는 푸념이 나돈다면서 "조선·동아가 물량 공세를 쏟아부으면서 오히려 뉴스 스탠드 이전보다 페이지뷰가 더 늘었다"는 과장된 소문까지 나돌고 있다고 했다.[9] 최원형은 배우 성현아의 성매매 혐의 사건에 대한 첫 공판이 열린 2014년 2월 19일 오후 『조선일보』의 인터넷판 조선닷컴이 『스포츠조선』 것까지 포함해 무려 70여 건의 자극적인 제목과 내용의 기사들을 무차별적으로 쏟아내며 전례를 찾기 어려울 정도의 '검색 어뷰징'에 나섰다고 말했다. 조선닷컴 기사는 "성현아, 성매매 당시 나이 보니 몇 살? 충격!", "성매매 혐의 성현아, 이혼과 재혼 성매매를 모두 한 해에? 충격!", "결혼해 아들도 있어! 충격", "시기 보니 재혼 직전", "남편 알까?" 등의 제목을 달고 있었는데, 많은 기사에는 성현아의 영화 스틸 컷이나 누드 화보 등 반라 사진이 붙었다.[10]

뉴스 어뷰징의 주요 대상은 주요 포털사이트의 초기 화면에 노출되고 있는 '실시간 급상승 검색어'(네이버)와 '실시간 이슈'(다음)다. 독자가 해당 검색어로 기사를 찾을 때 자사의 기사가 뉴스 리스트 맨 위에 보이도록 하거나 기사 노출 빈도를 높이기 위한 수단으로 활용하고 있기 때문이다. 바로 그런 이유 때문에 포털사이트의 '실시간 급상승 검색어', '실시간 이슈' 시스템에 대한 고민과 점검이 필요하다는 지적도 나오고 있다. 김성태는 2014년 1월 "네티즌들에게 미치는 포털의 영향력은 우리나라가 세계 어느 나라보다 높다"면서 "모든 기사가 포털에 많이 노출되어야 살아남을 수 있는 상황에서 어뷰징 문제가 불거진 만큼 실시간 급상승 검색어 서비스의 공정성을 확보하는 것부터 시작해야 한다"고 조언했다.[11]

다채널 편성

케이블TV에서 단일 콘텐츠를 다채널을 통해 동시에 방송하는 편성 전략을 이르는 말이다. 지상파에 비해 인지도가 낮은 케이블TV의 한계를, 채널이 제한된 지상파는 애초에 꿈도 꿀 수 없는 방식으로 극복하겠다는 전략이라 할 수 있겠다. '다채널 벌 떼 편성'이라고 한다.[12] 다채널 편성이 다양한 채널을 볼 수 있는 시청자의 권리를 무시하는 처사라는 지적도 있다. 시청자들은 '개인의 취향'에 맞는 채널을 찾아 케이블TV를 선택하는 추세로 변화하고 있는데, 이런 시청자들의 시청 행태를 우롱하고 있다는 것이다. 그래서 "채널 돌리다가 리모콘이 고장난 줄 알았다", "월드컵 경기도 아니고 이렇게 네 채널에서 방송하는 이유를 모르겠다", "저거 계속 보여줄 바에 다른 것도 보여달라" 등의 비판을 내놓는 네티즌들도 있다.[13]

중국 정부는 2014년 4월, 2015년부터 같은 드라마의 다채널 동시 방영을 금지하는 정책을 시행하겠다고 발표했다. 이 정책으로 한 드라마를 매일 저녁 황금시간대에 세 개 이상의 채널에서 동시에 방영하거나 한 번에 연속으로 2회 이상 방영하지 못하게 되었다. 이는 한국 드라마가 중국에서 절정의 인기를 누리자 자국 텔레비전 드라마의 경쟁력을 높이려는 시도에서 비롯된 것이다.[14]

린백 Lean-Back

소파나 벽에 등을 기대고 텔레비전을 시청하는 행태를 말한다. lean-back은 등을 기댄다는 뜻으로, 리모콘의 등장과 함께 대중화된 시청 행태다. 스마트폰과 스마트TV 등 스마트 기기의 대량 보급으로 린포워드lean-forward가 대세가 될 것으로 전망되었는데, 시청자들이 린백으로 유턴하고 있다는 지적도 있다. 목적성이 분명한 방송 시청 행태를 '린 포워드'라 한다. 린백으로의 유턴은 관련 산업에도 영향을 주고 있다. 박민주는 2013년 12월 "최근 유료 방송업계는 안방이나 거실에서 편안하게 소파에 몸을 기대고 텔레비전을 보는 '린백' 시청자를 사로잡기 위해 치열한 경쟁 중이다. 고화질HD 채널 확대부터 인기 방송의 다시보기 업데이트 시간 단축까지 시청자의 리모콘 사수를 위한 노력이 다양하다"고 했다.[15]

린백은 스마트TV 시장에도 영향을 주고 있다. 2012년경 스마트TV 붐이 처음 불 때 텔레비전 업계는, 텔레비전 화면에 수십 개의 응용 프로그램(앱)을 깔고 업체가 추천하는 영화·애니메이션 아이콘으로 화면을 가득 채웠다. 그렇게 하면 사람들이 소파에서 등을 떼고 일어나 텔레비전을 적극적이고 능동적으로 사용할 것이라 생각했기 때문이다. 거기에 키보드처럼 큰 리모컨과 복잡한 기능을 잔뜩 넣은 제품을 내놓았다. 하지만 2014년 LG전자의 조사에 따르면 2~3년 전 출시된 스마트TV 사용자의 53퍼센트는 자신의 집에 있는 텔레비전 기능을 제대로 알지 못했으며, 75퍼센트는 스마트TV가 너무 복잡하다고 답한 것으로 나타났다. 처음 샀을 때만 재미 삼아 스마트TV 기능을 써보고는 이내 예전 습관으로 되돌아간 것이다. 이렇게 린백 시청자가 증가하자 텔레비전 업체는 2014년경부터 화면 구성이나 리모컨을 최대한 단순하게 만들고 있다.[16]

마을 미디어

전문가들이 만드는 미디어가 아니라 마을 주민이 참여해 만드는 대
안 미디어다. FM 라디오, 영상, 신문, 인터넷라디오 등 마을 미디어
의 종류도 다양하다. 2014년 현재 서울에만 30여 곳에서 마을 미디
어가 운영되고 있으며, 전북과 광주, 전남 등지에서도 빠르게 확산
하고 있다. 마을 미디어는 주민들이 일상에서 겪는 현장의 목소리
를 '날것 그대로' 전달하는 형식이어서 주민들의 공감이 크기 때문
에 주민과 주민, 마을과 마을을 잇는 공론장이라는 평가를 받고 있
는데, 그래서 풀뿌리 민주주의의 근간이 되고 있다는 이야기도 나온
다.[17] 마을 미디어가 공동체 회복의 훌륭한 수단이 될 것이라고 보는
시각도 있다. 2014년 시민들과 영상과 라디오 제작을 했던 수원 영
상미디어센터장 김노경은 마을 미디어 사업의 결과로 나온 11편의
영상을 보면서 든 생각을 이렇게 적고 있다.

  "'우리 이웃들이 이렇게 생겼구나', '이런 삶을 살고 있구나'라
는 생각을 하게 됩니다. 방송에서 떠드는 커다란 사건·사고 외에
도 우리에게 진짜로 필요한 것은 바로 곁에 있는 이웃들의 소소한
소식일지 모릅니다.……우리는 개개인이 파편화된 복잡한 사회에
살고 있습니다. 하지만 이 시대는 눈부신 기술 발전이 이루어낸 미
디어 시대이기도 합니다. 자신이 직접 제작한 미디어를 통해 이웃

들과의 끈끈한 유대감을 만들어줄 수 있을 겁니다. 그렇게 이루어진 소통이 마을 안에서 서로의 삶을 이해하고 필요한 도움을 청할 수도 있게 할 겁니다. 공동체 복원은 그런 것 아닐까요?"[18]

풀뿌리 민주주의 구현과 공동체 복원의 가능성을 담고 있기 때문일까? 지방자치단체가 마을 미디어 사업을 적극적으로 지원해야 한다는 주장도 있다. 예컨대 유영주 광주·전남 민언련 사무국장은 2014년 12월 "낡은 것은 죽어가는데 새로운 것은 아직 도래하지 않았다. 언론 과잉 속에서 느끼는 주민의 갈증을 풀어줄 소중한 대안이 마을 미디어라고 생각한다. 자치단체가 이를 지원해 자치와 참여가 확대되도록 해야 한다"고 했다.[19]

마을 미디어

메이크오버 프로그램Makeover Program

전문가의 힘을 이용해 무엇인가를 변화시켜 주는 프로그램을 말한다. 메이크오버는 '개조', '변신', '새 단장'이라는 뜻이다. 2001년 MBC가 방영한, 서민들의 집을 고쳐주는 프로그램 〈러브 하우스〉나 2006년부터 SBS가 방영하고 있는, 문제가 있는 아이의 행동이나 버릇을 고쳐주는 프로그램 〈우리 아이가 달라졌어요〉가 대표적인 메이크오버 프로그램이다. 메이크오버 프로그램은 시청자들이 변화의 과정을 함께 지켜보기 때문에, 변화가 이루어지기 전과 그후의 극적인 대비가 크면 클수록 시청자들이 받는 감동 역시 크다고 본다.[20]

메이크오버 프로그램에 대해서는 의견이 엇갈린다. 일각에서는 메이크오버 프로그램이 자선과 박애의 모습을 띠고 있다며 긍정적으로 평가하지만, 이들 프로그램에 대한 비판도 끊이지 않는다. 예컨대 심리학자 제임스 위버는 "메이크오버 쇼는 정말 헐값에 만들 수 있다. 대중이 울고 고함지르고 크리스마스를 맞은 어린아이처럼 구는 동안, 그들의 정서적 반응을 이용하기만 하면 된다"며 "어떤 가족에게 새집을 지어주는 대신, 그들에게 자기 집을 수리하는 방법을 가르치는 게 낫지 않느냐"고 했다.[21]

2014년 12월 한국여성민우회 미디어운동본부는 방송통신심의 위원회에 의견서를 내고 메이크오버 프로그램에 대한 강력한 제재를 요구하고 나섰다. 한국여성민우회가 문제로 삼은 메이크오버 프로그램은 〈Let美人〉(스토리온), 〈미녀의 탄생: 리셋〉(트렌드이), 〈박나래, 장도연의 도전! 신데렐라〉(비욘드동아), 〈소원을 말해봐〉(MBC QueeN) 등 미용과 성형을 통해 출연자의 외모를 바꿔주는 프로그램이었다. 한국여성민우회는 국가인권위원회 인권단체공동협력사업으로 성형 및 다이어트를 다루는 방송 프로그램을 모니터링한 결과 메이크오버 프로그램의 다수가 시청자에게 왜곡된 의학 상식을 전달하고, 특정 수술과 시술, 병원에 대한 의료 광고를 무분별하게 하는 등 많은 문제점을 갖고 있다고 말했다.[22]

방송 프로그램 포맷 시장

포맷은 원래 컴퓨터나 책과 관련해 정보가 조직화되어 있는 형식이나 순서를 일컫는 말이지만, 방송에서는 시리즈물 각각의 에피소드에서 변하지 않고 지켜지는 프로그램의 본질적 요소 · 외관 · 스타일 등 특정 프로그램 제작의 뼈대라고 할 수 있는 구성안을 일컫는다. 1989년 영국에서 처음 방영된 퀴즈쇼 〈누가 백만장자가 되고 싶은가Who wants to be a millionaire〉가 세계적 성공을 거두면서 방송 프로그램 포맷이란 용어가 사용되기 시작했다. 포맷은 대본이 있는 포맷과 대본이 없는 포맷으로 나눌 수 있는데, 대본이 있는 포맷은 일반적으로 쉽게 저작물로 인정되지만, 리얼 버라이어티 쇼와 같이 대본이 없는 포맷은 저작물로 인정받기가 까다롭다.[23]

세계적으로 방송 프로그램 포맷 시장은 2000년대 들어 가파르게 성장하기 시작했다. 2006~2008년에 445개 포맷이 세계시장에서 유통되었는데, 2002~2004년에는 259개였다. 포맷 시장 규모는 2002~2004년 64억 유로(약 7조 4,400억 원)에서, 2006~2008년에는 93억 유로(약 10조 8,200억 원)로 성장했다. 이와 관련해 양성희는 "5년간 거래된 포맷의 수는 줄었지만 시장 규모는 네 배가 되었다"며 이는 "포맷들이 안정기에 접어들어 새로운 포맷 없이도 매출이 급증"한 것으로 볼 수 있다고 했다.[24] 2013년 현재 방송 포맷 시장의 세계시장 규모는 7조 원대로, 영국과 네덜란드 등 유럽 국가가 포맷 산업의 강국이다. 예컨대 영국의 공영방송인 BBC는 30여 개국에서 제작된 〈댄싱 위드 더 스타〉로 2,000억 원 가까운 돈을 벌어들이고 있는 것으로 알려져 있다.[25] 세계의 방송 프로그램 포맷 시장에서 가장 인기 있는 장르는 예능 프로그램으로 2013년 현재 예능 프로그램 포맷의 수출 시장은 수조 원대 규모로 예측되고 있다.[26]

중국에서 한류 콘텐츠의 수요가 급증하자 2013년경부터 한국 방송 프로그램 포맷의 중국 수출도 활성화되었다. 중국 방송 시장에서 한류 콘텐츠가 시청률 보증수표로 떠오르면서 나타난 현상이다. 한국 방송 프로그램의 포맷이 중국 시장을 공략하자 2013년 9월 중국의 방송 정책을 총괄하는 국가광전총국은 "각 지역 위성방송은 프로그램 포맷을 매년 한 건만 수입해야 한다"면서 "오후 7시30분에서 밤 10시 사이 시간대 방영을 금지하겠다"고 발표했다.[27]

중국에 대한 포맷 수출이 늘면서 저작권 침해에 대한 대비책 마련이 시급하다는 지적도 나온다. 예컨대 2010년 중국의 한 방송이 제작한 〈우상탄생〉이란 프로그램은 KBS 〈청춘불패〉와 흡사해 KBS가 중국 방송에 시정을 요구하기도 했다.[28]

버즈피드_Buzzfeed

미국의 뉴스 및 엔터테인먼트 웹사이트다. 2006년 『허핑턴포스트』 엔지니어 출신인 조나 페레티가 설립했으며, 2013년 11월 기준으로 방문자 수가 1억 3,000만 명을 넘어 2위인 『허핑턴포스트』를 압도적 차이로 누르고 방문자 수 세계 1위의 커뮤니티 뉴스 사이트로 떠올랐다. 버즈피드는 전통적 저널리즘과 거리가 있다. 리스티클이라는 새로운 스타일로 작성되는 기사는 팩트나 심층 분석보다 가벼운 읽을거리나 화제성을 강조한다. 리스티클Listicle은 목록List과 기사Article의 합성어로, 「30세가 되기 전 꼭 해야 할 10가지」, 「이별의 아픔을 극복하는 12가지 비법」 등의 형식으로 쓰여진 게 바로 리스티클 기사다.[29]

버즈피드는 페이스북과 모바일에 특화된 뉴스를 생산한다. 콘텐츠 제작에서 가장 중시하는 가치는 '공유'다. 이를 위해 철저하게 개인화 마케팅을 구현한다. 이성규는, 버즈피드는 "독자들이 SNS에서 콘텐츠를 공유하는 이유를 세세하게 분석해 콘텐츠 제작에 활용한다"고 말한다.

"이를 위해 버즈피드는 웹사이트 방문자의 일거수일투족을 추적한다. 방문자의 성별과 나이는 기본이고 버즈피드 기사를 페이스북, 트위터, 이메일 등에 몇 번 공유를 했는지, 페이스북에 접속된 상태인지 모두 들여다본다. 여기에 그치지 않는다. 버즈피드의 퀴즈 콘텐츠를 이용하게 되면 성격과 취향, 기분 등에 대한 정보가 버즈피드로 전달된다. 버즈피드는 이러한 데이터를 바탕으로 사람들이 공유하기 원하는 콘텐츠 유형, 키워드 등을 판별해낸다."[30]

버즈피드 성장세의 또 다른 비결은 네이티브 광고다. 이정환은 "『뉴욕타임스』도 '지불 게시물paid post'이라는 이름으로 네이티브 광고를 게재한다. 그러나 기사와 혼동하지 않도록 확연하게 다른 디자인으로 편집하며, 검색해서 찾을 수는 있지만 다른 기사와 구분해서 검색 결과에 배열한다. 트위터나 페이스북을 통해 공유하지도 않고 네이티브 광고는 댓글도 달 수 없게 되어 있다"면서 이렇게 말한다.

"그러나 버즈피드에서는 어디까지가 기사고 어디부터 광고인지 혼란스러울 정도로 네이티브 광고가 여기저기 뒤죽박죽 섞여 있다. 이게 버즈피드가 놀라운 성장을 거듭하고 있는 비결이다. 이를테면 '플레이스테이션에 대해 당신이 읽어야 할 단 하나의 글'이라는 글과 '플레이스테이션에 대해 모르는 11가지'라는 글이 하루 차이로 올라왔는데 하나는 소니가 스폰서고 다른 하나는 버즈피드가 쓴 글이다. 독자들은 그 차이를 알아차리기 어렵다."[31]

버즈피드는 네이티브 광고는 "뉴스와 정보가 혼합된 형태로 제공되는 시대정신을 반영한다"며, 광고든 기사든 재미가 없으면 독자들이 떠날 거고 결국 독자들이 알아서 판단할 일이라 주장한다.[32] 하지만 버즈피드가 '기사와 광고는 구분되어야 한다'는 저널리즘의 원칙을 훼손할 것이란 우려도 만만치 않다. 예컨대 덴마크의 미디어 전문가인 토마스 백달은 "모든 버즈피드의 기사가 속이는 건 아니라고 생각"한다면서도 "이건 콘텐츠가 아니라 마약이다. 사람들을 속일 수 있는 동안만 효과가 지속된다. 이것은 미디어의 미래가 아니다. 더 많은 트래픽을 얻는 장기적인 전략도 될 수 없다. 단순히 낚시질일 뿐이다"라고 했다.[33]

이런 논란 속에서도 버즈피드는 점차 전통적 뉴스 보도로 영역을 확대하고 있다. 국제 기자, 탐사 전문 기자 영입에 나서고 있으며 고품질 콘텐츠를 선보이겠다는 포부도 밝혔다.[34]

본방사수

아무리 바빠도 재방송이나 인터넷 다운로드가 아닌 본 방송 시간에 드라마를 본다는 뜻이다. 본방사수라는 말은 2000년대 중반부터 드라마 폐인들 사이에서 사용되기 시작했다. 드라마에 대한 시청자들의 지지도와 충성심을 반영하는 용어인 동시에 드라마 시청을 독려하는 의미도 담고 있다. 주로 '본방을 사수하자'라는 식으로 쓰였는데, 이는 정규 편성 시간에 본 방송을 시청해 해당 드라마의 시청률 집계에 기여하자는 의미다. '닥본사'라는 말도 있는데, 이는 '닥치고 본방사수'의 줄임말이다.

LTE(롱텀에볼루션) 대중화로 무선 인터넷 속도가 빨라지고 N스크린N-screen 시대가 개막하는 등, 방송 플랫폼이 다양해지면서 본방사수의 의미는 갈수록 엷어지고 있다. 하나의 콘텐츠를 텔레비전, PC, 스마트폰, 패블릿, 태블릿PC 등 다양한 기기를 통해 이용할 수 있는 서비스를 일러 N스크린이라 한다. 시청률 조사 회사 TNmS에 따르면 2014년 상반기 가구당 시청 시간은 2013년 상반기와 비교해 하루 평균 8시간 3분에서 7시간 57분으로 6분가량 줄었는데, 주말에는 차이가 더 심해서, 2013년 상반기 주말 가구 시청 시간에서 13분이 줄어든 9시간 11분이었다.[35]

언제 어디서나 시간과 공간의 제약 없이 자신이 원하는 콘텐츠를 한 번에 볼 수 있는 이른바 '몰아보기' 시청 트렌드를 타고 빠르게 성장하고 있는 VOD 시장도 본방사수를 위협하고 있다. 시청률 조사 회사 닐슨코리아에 따르면 2014년 전국 VOD 시청 가능 가구는 39.77퍼센트로 집계되었는데, 이는 2012년 28.43퍼센트, 2013년 35.42퍼센트에서 꾸준히 증가한 것이다. 수도권에만 한정하면 VOD 시청 가능 가구는 약 50퍼센트에 달해 VOD시장이 뚜렷한 성장세를 기록하고 있는 것으로 나타났다.[36] 본방사수 개념이 옅어지면서 시청률 조사 방식에 대한 개선을 요구하는 목소리도 높다.

VOD 광고

VOD에 따라붙는 광고를 말한다. IPTV 사업자나 케이블TV 사업자는 제각각 광고를 운영하고 있기에 일반적으로 무료 VOD는 4개, 유료 VOD는 평균 2개가량의 광고를 보아야 한다. VOD 광고는 '프리로드Pre-load' 방식으로 콘텐츠가 재생되기 전 자동으로 나오기 때문에 보고 싶지 않아도 건너뛰기가 불가능해 어쩔 수 없이 보아야 한다.[37] 유료 방송 사업자들은 대부분 방송 프로그램과 영화 등을 외부에서 사오기 때문에 이를 감당하기 위해서는 광고 삽입이 불가피하다고 주장하고 있다.

　　VOD 광고는 방송법에 규정된 방송 광고 규제를 적용받지 않기 때문에 가능하다. 이 때문에 발생하는 문제가 적지 않다는 지적도 있다. 방송법은 방송 광고와 프로그램이 혼동되지 않도록 구분해야 하고 어린이를 주 시청 대상으로 하는 프로그램의 광고에는 자막으로 광고임을 표시하도록 규정하고 있지만, VOD 광고는 이런 규정의 적용을 받지 않기 때문에 청소년이나 어린이들이 주로보는 프로그램에 술이나 속옷 광고를 하는 게 가능하다는 것이다.[38]

　　시청자들은 무료 VOD는 어쩔 수 없지만 돈을 내고 보는 유료 VOD에서까지 광고를 보아야 하는 것에 대해 불만이 높다. 예컨대한 시청자는 "예전에는 1주일간 기다렸다가 무료가 되면 지상파 방송의 다시보기 서비스를 이용했지만 무료 제공 시점이 늦춰지면서 지상파 VOD 월정액 상품에 가입했다"며 "적지 않은 월정액을 내는데도 매번 광고까지 봐야 한다는 것은 부당하다"고 토로했다.[39] 미래창조과학부와 방송통신위원회는 사업자 자율 외에는 VOD 광고를 규제할 방법도 마땅치 않다고 말하고 있지만 VOD 광고에 대한 가이드라인이 필요하다는 지적은 끊이지 않고 있다.

3주 홀드백_{Hold-Back}

지상파의 본 방송 이후 유료 방송 플랫폼에서 무료 VOD(주문형비디오)로 재방송되기까지 걸리는 기간을 이르는 말이다. 2013년 지상파의 요구로 VOD 홀드백은 기존 1주에서 3주로 늘어났다. 3주 홀드백으로 인해 최근 3주간 프로그램을 다시보기 할 경우에는 별도의 요금을 내야 하고 그 이전에 방송된 프로그램은 무료로 시청할 수 있다.[40] 일반적으로 콘텐츠의 부가 판권이 다른 곳으로 넘어가는 시간을 일러 홀드백이라 하는데, 지상파 본 방송 이후 무료 VOD로 재방송되기까지 걸리는 기간이나 미국에서 방영된 미드(미국 드라마)가 한국에서 방영되기까지 걸리는 시간 등이 이에 해당한다.

3주 홀드백으로 지상파 3사와 유료 방송사는 이득을 보고 있지만 시청자는 손해를 보고 있다는 지적이 있다. 유료 VOD 매출의 경우 지상파와 유료 방송사가 7 대 3 정도로 배분하는 것으로 알려지고 있는데, VOD를 통해 지상파 방송을 무료로 보기 위해 3주나 기다리는 것을 못 견뎌하는 시청자들이 1,000원 상당의 유료 VOD를 구입하고 있기 때문이다.[41] 콘텐츠의 가치가 급증하면서 본방의 가치를 높이려는 지상파 사업자들과 재방을 빨리 하려는 플랫폼 사업자들 간에 홀드백을 둘러싼 갈등은 자주 발생하고 있는데, 이런 갈등 속에서 시청자들의 부담만 더욱 커지고 있다는 지적도 나오고 있다.

세컨드 스크린Second Screen

텔레비전으로 방송을 시청하면서 스마트폰, 태블릿PC 등 스마트 기기를 이용해 시청자가 방송에 참여할 수 있도록 하는 서비스다. 시청자들은 방송을 시청하면서 모바일 기기를 통해 소셜네트워크 서비스SNS에서 콘텐츠를 공유할 수 있고, EPGElectronic Program Guide와 같은 방송 정보를 확인할 수도 있다. 텔레비전으로 스포츠 중계를 보는 중에 스마트 기기로 상대 전적을 찾아보거나 해당 선수를 검색해보는 식이다.[42]

세컨드 스크린은 텔레비전 광고 시장에 지각변동을 불러올 것으로 예측되고 있다. 텔레비전을 시청할 때 세컨드 스크린으로 시선을 옮기는 시청자들이 급증하면서 텔레비전 광고가 외면 받고 있기 때문이다. 바로 그런 이유 때문에 세컨드 스크린 시장을 겨냥한 방송사와 IT업계의 마케팅 발걸음이 빨라지고 있다. 트위터와 페이스북은 2013년부터 방송사들이 트위터와 페이스북에 광고를 할 수 있도록 플랫폼을 제공하는 식으로 세컨드 스크린에 빠져 있는 시청자들 공략에 나섰다. 트위터는 '트위터 앰플리파이Twitter Amplify'를 통해 A&E네트워크스, BBC 아메리카, ESPN 등의 방송사와 계약을 맺고 시청자들이 프로그램을 보면서 실시간 올린 트윗 내용을 분석해 타깃을 설정하고 동영상 광고를 올려 방송사와 트위터가 광고

수익을 나누고 있으며, 페이스북 역시 방송사들을 광고주로 유치하기 위해 2013년 일부 미디어 업체들에게 페이스북 회원들이 올린 포스팅에 접근할 수 있는 '퍼블릭 피드Public Feed' 권한을 주었다.[43]

한국의 이동사들과 방송사도 세컨드 스크린 서비스에 박차를 가하고 있다. 이동사들은 2013년 세컨드 스크린을 접목한 서비스를 출시했으며, 2014년 2월 15일 KBS미디어, iMBC, SBS콘텐츠허브 등 지상파 계열 콘텐츠 판매 회사 3사는 '지상파 통합 세컨드 스크린 사업' 추진을 위한 공동 사업 계약을 체결하고 상반기에 지상파 통합 세컨드 스크린 서비스를 선보였다.[44]

2014년 3월 LG그룹 계열 광고회사 HS애드가 내놓은 소비자 1,000명의 텔레비전, PC, 모바일 사용 패턴을 분석한 「3 스크린 미디어 이용 실태」 보고서에 따르면, "스마트폰을 들고, 텔레비전을 보면서, 소셜네트워크서비스에 글을 쓰는" 식으로 매체를 동시에 이용하는 소비자는 53퍼센트에 달해, 상당수 소비자가 스마트폰을 들고 텔레비전을 보면서 궁금한 정보를 바로 찾아보거나 SNS에 자신의 생각을 올리는 경향이 나타나고 있음을 보여주었다. 박준우 HS애드 미디어플래닝 팀장은 "프라임타임대의 포털 검색 순위와 트위터에는 방송 중인 드라마의 협찬 제품에 대한 질문이나 시청 소감 등이 많다"고 말했다.[45]

이마케터의 조사에 따르면 미국 인터넷 이용자의 43퍼센트가 방송사 프로그램에 참여하기 위해 소셜 미디어를 이용한다고 응답했는데, 이러한 '방송사 경험의 소설화' 현상은 스포츠나 선거와 같은 빅 이벤트에서 자주 일어나는 것으로 알려져 있다.[46]

소셜 저널리즘 Social Journalism

페이스북, 트위터, 유튜브, 블로그 등 뉴스를 유통하는 미디어의 힘을 활용하는 취재 행위를 말한다. 프로슈머의 등장과 SNS의 급속한 확산이 맞물리면서 등장한 저널리즘이다. 집단 협업 저널리즘이나 크라우드소싱 저널리즘으로 볼 수 있겠다. SNS 시대를 맞아 세계적으로 유수의 언론사가 소셜 저널리즘을 추구하고 있는데, 소셜 저널리즘의 선두주자로는 미국의 온라인 미디어 『허핑턴포스트』가 꼽힌다. 『허핑턴포스트』는 초창기부터 쌍방향성을 강조하며 이용자 참여형 소셜 뉴스 전략을 표방해 큰 성공을 거두었다.

소셜 저널리즘이 흥미성이나 선정성 위주로 흐를 가능성이 높다는 분석도 있지만, 소셜 저널리즘의 가치에 주목하는 시각도 만만치 않다. 설진아는 2013년 5월 10일 한국언론학회 정기학술대회에서 발표한 「소셜 뉴스 웹사이트의 기사 유형 및 뉴스 특성에 관한 연구」에서 선정성이 높거나 흥미 위주의 기사보다 공익적이고 생활 밀착적인 유용한 정보들이 소셜네트워크 뉴스로 널리 확산되고 있다고 말했다. 이어 설진아는 소셜 저널리즘이 새로운 저널리즘 양식을 탄생시킬 것으로 예상하면서 "소셜네트워크 저널리즘은 단순히 미디어 공진화共進化 관점에서 소셜 미디어가 기존 미디어의 이용을 촉진하거나 보완하는 것이 아니라 뉴스 취재원인 뉴스 소스로서의 정보원이 누구든지(정부와 공공기관, 기업, 전문가, 일반 시민을 막론하고), 뉴스 가치가 있을 만한 정보를 직접 생산, 배포함으로써 정보의 투명화와 민주화 차원에서 변화를 가져올 것으로 보인다"고 했다.[47]

김사승은 "소셜 저널리즘은 사회적 억압기제를 극복하는 한 형태로 등장했다" 면서 "기성 공영 및 상업 미디어들이 특정한 집단이나 계층을 모두 대변하지 못하는 한편 독립성도 제한적인 측면이 있는데, 소셜 저널리즘은 뉴스의 인지, 확산, 토론, 발전이라는 기본 속성에 의해서 기존 저널리즘을 넘어설 수 있다"고 했다.[48]

SNS 인생 도둑

SNS에서 '타인의 삶'을 통째로 베껴 자신의 삶인 것처럼 살아가는 사람들을 말한다. 이들은 플픽(프로필 픽처) 도용은 물론이고 타인 행세를 하는 데서 더 나아가 동경하는 사람의 생활 습관, 취미, 취향까지 모방한다. SNS 인생을 도둑맞았다는 이 모 씨는 2014년 1월 "내가 들렀던 장소, 내 머리 스타일, 내가 새로 산 신발 등 모든 것"이 다른 사람의 삶이 되어 있었다며 "당시를 생각하면 지금도 심장이 뛴다"고 했다. 이 모 씨의 SNS 인생을 훔친 K 양은 "우연히 이 씨의 페이스북을 보게 되었는데 이 씨가 연예인처럼 예쁘기에 부러운 마음에 그냥 갖다 썼다"고 했다. 한 장 두 장 가져다 올리다보니 어느 순간 이 씨의 삶을 통째로 베끼게 되었다는 것이다.[49]

전문가들은 현실의 자신과 이상적 자신의 괴리가 SNS 인생 도용을 낳는 이유라고 말한다. 곽금주는 "사람의 정신세계에는 '이상적인 나'가 있고 '실제의 나'가 있는데 청소년기에는 이상적 나를 추구하는 경향이 극대화된다"며 "이상적 나와 실제 나의 차이가 너무 클 때 일부 극단적인 사람들은 불안감과 우울증을 겪다 결국 이상적 나를 실제 나로 인식하게 된다"고 해석했다. 단순히 이 씨를 동경해 이 씨의 생활을 엿보던 K 양이 동경과 질투를 이기지 못하고 아예 이 씨를 자신이라고 인식하게 되었다는 것이다.[50]

인정투쟁 잣대의 획일성에서 비롯된 문제로 보는 해석도 있다. 한국 사회는 누군가를 평가하는 잣대가 외모·학력·직업 등으로 너무 단조로워 이 기준에 미치지 못하는 이들은 상대적 박탈감을 느낄 수밖에 없는데, SNS 인생 도용을 통해 인정 욕구를 채우려 한다는 것이다. 전우영은 "K 양도 따지고 보면 잘하는 게 있을 텐데 한국 사회가 인정하는 이상적 모델이 정해져 있어 거기에 맞추려고 남의 인생을 도용했을 수 있다"면서 "다양한 가치를 인정하는 사회와 문화가 형성되지 않는다면 이런 인생 도둑은 더욱 늘어날 것"이라고 말했다.[51]

실제 이 모 씨가 헬스장에서 운동복 입고 찍은 사진을 K 양이 자신의 페이스북에 올려놓자 많은 남성들이 '섹시하다', '몸매가 좋다' 등의 댓글을 달았는데, K 양은 마치 자신이 칭찬받은 양 답을 다는 등, 이 씨의 사진으로 온라인에서 여러 사람과 교류하며 '예쁘다'는 말 듣는 걸 즐긴 것으로 나타났다.[52] SNS 인생 도둑은 명백한 도둑이지만 현행법상 이를 처벌하기는 불가능하다. 경찰 관계자는 "타인을 사칭·도용해 이득을 취하거나 도용 대상에 대해 성희롱이나 모욕 등을 일삼지 않은 이상 단순히 부러워서 퍼간 걸 명예훼손으로 형사 고소하기는 어렵다"고 말했다.[53]

2008년 빌 게이츠는 자신의 신분을 도용한 5명의 가짜 빌 게이츠가 많은 사람과 친구를 맺고 활동하고 있다는 이유로 페이스북을 탈퇴했다.[54]

우상극 偶像劇

잘생기고 예쁜 젊은 배우들이 대거 출연하는 대만 드라마를 일컫는 말이다. 아이돌 스타가 등장하는 청춘물을 이르기도 하는데, 대만의 트렌디 드라마라 할 수 있다. 2009년경부터 전문 인터넷 카페나 파일 공유 사이트 등을 통해 한국에 소개되기 시작했다. 2014년 한국에서는 대만 드라마 리메이크 붐이 일었다. 대만 인기 드라마 〈명중주정아애니命中注定我爱你〉를 리메이크한 MBC의 수목 드라마 〈운명처럼 널 사랑해〉와 〈패견여왕敗犬女王〉을 원작으로 한 tvN 드라마 〈마녀의 연애〉가 그런 경우다.[55]

우상극이 한국에서 리메이크 되는 이유는 크게 봐서 세 가지다. 첫째, 대부분 트렌디하면서도 소재와 설정이 독특하고 한국인이 좋아하는 로맨틱 코미디가 대세를 이루는 등 한국과 비슷한 정서를 가지고 있다. 대만 드라마를 유치하다고 생각하는 사람들도 많지만 대만 드라마를 즐기는 사람들은 "뻔한 결말로 향하는 과정이 주는 설렘과 재미가" 매력이라고 말한다. 예컨대 〈운명처럼 널 사랑해〉의 제작사 페이지원 필름의 정재연 대표는 대만 드라마는 "유쾌하면서도 얕지 않은 정서의 깊이"를 가지고 있다면서 "대만 드라마는 뻔한 이야기도 뻔하지 않게 다루는 힘이 있다. 폭넓은 연령층을 동시에 공략할 수 있는 새로운 소재를 발굴한다는 점에서

최근 한국 제작사들이 관심 있게 지켜보고 있는 것 같다"고 말했다.[56]

둘째, 스토리가 복잡하거나 자극적이지 않다. 한국 드라마와는 달리 대만 드라마에는 절대적인 악인이나 인물 간의 얽히고설킨 관계가 없는 이른바 '착한 드라마'가 많은데, 바로 그런 이유 때문에 어둡고 난해한 장르물이나 막장 드라마 대신 편하게 즐길 수 있는 드라마를 찾는 사람들에게 어필하고 있다는 것이다.[57]

셋째, 〈별에서 온 그대〉 이후 급속도로 커지고 있는 중국의 드라마 시장과의 연관성이다. 한 외주 제작사 대표는 "중국에서도 많은 대만 드라마가 방영 중이다. 대만 드라마를 리메이크함으로써 중국 시청자에게 친근하게 다가갈 수도 있다. 중국에서 인기가 많은 배우를 캐스팅할 경우 성공 확률은 더 높아지지 않겠느냐"고 말했다.[58]

웹드라마 Web Drama

웹이나 모바일에서 볼 수 있는 회당 10~15분가량의 짧은 드라마를 말한다. 모바일을 통해 시청하기 때문에 모바일 드라마, 유튜브 등 SNS 플랫폼을 통해 방영되기 때문에 SNS 드라마라고도 할 수 있다. 웹드라마의 활성화는 미디어 환경의 변화와 밀접한 관련을 맺고 있다. IPTV 가입자와 스마트폰 사용자의 급속한 증가로 드라마 시청 패턴이 바뀌면서 본방사수보다는 원할 때 찾아서 보는 이용자 중심으로 변하고 있는데, 웹드라마는 그런 시장을 개척하고 있다.

　웹드라마의 가장 큰 장점은 지상파 미니시리즈에 비해 저렴한 제작비를 투입해도 페이스북·트위터 등 SNS를 통해 놀라운 파급 효과를 거둘 수 있다는 점이다. 웹드라마의 평균 제작비는 4,000만 원 선으로, 지상파 미니시리즈 1회 제작비(2억 6,000만 원)의 약 6분의 1에 불과하지만 특별한 마케팅을 동원하지 않아도 조회 수가 수백만에 이르는 게 대다수다. 예컨대 2013년 9월 한 이동통신사의 앱 장터와 포털사이트를 통해 방영된 웹드라마 〈방과후 복불복〉은 중국의 포털사이트 '소후닷컴'에 공개된 지 한 달 만에 조회 수 1,000만 건을 돌파했다.[59] PPL(간접광고)이나 소재에서 자유롭다는 것도 강점으로 꼽는다.[60]

바로 그런 다양한 장점 때문에 한국 기업들은 기업 홍보와 마케팅 차원에서 경쟁적으로 웹드라마를 제작하고 있다. 2013년 제작된 〈무한동력〉(삼성그룹), 〈러브 인 메모리〉(교보생명), 〈수호천사〉(동양생명), 〈아직 헤어지지 않았기 때문에〉(커핀 그루나루), 〈매콤한 인생〉(죠스떡볶이) 등이 그런 경우다. 기업 마케팅 차원에서 시작되었지만 웹드라마는 점차 독자적인 장르로 진화하고 있다. 포털사이트·통신사 등 플랫폼 사업자들도 웹드라마 제작에 뛰어들고 있다. 다음은 2013년 5월 직접 제작 투자한 인기 웹툰 〈미생〉의 모바일 드라마를 독점 공개했으며, 11월에는 다음 TV팟과 스토리볼 앱에서 〈러브포텐: 순정의 시대〉를 방영했다. 네이버도 웹드라마 상영을 늘려가고 있다. 지방자치단체도 웹드라마 제작에 나서고 있다. 군산시가 2013년 11월 네이버 TV캐스트를 통해 방영한 총 5부작의 웹드라마 〈낯선 하루〉가 그런 경우다.[61]

웹드라마가 인기를 얻자 드라마의 최대 유통 통로인 지상파 방송사들도 움직이고 있다. 2014년 10월 KBS는 지상파 방송사 최초로 웹드라마 〈간서치열전〉을 네이버를 통해 공개했다. 모바일 등에서 보기 편하도록 10분 분량 6편으로 제작된 〈간서치열전〉은 극의 결말을 KBS 2TV 〈드라마 스페셜〉에서 공개, 새로운 형식으로 주목을 받았다. 중국 기업들이 아예 한국 웹드라마 제작에 직접 참여하는 사례도 나타났다. 예컨대 웹드라마 〈안녕?!, 사랑〉은 마윈이 이끄는 중국 최대 인터넷 전자 상거래 기업 알리바바 그룹 산하 인

터넷 쇼핑몰 타오바오TAOBAO가 투자, 국내에서 제작 준비 중이다.[62]

웹드라마가 한국에서 꽃을 피울 것이라는 분석도 있다. 스마트폰과 인터넷 환경의 발전이 빠른 속도로 진행되고 있는 상황 때문인데, 한국의 인터넷 스트리밍과 VOD 기술이 세계 최고 수준을 자랑할 뿐만 아니라 한국인의 동영상 사랑도 세계에서 둘째가라면 서러워할 정도로 높기 때문이다. 그래서 웹드라마가 방송사 위주의 드라마 제작·소비 패턴에 큰 변화를 불러올 것이라는 분석도 있다. 민성욱은 "모바일·웹드라마의 득세는 드라마 산업의 지형 변화를 단적으로 보여준다"며 "2차 시장(온라인)에서 성공한 다음 다시 1차 시장(텔레비전)으로 진입하는 등 콘텐츠 유통의 새로운 통로로 활용될 것"이라고 말했다.[63]

인터랙티브 저널리즘 Interactive Journalism

독자들이 보다 쉽게 이해하도록 다양한 기술적 요소와 스토리텔링 기법을 활용해 특정 사건을 입체적으로 보도하는 저널리즘이다. 멀티미디어 뉴스라고도 한다. 신문 지면의 한계를 넘어서는 '디지털 스토리텔링'이 인터랙티브 저널리즘의 강점으로, 인터넷과 모바일 등 새로운 플랫폼에 익숙해진 뉴스 수용자의 수요를 충족시키기에 충분하다는 점에서 각광을 받고 있다. 인터랙티브 저널리즘 시대를 연 것은 2012년 12월 20일 등장한 『뉴욕타임스』의 장문 기사인 「스노폴snow fall」이다.

미국 워싱턴 주 터널 크릭Tunnel Creek에서 발생한 눈사태를 텍스트와 사진, 동영상, 인포그래픽을 결합해 실감나게 스토리텔링 한 「스노폴」이 보도된 지 6일 만에 290만 명이 뉴욕타임스 웹사이트를 방문했으며, 1만 번의 트윗 수가 기록되었다. 7만여 명의 페이스북 이용자들은 이 기사에 '좋아요'를 눌렀다. 1인당 평균 뉴스 소비 시간도 12분에 달했다. 「스노폴」은 2013년 퓰리처상 기획보도 부문을 수상했다.[64]

『뉴욕타임스』는 「스노폴」이후에도 「The Jockey」, 「A Game of Shark and Minnow」 등을 기획 기사로 내놓았다. 현재 뉴스룸 내에 인터랙티브 뉴스 테크놀로지 부서를 별도로 두고 있는데, 이

팀에는 개발자와 디자이너, 비디오 저널리스트들이 결합되어 있다. 영국의 『가디언』이 내놓은 「The Firestorm」, 「NSA file Decoded」 이나 미국 『워싱턴 포스트』의 「The Prophets of Oak Ridge」 등도 인터랙티브 저널리즘의 대표적 사례다. 특히 『가디언』의 「NSA file Decoded」는 독자 혹은 이용자와의 상호 작용성을 강화해 참여형 인터랙티브 보도로 완성해냈다는 평가를 받았다.[65]

한국에서도 인터랙티브 저널리즘 실험이 한창이다. 『매일경제』는 2014년 1월 22일 2014년 청마의 해를 맞아 텍스트와 아홉 편의 동영상, 다양한 사진과 인포그래픽 등을 활용해 국산 최고 경주마의 이야기를 담은 「내 이름은 당대불패」를 선보였으며, 『경향신문』은 1월 22일 국가정보원과 군 사이버사령부 등 국가기관 대선 개입 사건의 실체를 동영상, 인포그래픽, 사진 등을 동원해 알기 쉽게 설명한 「그놈 손가락: 국가기관 2012 대선 개입 사건」을 홈페이지에 게재했다.[66]

인터랙티브 저널리즘이 한국에서 자리를 잡기 위해서는 넘어야 할 장벽이 적지 않다는 지적도 있다. 『기자협회보』 2014년 2월 5일자는 세 가지 과제를 제시했다. 첫째, 현재 한국의 온라인 콘텐츠 플랫폼과 시장은 대형 포털사이트 중심으로 형성되어 있기 때문에 이를 극복할 수 있는 수익 모델을 창출해야 한다. 둘째, 취재와 편집, 미술이 분리되어 컨베이어벨트처럼 콘텐츠를 생산해내는 전통적인 제작 방식에서 벗어날 수 있는 편집국과 뉴스룸의 혁신이 필요하다. 셋째, 콘텐츠의 질을 좌우하는 것은 여전히 형식보다 내용인 만큼 탐사 보도 등 심층 기획 취재에 대한 과감한 투자를 통한 저널리즘의 질적 도약이 필요하다.[67]

주선율主旋律 드라마

중국 공산당의 이데올로기를 선전하고 교육시키기 위한 목적으로 만들어진 드라마를 말한다. 2006년 중국 정부는 드라마는 사상성, 예술성, 감상성을 갖추고, 대중을 인도하고 대중에게 모범이 되며 대중성을 지닌 현실적인 작품이어야 한다면서 외국 드라마의 수입을 축소하고 황금시간대에는 주선율 드라마만 방송해야 한다고 말했다.[68] 이에 따라 중국의 황금시간대에는 중국 정부의 요구에 부응해 '화합사회건설'을 도모하는 사회 각 계층 간 화합, 애국심 고취와 올바른 인성 계발, 전통문화 발양發揚 등을 소재로 한 드라마가 제작되어 전파를 탔는데, 주선율 드라마에 대한 중국 네티즌들의 반발도 만만치 않다. 중국의 포털사이트 시나닷컴 등에서 실시한 여론조사에서 중국 네티즌의 80퍼센트는 "강제적인 조치는 바람직하지 않다"고 답했으며, '시장경제에 위배되는 역사적 후퇴', '문화대혁명 이후 최대의 통제'라는 거친 반응을 보인 네티즌도 적지 않았다.[69]

2014년 중국 정부는 '사회에 부정적 영향을 미치는 저속하고 폭력적이거나 외설적인 온라인 콘텐츠와의 전쟁'을 선포하고 '웹사이트 정화 2014' 캠페인을 펼쳐 웹사이트 110개와 웨이보, 스마트폰 모바일 메신저 위챗 등 SNS 계정 3,300개를 폐쇄했고, 온라인에서 인기를 누리던 〈빅뱅이론Big Bang Theory〉과 〈더 굿 와이프The good Wife〉, 범죄 드라마 〈NCSI〉와 법정 드라마 〈더 프랙티스The Practice〉 등 네 편의 미국 드라마의 방영을 금지했다.[70]

중국 정부의 주선율 드라마 정책은 중국 드라마의 혁신을 불러오고 있다. 바로 웹드라마다. 양성희는 "웹드라마의 가능성에 먼저 주목한 곳은 중국이다. 기존 방송사 사극이나 정부 정책이 담긴 주선율 드라마에 식상한 젊은 시청자를 겨냥한 드라마의 혁신이 웹드라마에서 이뤄지고 있다"며 웹뿐 아니라 지하철, 버스 모니터 등에서 방영되어 '신新매체극'이란 용어까지 생겼다고 말한다.[71]

코드제로족 Code Zero族

유료 방송을 끊고, 태블릿 등 IT 기기를 통해 텔레비전을 시청하는 사람들을 말한다. 유료 방송 시청을 거부하는 것에서 나아가 아예 텔레비전을 켜지 않는 사람들도 있다. 코드 제로는 유료 텔레비전을 끊는다는 의미의 '코드 커팅'과 방송사 대신 IT 기기를 통해 텔레비전을 시청한다는 '제로TV'의 합성어다. 스마트폰과 태블릿PC, 패블릿 등 스마트 기기의 대중화와 LTE, 광대역 LTE, LTE-A 등 강력한 무선 네트워크를 기반으로 하는 N스크린 서비스가 쏟아져 나오면서 등장한 사람들이다. 1인 가구 증가에 따라 급속하게 확산하고 있는 제로TV 가구도 코드제로족이 등장하는 이유다.[72] 이들은 케이블방송이나 위성방송 등 유료 가입을 통한 텔레비전 시청을 사치로 느끼기 때문에 동영상 플랫폼을 통해 방송을 시청한다.

코드제로족이 급증하면서 지금까지 PC로 다운받은 동영상을 실행하는 데 그쳤던 동영상 플레이어도 진화하고 있다. 단순히 동영상을 실행하는 수준에서 벗어나 실시간 방송을 중계하는가 하면, 축구 국가대표팀 경기를 HD 화질로 볼 수 있는 서비스를 제공하는 식이다. 또 시간에 쫓기는 사람들이 인터넷상에서 이슈가 되고 있는 프로그램의 일부만 볼 수 있도록 뉴스에 포함된 사진을 인식, 해당 장면을 보여주는 프로그램도 등장했다. 예컨대 곰TV는 2013년

3월, '시즌 2'를 선언하고 한국 시장의 65퍼센트를 차지하는 동영상 플레이어를 기반으로 다양한 콘텐츠를 제공한다고 발표했다. 유·무료 콘텐츠가 공존하는 한국 시장을 감안해 유료 서비스보다 무료 제공 텔레비전 프로그램 및 영화 등 다양한 공짜 볼거리에 초점을 맞춘 것이다. 다음이 제작한 다음팟은 사이트에 접속하면 영화와 드라마 등을 쉽게 구입할 수 있도록 했으며, 개인방송 서비스도 볼 수 있는 시스템을 구축했다.[73]

이동사 역시 스마트폰 기반 영상 서비스를 제공해 코드제로족을 적극 공략하고 있다. 김광일은 2013년 8월 "코드 제로는 방송사가 목매는 시청률은 물론 방송 편성권 개념도 허물고 있다"며 이렇게 말했다. "이제 본방사수는 큰 의미가 없다. VOD, 다운로드가 늘 곁에 있다. N스크린 속 기기들을 통해 누가 얼마나 많이 실시간으로 시청하는지는 집계조차 할 수 없다. 스포츠도 이제 생방송의 마지막 보루 자리를 위협받고 있다. 업무 시간에는 'T베이스볼'로 득점 상황 등 중요 순간만 실시간으로 띄우고, 저녁 약속 장소에서는 N스크린으로 보면 그만이다. 이제 인터넷이 텔레비전 수상기를 집어삼킬 날이 멀지 않았다."[74]

코드 커팅 Cord Cutting

위성·IPTV·케이블 등 유료 방송 가입자 수가 급격히 줄어드는 현상을 이르는 말로, 유선cord을 잘라낸다cutting고 해서 코드 커팅이라 한다. 코드 커팅 현상으로 인해 미국의 위성·케이블TV업계는 위기에 처했다. 2013년 미국 케이블TV 가입자 규모는 전년 동기 대비 평균 3퍼센트 감소했고, IPTV도 25퍼센트를 웃돌던 증가폭이 15퍼센트대로 급감했으며, 위성TV 역시 전년 동기 대비 16만 2,000여 명의 가입자 순감을 기록했다.[75] 미국에서 빠른 속도로 확산하고 있는 코드 커팅 현상은 인터넷 동영상 업체 넷플릭스의 영향력 확산과도 관련이 깊다. 케이블 방송에 비해 저렴한 가격으로 시청자가 원하는 것들만 직접 골라서 볼 수 있는 서비스를 제공해 유선 방송을 궁지로 내몰고 있기 때문이다.[76]

코드제로족이 등장하는 등 한국에서도 코드 커팅 현상이 발생하고 있지만, 한국의 유료 방송은 미국 유료 방송이 겪는 것만큼 심각한 위기를 겪지 않을 것이라는 분석이 있다. 예컨대 한국에서는 당분간 코드 커팅 현상이 일어나기 힘들어 보인다고 예측하는 김태헌은, 그 이유에 대해 이렇게 말했다.

"국내 유료 채널 사업자들은 인터넷, 집 전화, 모바일을 묶어 할인하는 가격 정책을 펴면서 미국에 비해 월등히 낮은 가격에 케이블 채널을 서비스하기 때문이다. 또한 유료 채널 사업자가 지상파 다시보기 서비스부터 OTT를 기본 탑재한 상품까지 내는 등 적극적인 N스크린 전략을 펼치고 있어, 도리어 OTT 선호자들마저 흡수하고 있는 상황이다. 뿐만 아니라 스포츠 중계, 고정 뉴스 채널 등 국내에서 지상파 방송이 가지는 각종 킬러 콘텐츠들은 코드 커팅을 막는 강력한 유인책으로 자리매김하고 있다.[77]

크라우드소싱 저널리즘Crowdsourcing Journalism

대중의 정보와 지식을 바탕으로 한 저널리즘으로, 시민과 함께 뉴스를 만든다는 점에서 시민 참여 저널리즘의 한 사례로 볼 수 있다. 집단지성 저널리즘이라고 할 수 있겠다. 크라우드소싱crowdsourcing은 대중의 정보와 지식을 바탕으로 한 참여를 뜻한다. 크라우드소싱 저널리즘은 영국의 『가디언』이 2009년 200만 페이지가 넘는 의회 의원 경비 지출 보고서를 분석하면서 사용한 이후로 널리 알려졌다. 당시 『가디언』은 영국 하원 의원들의 세비 지출 내역인 45만여 건의 문건을 홈페이지에 공개했는데, 사이트 방문객 중 56퍼센트가 참여해 80시간 만에 17만 페이지, 전체 분량의 약 20퍼센트가 검토되면서 크라우드소싱 저널리즘의 위력을 입증했다.[78]

한국에서도 크라우드소싱 저널리즘이 속속 선을 보이고 있다. 예컨대 『한겨레』는 2013년 5월 '전두환 재산 찾기 프로젝트'라는 크라우드소싱을 제안해 시민들의 제보와 의견을 받았고, 『뉴스타파』는 9월 '조세 피난처 프로젝트'의 페이퍼컴퍼니 설립 명단을 홈페이지에 공개하며 크라우드소싱으로 취재 방식을 전환했다.

강진아는 "크라우드소싱은 탐사 보도, 데이터 저널리즘 등과 함께 발전하는 단계다"라며 "언론사가 정보를 독점하는 시대를 벗어나는 상황에서 깊이 있는 뉴스와 함께 독자라는 외부 자원의 활용이 또 다른 기회가 될 수 있다는 의견이다. 크라우드소싱으로 새로운 아이템 발굴과 아이디어 확산은 물론 충성도 있는 독자까지 확보할 수 있다"고 했다. 향후 저널리즘의 생존이 크라우드소싱 전략에 달려 있다는 전망도 있다. 김용진은 "기존 언론사의 한계와 테두리를 뛰어넘어 저널리즘을 한 단계 업그레이드시킬 수 있는 새로운 영역"이라며 "일방향에서 쌍방향으로 나아가며 기존 언론 관행과 차별화된다"고 말했다.[79]

트위터 저널리즘Twitter Journalism

기자나 언론사가 마이크로 블로그인 트위터를 취재를 위한 자원으로 활용하면서 등장한 저널리즘으로, 소셜 저널리즘의 한 사례다. 트위터 저널리즘이 각광받는 이유는 트위터가 현장감과 속보성에서 기존 언론사와 견줄 수 없는 경쟁력을 지니고 있기 때문이다. 예컨대 '2008년 5월 중국 쓰촨성 지진', '2009년 1월 15일 허드슨강에서 일어난 비행기 사고', '2009년 7월 중국 위구르 유혈 사태'는 트위터를 통해 처음 세상에 알려졌다.[80]

트위터는 속보를 중요시하는 언론인들의 취재 환경과 취재 방식에도 큰 변화를 가져오고 있다. 설진아는 "비록 '140자' 제한 등 한정된 공간의 단문이긴 하지만 취재원이 자신의 입장을 직접 표현함으로써 취재원의 의도나 발언을 기자가 변질시킬 여지가 줄어들었고, 취재 영력도 한층 넓어지게 되었다"면서 "기자들은 트위터를 이용해 실시간으로 취재원을 관리하고 정보를 취득함은 물론, 독자나 시청자들과의 새로운 소통 창구로 이용해 자신의 활동 영역을 넓혀가고 있다. 기자들뿐만 아니라 신문사와 방송사들도 트위터를 개설해 국민과의 소통 도구로 활용하고 있다"고 말한다.[81]

트위터 저널리즘의 최대 장점은 속보성이기 때문에 속도 저널리즘을 조장하고 있다는 지적도 있다. 생각을 올리는 게 아니라 올리면서 생각하고 때로는 올리고 나서 생각하도록 만든다는 것이다.[82] 트위터에서 주목받았다고 해서 중요한 뉴스로 취급할 수 없다는 비판도 있다. 카르스텐 괴릭은 인터넷 뉴스에서 중요한 건 속도인데 "트위터는 이 부분에서 결정타를 날렸다"면서 이렇게 말한다.

"이제 뉴스 편집자들에게 트위터는 아주 중요한 도구다. 태풍이 뉴욕 도심을 강타했다거나 싱가포르 장관 부인이 사망했다는 소식 등 트위터를 통해서 어떤 사건이 가장 이슈가 되고 있는지를 파악할 수 있기 때문이다. 트위터가 뉴스의 가치를 재는 척도라는 주장은 맞다. 그러나 트위터는 대표성을 가진 매체가 아니다. 트위터에서 이슈가 되었으니 가장 중요한 뉴스라고 생각할지 모르겠다. 하지만 실상을 들여다보면 이는 서로 관계를 맺고 있는, 상대적으로 적은 수의 사람들 사이에서만 주목받는 뉴스일지 모른다."[83]

그래서 일부 언론인들은 지나친 트위터 의존이 저널리즘의 질을 떨어뜨릴 수 있다고 지적한다. 예컨대 미국의 『데일리 비스트The Daily Beast』 워싱턴 지부장 하워드 커츠howard kurtz는 소셜 미디어를 통한 뉴스 유통 및 확산 속도가 너무 빨라 모든 사람들이 매순간 기사 데드라인 상태에 놓이는 '뉴스의 햄스터화hamsterization of the news' 현상을 겪고 있다고 경고한다. 그런 이유 때문이었을까? 2011년 8월 미국의 ESPN은 신중한 뉴스 보도를 위해 트위터를 통한 속보breaking news를 금지하기로 결정했다고 발표했다.[84]

폭식 시청Binge Viewing

보고 싶은 방송 콘텐츠를 원하는 시간에 몰아보는 시청 방식을 뜻한다. 몰아보기 시청이라 할 수 있겠다. 바쁜 시청자들이 주말 등 자신이 보기 편한 시간에 몰아서 한꺼번에 보는 시청 패턴이 등장하면서 나온 말이다. 2013년부터 미국에서는 폭식 시청이 새로운 트렌드로 자리 잡았는데, 이는 2013년 2월 미국의 최대 인터넷 동영상 사업자인 넷플릭스가 자체 제작한 드라마 〈하우스 오브 카드〉의 시즌1의 13편 전편을 동시에 공개해 대박을 친 이후부터다.

폭식 시청은 한국에서도 **빠른** 속도로 확산하고 있는데, 한국에서 폭식 시청을 불러온 주인공은 미드(미국 드라마)다. 미드 인기가 치솟으면서 케이블TV가 이른바 'CSI 데이', '프리즌 브레이크 데이' 등의 형식으로 미드를 서비스했기 때문이다. 폭식 시청을 하는 시청자가 증가하면서 VOD 서비스 시장도 **빠른** 속도로 성장하고 있다. 2012년 인터넷 VOD 시장은 전년 대비 123퍼센트의 성장한 618억 원을 기록했으며, IPTV와 디지털 케이블TV를 통한 VOD 매출 또한 전년 대비 144퍼센트 성장한 1,310억 원을 기록했다.[85]

폭식 시청이 빠르게 확산하면서 이른바 '본방사수'는 옛말이 되었다. 예컨대 인터넷 미디어 곰TV 운영 업체인 그래텍에 따르면 2013년 곰TV 내 방송 콘텐츠 전편 구매 비율은 전년 대비 30퍼센트 이상 상승했으며, 아직 종영되지 않은 드라마 전편을 사전 예약하는 시청자들도 늘고 있는 것으로 나타났다. 이런 트렌드를 반영해 이른바 몰아보기 플랫폼도 대거 등장하고 있다. 2013년 LG CNS가 내놓은 망고 채널은 1,700여 편의 해외 드라마를 제공하고 있으며, 아프리카TV도 인터넷 라이브 방송 서비스에 '다시보기' 기능을 도입해 언제든지 몰아서 원하는 영상을 볼 수 있게 했다. 케이블 채널들도 시간적으로 여유가 없는 직장인들을 위해 주말이나 연휴 기간만 되면 앞다퉈 화제가 되었던 프로그램 전편을 한꺼번에 볼 수 있도록 몰아보기 서비스를 제공하고 있다.[86] 플랫폼들이 이렇듯 경쟁적으로 폭식 시청 서비스를 제공하는 배경에는 마니아층 시청자를 확보해 프로그램 충성도를 높이고 다음 시즌 시청자를 미리 확보하겠다는 의도가 숨어 있다.

지상파도 폭식 시청 서비스에 합류했다. 2014년 11월 SBS 수목드라마 〈피노키오〉는 주말 낮 재방송 시간대를 이용해 편당 65~70분 분량인 두 회분을 광고 없이 연속 방송했다.

허핑턴포스트 Huffington Post

2005년 창간된 미국의 인터넷 언론으로 온라인 저널리즘의 대명사로 평가받고 있다. 2011년 5월 『허핑턴포스트』의 방문자 수는 정통 언론의 마지막 보루로 평가받는 『뉴욕타임스』 홈페이지를 추월해 영국 일간지 『옵서버』는 『허핑턴포스트』를 세계에서 가장 영향력 있는 온라인 미디어로 꼽았다.[87] 이본영은 2013년 11월 "『허핑턴포스트』의 짧은 역사는 '인터넷 뉴스 혁명사'다. 인터넷이 주요 뉴스 플랫폼으로 떠오르면서 기존 매체들이 인터넷 영역으로 확장을 꾀하고, 수많은 인터넷 매체들이 탄생했지만 그만큼 성공한 사례는 없다"고 했다.[88] 그래서 온라인 미디어의 미래를 알기 위해서는 『허핑턴포스트』를 보라는 말도 등장했다.

　『허핑턴포스트』는 소셜 저널리즘의 선두주자로 거론된다. 소셜 저널리즘을 위해 댓글 관리에도 정성을 쏟고 있는데, 대표적인 게 포스퀘어foursquare에서 제공하고 있는 것과 같은 배지를 제공하는 것이다. 『허핑턴포스트』가 제공하는 배지는 다수의 코멘트를 쓰거나 페이스북과 트위터 등을 사용해 『허핑턴포스트』의 기사를 공유하고 있는 사람에게 주는 '슈퍼유저Superuser 배지', 팬이나 팔로어가 많은 사람에게 주는 '네트워커Networker 배지', 부적절한 코멘트를 신고하는 사람에게 주는 '조정자Moderator 배지' 등 세 가지다. 경쟁 심리와 인정투쟁 심리 등을 자극하고 있는 이 배지들로 인해 독자들은 스스로 정보를 공유하는 데 적극적으로 나서고 있다. 독자 참여를 활성화한 덕에 댓글이 1만 건이 넘는 기사가 종종 나오고, 사이트 전체의 월간 댓글 수는 900만 건에 이른다.[89]

그래서 『허핑턴포스트』의 댓글 관리를 주목하는 사람들도 적지 않다. 이봉현은 "허핑턴의 '유저 참여형 소셜 뉴스 전략'은 한마디로 물고기가 놀도록 '인공 어초'를 넣은 것과 같다. 독자에게 소셜 뉴스라는 화면을 따로 제공해 댓글을 매개로 친구를 모으고, 기존 소셜네트워크의 친구를 끌어오고 대화할 수 있도록 했다"며 페이스북 등 소셜 미디어와 연동해 댓글을 쓰고 누르면 바로 자신의 페이지에 게시되도록 하는 서비스는 다른 언론사도 하는 것이지만 『허핑턴포스트』에서는 뉴스는 참고 자료일 뿐 댓글이 우선으로 다루어지고 있다고 말한다.[90]

『허핑턴포스트』는 "전 지구적이지만 지역적으로 행동한다be global and act local"는 '글로벌 네트워크' 전략 아래 2011년 5월 『허핑턴포스트 캐나다』를 시작으로 세계 곳곳의 미디어 시장에 적극 진출해 2013년 현재 미국·캐나다를 포함해 영국·프랑스·일본·스페인·이탈리아·마그레브(북아프리카)·독일 등에서 서비스하고 있다. 한국에서는 『한겨레』와 함께 합작 법인 『허핑턴포스트 코리아』를 설립해 2014년부터 한국어판 인터넷 뉴스 서비스를 시작했다.[91]

휘발성 SNS

온라인 공간에서 잊힐 권리를 주장하는 사람들이 증가하면서 등장하고 있는 SNS다. 인터넷 사이트와 SNS 등에 올라와 있는 자신과 관련된 각종 정보의 삭제를 요구할 수 있는 권리를 일러 '잊힐 권리'라 한다.

10초가 지나면 받은 사진이나 글이 자동적으로 삭제되는 미국의 '스냅챗Snapchat', 한국의 벤처기업 티그레이프가 만든 지정된 시간이 지나면 자동으로 주고받은 사진과 쪽지가 삭제되는 앱 '샤틀리shot.ly', 사용자가 지정한 해당 시간이 지난 후에는 자동으로 메시지나 사진들이 삭제되도록 한 포털사이트 다음의 '5초 메시지', 상대방이 메시지를 확인하기 전에는 모자이크로 흐리게 표시되고, 상대방이 읽으면 10초 후에 서버에서 메시지 내용이 완전히 사라지도록 한 '프랭클리' 등이 그런 경우다. 페이스북도 포크Poke를 통해 콘텐츠 노출 후 이틀이 지나면 앱에서 자동으로 삭제되도록 지원하고 있다.

미확인 메시지를 회수하는 앱도 있다. 모바일 플랫폼 전문 기업 브라이니클이 만든 돈톡dontalk이 그런 경우로, 개인적인 이야기나 남기고 싶지 않은 이야기를 1초, 3초, 5초, 7초, 9초, 10초 등 지정한 시간만큼만 볼 수 있도록 했으며 메시지 확인 후에는 다시 열어볼 수 없어 '비밀 대화'가 가능하다.[92] 2014년에는 설정한 시간이 지나면 데이터가 자동으로 소멸되는 '디지털 소멸 시스템Digital Aging System'이라 지칭된 특허가 출원되기도 했다.[93]

휘발성 SNS는 이용자가 자기표현 욕구를 충족하면서도 개인 정보를 보호할 수 있는 장점 때문에 각광을 받고 있는데, 악성 댓글이나 욕설 등의 문제가 발생할 수 있다는 시각도 있다.[94]

3

Digital Section

Trend Keyword

관종

사람들의 이목을 끌기 위해 온라인이나 SNS에서 무리한 행동을 하는 사람을 비하하는 인터넷 용어로, '관심병 종자'의 준말이다. 김주연은 SNS에서 남의 관심을 끌기 위한 행동을 하는 사람들은 실생활에서 친구가 없거나 평소 대인관계가 원만하지 못한 사람일 가능성이 크다고 말한다. 현실에서와 달리 SNS상에서는 반응이 즉각적으로 오기 때문에 온라인상의 관계에 더욱 매달리고 이를 통해 대리 충족을 느끼려 한다는 것이다.[1]

『한국일보』 2014년 8월 29일자는, 관종의 게시물은 SNS 속에서 공해처럼 여겨지고 있지만 "자신에 대해 기록하고 이를 다른 사람들이 보는 것은 소통의 일환일 뿐 문제될 것이 없다"고 반문하는 목소리도 만만치 않다고 했다. 이어 SNS 애용과 관종 사이에서 미묘한 줄타기를 하고 있는 유형으로, 셀카형, 감성 과잉형, 허세형, 정치 선동형 네 가지를 들었다. 셀카형은 과시를 위해 시도 때도 없이 자신의 사진을 게재하는 유형이고, 감성 과잉형은 기쁨과 우울, 분노, 슬픔 등을 거의 매시간 SNS로 표현하는 유형이다. 허세형은 본것, 먹은 것, 알고 있는 것, 구매한 것에 대해 자랑 아닌 듯 자랑하는 유형이고, 정치 선동형은 어떤 일이든 편향된 정치적 견해로 귀결시키는 유형이다.[2]

김지호는 "사실 관종이라는 개념이 SNS를 통해 새롭게 생겨난 건 아니다. 검증 못하는 배경이나 사실 등에 대한 과장을 일삼는 이들은 원래 있었는데, 다만 SNS가 나오면서 사회적 파급력이 더 커진 것이다"라며 이렇게 말한다. "관종의 가장 큰 특징은 반응에 집착한다는 점이다. 심하면 망상으로도 이어질 수 있다. SNS뿐 아니라 포털에도 아무런 의미가 없는 '꾸준글'을 게재하는 사람들이 적지 않은데, 그들은 집착 망상이 있다기보다는 그저 반응을 원하는 것이라고 봐야 한다. 요즘 시대가 '소통 시대' 혹은 '열린 시대'라고들 말하지만 보통 관종은 소통의 범람 속에서 더 고독감을 느끼는 편이다."[3]

온라인상에 넘쳐흐르는 있는 명예훼손과 모욕 등의 악성 글과 허위 사실 유포도 관종의 증가와 밀접한 관련이 있다는 해석도 있다. 김효정은 "정보를 조작해 관심을 받거나 '어그로'를 끌어 주목받는 '관심 종자'들의 행위는 결국 특정한 욕구를 충족시키기 위해 발생하는 것"이라면서 이런 관심 종자와 관심 글은 집단 양극화 현상을 낳을 수 있다는 점에서 심각한 행위라고 말한다.

"캐스 선스타인 하버드대학교 로스쿨 교수는 자신의 저서 『루머』, 공저 『불편한 인터넷』 등을 통해서 '루머는 정보의 폭포 현상information cascades을 통해서 전파되어 집단의 논의를 양극화시킨다'고 말했다. 일정 수 이상의 사람이 허위 정보를 믿게 되면 더 많은 사람이 그것을 따라 믿게 된다. 만약 다른 정보가 들어와도 자기 합리화를 위해 정보를 무시하는 자기 검열을 하고, 다른 사람과 뜻을 같이 하게 된다. 이러면서 몇몇 정보는 삭제되고 의견은 극단적으로 흐르는데, 이것이 집단으로 부딪치면 집단양극화group polarization로 번지게 된다."[4]

구글링Googling

본래 의미는 세계적인 검색업체 '구글에서 검색하기'지만 일반적으로 '인터넷에서 검색하다'는 의미로 쓰이는 말이다. 구글링은 고유명사가 보통명사화된 대표적인 사례로, 구글 검색엔진의 성능이 그만큼 강력하다는 것으로 이해하면 되겠다. 2007년 프라이버시 싱크탱크인 포네몬 인스티튜트의 조사에 따르면, 미국 기업체 매니저의 35퍼센트가 온라인 배경 조사를 위해 구글링을 활용하고 있는 것으로 나타났다. 사생활을 침해하고 평판에 피해를 줄 수 있는 부정적 온라인 정보를 발견하고 삭제하는 서비스를 제공하는 리퓨테이션디펜더ReputationDefender의 CEO 마이클 퍼틱은 "지원자를 구글에서 검색한다는 사실을 공개적으로 밝히지는 않지만 모든 기업이 그렇게 하고 있다"며 이렇게 말한다. "이제 고용주에게 이력서를 보내는 주체는 지원자가 아니다. 구글 상위 10개 검색 결과가 곧 이력서나 마찬가지다."[5]

　한국의 누리꾼들 사이에서는 구글을 통해서만 검색되는 경우를 일러 구글링이라고도 하는데, 이는 누군가 인터넷에 올린 뒤 삭제한 정보가 유독 구글 검색에서는 찾아지기 때문이다.[6] 우리나라 사람들은 '구글을 이용해 신상털기하다'라는 의미로도 쓰고 있다. 해킹에 대한 전문 지식이 없는 일반인들도 구글링을 통해 타인의 개인 정보를 손쉽게 수집할 수 있기 때문이다. 예컨대 2012년 7월부터 1년 동안 안전행정부에 접수된 개인 정보 유출 사고는 총 8건이었는데, 이 가운데 5건이 구글링을 통해 이루어진 것으로 나타났다. 이들 5건의 사건에서 유출된 개인 정보는 주민등록번호와 전화번호 등 다양했는데, 개인이 구직을 위해 제출한 이력서 내용, 급여 정보, 결혼 여부, 혈액형 등 민감한 정보도 들어 있었다.[7] 한국에서 구글링의 의미는 진화하고 있다. 정석우는 "공부하는 학생들이나 취재하는 기자들 사이에서 구글링은 독자적인 콘텐츠 발굴을 가로막는 소극적인 노력을 꼬집는 말이기도 하다"라고 했다.[8]

구글은, 프라이버시 문제 때문에 구글링이 '구글에서 검색하기'라는 의미로만 사용되어야 한다는 입장을 피력하고 있지만, 신의 마음과 같은 검색엔진을 구현하겠다는 구글의 야심이 낳은 결과라는 점에서 구글링의 보통명사화는 구글의 업보라 할 수 있겠다.

다운로더블 테러리즘_{Downloadable Terrorism}

디지털 음악을 다운로드 하듯 누구나 온라인을 통해 폭탄 제조법, 무기 사용법, 단체 조직 방법 등을 전수받아 감행하는 테러리즘을 말한다. 소규모 테러 단체들이 인터넷을 적극적으로 활용해 '국경 없는' 조직원 포섭에 나서는 한편, 동시 다발적으로 '테러 수출'에 나서면서 등장한 용어다. 2006년 『포린 어페어스_{Foreign Affairs}』는 "테러 단체들은 로켓 및 폭발물 제조법, 심지어 화학무기 제조법까지 설명하는 온라인 동영상을 정기적으로 배포한다"고 했다.

　　2008년 조지프 리버만 상원 의원의 압력으로 유튜브는 "폭탄 제조 및 암살, 저격 등의 방법을 설명하는 테러리스트 훈련 동영상이나 불법 도로 경주와 관련된 정보를 금지한다. 이러한 내용에 대한 묘사는 그 어떤 것이든 교육이나 기록을 위한 용도여야 하며, 이를 모방하도록 돕거나 장려하기 위한 목적이어서는 안 된다"는 내용으로 약관을 개정했으며, 유튜브를 이용하는 테러리스트는 다음과 같은 공지를 받게 되었다. "해당 게시물을 수정하십시오. 그렇지 않으면 당신의 유튜브 계정이 삭제됩니다."⁹

　　전문가들은 국경을 넘는 극단화 물결의 배경에 '다운로더블 테러리즘'이 있다고 분석한다. 예컨대 2014년 시리아의 일부 반군은 유럽 젊은이들에게 유튜브 등을 통해 극단주의 사상을 주입해 현지 참전을 유도하고 있는 것으로 알려졌다.[10] 2013년 4월 미국 보스턴에서 마라톤 테러를 일으킨 차르나예프 형제도 유튜브 동영상 등을 통해 이른바 '압력솥 폭탄' 제조법을 익힌 것으로 알려졌는데, 자생적 테러리스트를 뜻하는 홈그로운 테러Homegrown Terror가 급증하는 것도 다운로더블 테러리즘 시대의 개막과 밀접한 관련이 있다.[11]

다운로더블 테러리즘

Don't be evil

세계적인 검색업체 구글의 창립 이념이자 사훈이다. 이 말은 구글이 1999년 엔지니어가 아니라 비즈니스 수완이 뛰어난 MBA 출신들을 대규모로 채용할 때 처음 등장했는데, MBA 출신들이 상업적 압력을 가할지 모른다는 엔지니어들의 우려를 반영한 것이었다.[12] 마이크로소프트 같은 회사가 되지 않겠다는 의미였다는 설도 있다.[13] 구글의 공동창업자 래리 페이지는 2004년 ABC 뉴스와의 인터뷰에서 "우리는 '사악해지지 말자'라는 주문을 가지고 있는데, 이는 우리의 사용자, 우리의 고객, 그리고 모두를 위해서 우리가 아는 방법으로 최선을 다한다는 뜻입니다. 따라서 이것 때문에 우리가 유명해졌다면, 멋진 일이지요"라고 말했다.[14]

하지만 이를 비꼬는 사람들도 많다. 예컨대 아마존의 CEO이자 구글 투자자인 제프 베저스는 "당연히 사악해져서는 안 되겠죠. 하지만 그다지 자랑하고 다닐 일도 아니라고 봅니다"라고 했다.[15] 인텔의 전前 CEO 앤디 그로브는 구글의 사훈이 너무나 모호해 경계를 판단하기 어렵고 독선적인 느낌까지 풍긴다면서 이렇게 말한다. "너무 모호하고 이기적이고 자기 본위예요. 이런 겁니다. '난 사악하지 않다. 그러므로 난 사악하지 않다.'"[16] 백욱인은 "세상 물정 모르는 어린아이 둘이 주변 어른들의 사악함을 보고 순진하게도 자신들은 그리되지 말자고 '사악하지 말자'를 창업 표어로 내걸었다. 하지만 그건 이제 웃기는 이야기가 되어버렸다"면서 이렇게 말한다.

"그들이 사악하지 않고 어떻게 그 거대한 왕국을 유지할 수 있겠는가?……검색엔진이 나름 괜찮았기에 망정이지 '사악하지 말자'라는 표어를 진정으로 실천했더라면 오늘의 구글 왕국은 일찌감치 지도에서 사라졌을 것이다."[17]

구글 회장 에릭 슈밋은 구글의 사훈인 "'사악해지지 말자'가 오해받고 있다"고 말한다. "우리에게는 악을 재는 잣대가 없습니다.……그 룰은 단지 말로 통용되었을 뿐입니다. 회사에 처음 들어왔을 때 난 이 모토가 헛소리라고 생각했습니다.……농담이라고 생각했죠. 첫 여섯 달 동안 사무실에 앉아서……광고에 대해 의논하는데……누가 그걸 악한 짓이라고 하더군요. 그 때문에 상품화가 중단되었죠. 이 모토는 문화적인 룰이고 대화를 끌어내는 방법일 뿐입니다. 특히 애매모호한 영역에 대해 대화할 때 말이죠."[18]

구글 내부에서는 '나쁜 짓을 하지 않고도 돈을 벌 수 있다'는 의미로 통하고 있는데, 구글은 독과점과 정보 수집에 따른 '빅브라더' 우려, 탈세 논란, 고용 및 사회적 불평등의 심화 등 다양한 문제에 연루되어 있다.

디지털 용병

특정인의 의뢰를 받아 필요한 정보만 빼내가는 해커를 이르는 말로, 다른 해커 집단과 달리 짧은 시간에 특정 자료만 훔치는 게 특징이다. 2013년 9월 러시아 보안 업체 카스퍼스키 랩Kaspersky Lab이 한국과 일본을 주 무대로 삼는 신종 사이버 스파이 조직을 감지했다고 발표하면서 디지털 용병의 존재가 알려졌다. 2011년부터 활동을 시작한 '아이스포그'가 대표적인 디지털 용병으로 지목되고 있다. 이들은 한국에서 해양 산업 관련 정보와 군사 정보를 수집했으며, 방위산업, 무기, 해군, 해병 모임에 관련된 정보들도 타깃이 된 것으로 알려져 있다.[19] 카스퍼스키 랩은, 아이스포그의 주요 목표물은 한국과 일본의 기업들로 방산 업체와 방송사까지 다양하다고 밝혔는데, 그래서 아이스포그의 핵심 멤버는 중국인으로 추정된다는 분석도 있다.[20]

라이프 로그Life Log

디지털 기술이 발달하면서 사진·이미지·음성·동영상 등 멀티미디어 기록뿐만 아니라 위치 정보·건강·생체 정보 등 일상생활 전반을 기록·저장·공유할 수 있게 되었는데, 이렇듯 인터넷이나 스마트 기기로 남기는 일상의 기록을 말한다. 그러니까 지극히 개인적인 일상을 기록하고 관련 활동 정보까지 남기는 '삶의 기록'이라 할 수 있겠다. 라이프 로그를 남기는 행위를 일러 라이프 로깅Life logging이라고 하며 라이프 로깅을 남기는 행위를 가능케 하는 모바일과 웹의 모든 서비스를 일러 라이프 로깅 서비스Life logging service라 한다.[21] SNS도 라이프 로깅 서비스다. 배영은 "원래 SNS는 개인들 간, 그리고 개인과 집단 간의 교류 목적에서 만들어진 서비스지만 이제는 그러한 교유의 목적뿐만 아니라 개인의 일상을 온전히 담아내는 라이프 로그의 측면과 결합해 그 효용을 더해가고 있다"면서 SNS에서는 "기본적인 커뮤니케이션과 함께 자신의 일상을 기록하는 라이프 로그의 의미가 더해졌다. 개인이 기록한 라이프 로그는 비단 자신의 영역에만 머무는 것이 아니라, 타인에게는 네트워크를 타고 새로운 정보로 활용되기도 한다. 나의 일상이 타인에게는 또 하나의 정보로 작용하는 것이다"라고 했다.[22]

바로 그런 이유 때문에 SNS를 통해 기록된 이용자들의 행동 패턴을 분석해 수익을 창출하는 기업들도 늘고 있다. 빅데이터 시대의 개막으로 인해 이른바 개인화 마케팅과 맞춤형 마케팅의 중요성이 커지고 있기 때문이다. 스마트폰 앱 시장도 라이프 로그 경쟁이 뜨거운 곳이다. 스마트폰이 일상을 기록하고 경험과 추억을 공유하는 기기로 자리 잡았기 때문이다. '당신의 하루하루를 기억해주는 서비스'를 표방하며 사용자가 방문한 곳이나 보행 횟수, 소모한 칼로리 등을 자동으로 기록해 보여주는 NHN엔터테인먼트의 모바일 앱 '포켓로켓', 스마트폰으로 촬영한 사진과 동영상, 수시로 적은 일기, 방문한 장소 등을 모아 날짜별로 자동으로 정리해 보여주는 앱 '헤이데이', 사용자가 남긴 사진과 글 위치 정보 등을 친구의 게시물과 함께 정리해 보여주는 SK커뮤니케이션즈의 '데이비' 등이 그런 앱이다.[23]

웨어러블 기기의 보급이 라이프 로그 확산에 불을 붙일 전망이라는 분석도 있다. 웨어러블 기기는 라이프 로그를 가장 효과적으로 수집하고 데이터화할 수 있는 장비기 때문이다.[24] 라이프 로그 시장 선점을 위한 IT 업체의 경쟁도 치열하다. 2014년 1월 25일 스페인 바르셀로나에서 열린 '모바일 월드 콩그레스MWC 2014'에서는 다양한 형태의 라이프 로그가 첫선을 보였다. 라이프 로그 속 데이터 하나하나가 개인의 '속살'을 보여주는 대단히 민감한 자료라는 점에서 '삶의 질 향상'과 '사생활 보호'라는 두 가치 사이에서 큰 논쟁이 발생할 것이라는 분석도 있다.[25]

바이오 해커 Bio Hacker

자신의 다락방이나 벽장에 연구실을 만들어놓고 각종 실험을 하는 사람들을 이르는 말이다. 소문내지 않고 조용히 작업을 진행하기 때문에 '하비스트hobbyist' (취미생활자)라고 불리기도 한다.[26] 바이오 해커는 'DIY 생물학' 이라는 이름으로 생물학과 컴퓨터과학 모두에 유능한 젊은이들이 대학과 회사라는 권위를 거부하고 자기 집 지하실에서 연구를 시작하면서 대두되었고, 미국의 주요 도시들에서 DIY 생물학 실험실은 빠른 속도로 퍼져나가고 있다.

　　바이오 해커들은 온라인을 통해 DNA를 사들여 연구하기도 하는데, 대개 난치병 치료 약물이나 생물학적 연료를 개발하기 위한 목적으로 연구를 하지만 사회 안전에 해가 될 수 있다는 우려의 목소리도 있다. 예컨대 2007년 『네이처 바이오테크놀로지』가 펴낸 보고서는 바이오 해커가 인공 DNA를 온라인을 통해 구입하고 있다면서, 이것들로 열대 전염병 에볼라나 천연두 등 해로운 바이러스를 만들 수 있다고 경고했다. 바이오 해커들은 자신들에 대한 우려는, 새총을 만드는 사람한테 '이게 핵무기가 되면 어떡하지' 하는 것과 다를 바 없는 과도한 걱정이라고 말한다.[27]

　　바이오 해커를 해커 문화의 연장선상에서 평가하는 시각도 있다. 김우재는 "68운동의 진정한 유산은 반전시위나 히피 문화가 아니라 해커 문화에서 찾아야 한다. 권위주의와 관료주의를 불신하고, 탈중심성과 저항 정신으로 무장한 해커 문화는 컴퓨터가 뒤바꿀 세상에서 자본의 탈주를 견제하는 원동력이 되었다" 면서 바이오 해커에 대해 이렇게 말한다.

"권위주의와 관료주의에 대한 거부, 스스로 만든 윤리 원칙, 개방성, 탈중심성, 이들의 문화는 1970년대의 해커들과 너무나 유사하다. 애플컴퓨터와 구글의 검색엔진 모두가 창고에서 개발되었듯이, 바이오벤처의 개벽도 이들 중 누군가의 지하실에서 이루어지고 있을 것이다." [28]

사이버 불링_{Cyber Bullying}

이메일, SNS, 휴대폰 등 디지털 기기를 사용해 사이버상에서 욕설, 험담, 허위 사실 유포, 따돌림 등으로 상대방을 괴롭히는 현상을 이르는 말이다. 한국 사회의 사이버 불링은 심각한 수준이다. 2013년 방송통신위원회가 발표한 '2013년 사이버폭력 실태'에 따르면 초중고생의 29.2퍼센트가 타인에게 사이버폭력을 가한 적이 있고, 30.3퍼센트가 사이버폭력을 당한 적이 있다고 대답했지만, 피해자의 41.8퍼센트는 아무런 대응을 하지 않은 것으로 나타났다.[29]

사이버 불링의 유형은 다양하다. 우선 이미지 불링image bullying이다. 사진·동영상 같은 이미지를 활용해 상대방을 괴롭히고 모욕감을 주는 행위를 말한다. 사이버 감금도 있다. 모바일 메신저 채팅방에 초대한 후 인신공격, 욕설 등을 하면서 피해자가 방을 나가지 못하게 하고, 나가더라도 강제로 다시 들어오게 만드는 행위를 반복하는 것이다. 『헤럴드경제』가 열린 의사회와 함께 2013년 7월부터 11월까지 모바일 학교 폭력 상담 프로그램 '상다미쌤(상담 선생님을 친근히 부른 말)'을 통해 청소년 사이버폭력 621건을 유형별로 분석한 결과, 전체 사이버폭력 중 11퍼센트(69건)가 카톡이나 카스 등 SNS를 통한 '사이버 감금'이었다. 사이버 감금을 통한 사이버 불링은 은밀하게 벌어지기 때문에 학부모나 교사가 파악하기 어렵다.[30]

피해자가 싫다고 해도 인터넷이나 스마트폰을 통해 계속적으로 말, 글, 사진, 그림 등을 보내 공포심과 불안감을 유발하는 사이버 스토킹, 피해자의 아이디를 이용해 사이버상에서 마치 그 사람인 것처럼 행동하는 아이디 도용, 특정인에게 성적인 메시지를 보내거나 성적인 모욕 등을 하는 사이버 성폭력, 채팅할 때 없는 사람처럼 무시하거나 피해자가 인터넷·스마트폰 SNS에 입장하면 다른 학생들은 다 퇴장하거나 와이파이 셔틀(자신의 '핫스팟' 기능을 켜 주위 친구들이 무료로 인터넷을 쓰게 하는 것)을 시키는 행위 등도 사이버 불링에 해당한다.[31]

2014년 8월 박성훈이 『형사정책연구소식』 130호에 게재한 「SNS를 이용한 청소년 사이버 불링의 실태 및 대응 방안의 모색」에 따르면 사이버 불링의 피해 유형으로는 '허락 없이 비밀 공개'(10.5퍼센트)가 가장 많았고, 다음으로 '한 사람만 모르게 정보 공유'(7.9퍼센트), '원치 않는 글이나 사진 공개'(7.0퍼센트), '나쁜 별명을 만들어 놀림'(6.1퍼센트), '안 좋은 소문 퍼뜨림'(5.3퍼센트) 순이었다. 반면 가해 유형은 '허락 없이 비밀 공개'라는 답이 2.6퍼센트로 가장 낮았다. '한 사람만 모르게 정보 공유'가 7.9퍼센트로 가장 많았고, 다음으로 '나쁜 별명을 만들어 놀림'과 '안 좋은 소문 퍼뜨림'이 각각 5.3퍼센트, '원치 않는 글이나 사진 공개'가 각각 4.4퍼센트로 나타났다. 박성훈은 조사 결과를 근거로 SNS를 이용한 사이버 불링 역시 다른 학교 폭력과 마찬가지로 순수 가해 혹은 순수 피해보다

피해와 가해를 동시에 경험하는 비율이 상대적으로 높다고 말했다.[32]

스마트폰을 과다 사용하는 학생일수록 사이버 불링을 더 많이 경험하는 것으로 나타났다는 조사도 있지만 사이버 불링은 오프라인에서 이루어지는 왕따의 연장선상에서 파악해야 한다는 주장도 있다. 장근영은 "사이버 불링을 걱정하는 목소리가 높지만 사실 사이버는 도구일 뿐이고 왕따는 청소년기의 보편적인 현상이다. 하지만 예전에 비해서 학교가 경쟁을 조장하고 부모가 자녀를 비교하는 강도가 높아지면서, 이를 보고 자란 아이들이 차별하는 강도도 더 세진 경향이 있다"고 했다.[33]

사이버 액티비즘Cyber-Activism

온라인에서 나타나는 정치적 목적을 위한 행동주의를 일컫는다. 시민들이 개인적이며 비정치적인 커뮤니티를 통해 소통하다, 사안이 제기될 때 연대하고 행동하는 게 사이버 액티비즘의 특징이다. 풍자, 패러디, 서명 운동, 연대 형성, 이메일이나 토론방, 또는 SNS를 통한 정치적 정보의 확산 등의 다양한 형태를 띤다.[34] 사이버 액티비즘은 오프라인 액티비즘으로 이어지기도 한다. 2008년 촛불 집회, 2011년 반값 등록금 집회, 한미FTA 반대 집회 등이 그런 경우다.

이소영은 사이버 액티비즘은 "위계가 없고 자유로우며 참여적인 인터넷의 특성을 이용해 특정 지도자 없이, 개인들은 유희이자 투쟁의 성격을 함께 띤 정치적 행동주의를 실현한다"면서 이렇게 말한다. "사이버 액티비즘은 기존의 사회운동과 매우 다른 형태로 나타난다. 사이버 액티비즘은 기존의 사회운동에 비해 신속하고 용이하게 조직되며 조직 구조가 느슨하고 분산적이면서 다양한 정체성이 혼합하는 경향을 띤다. 이러한 전혀 다른 정체성을 가진 개인들이 네트워크상에서 정체성을 상호 구성함으로써 매우 빠른 속도로 공동 행동을 실행하고 참여를 촉진한다."[35]

사이버 액티비즘의 확산이 새로운 종류의 공중公衆을 등장시킨 것은 사실이지만 반드시 민주주의의 성숙을 의미하는 것은 아니라는 주장도 있다. 같은 생각을 가진 사람들 사이에서만 자기 확신을 굳히는 용도로 쓰고 반대 주장에 대해서는 집단적 비난과 배척이 이루어지기 때문이라는 게 그 이유다.[36] 인터넷과 SNS를 활용해 사회적인 문제를 제기하는 것은 용이해졌지만 체계적인 조직화가 어렵다는 한계 때문에 사이버 액티비즘이 사회운동으로서 완결성을 갖기 어렵다는 지적도 있다. 강원택은 "변화의 방향과 목적이 결여된 '사이버 액티비즘'을 '사회운동'이라 부를 수 있을지 의문"이라며 "그저 편리한 네트워크를 이용한 사회참여의 한 모습으로 보는 것이 맞지 않을까 싶다"고 말한다.[37]

2014년 한국에서는 카카오톡 검열 논란으로 인해 텔레그램으로 사이버 망명 열풍이 일었는데, 이를 사이버 액티비즘으로 보는 견해도 있다. 당시 텔레그램은 검찰이 사이버 명예훼손 근절을 위한 '사이버 명예훼손 전담 수사팀' 구성을 발표하면서 카카오톡의 대안 메신저로 급부상했는데, 사람들은 정부의 무분별한 인터넷 검열 의지에 항의 차원에서 텔레그램을 설치했다.[38]

사이버 액티비즘

소셜 리딩Social Reading

SNS를 통해 책에 관한 글을 공유하고 함께 읽는 행위를 말한다. 책을 읽으면서 느낀 생각과 감정을 기록해 SNS상의 지인들과 공유하며 책을 더욱 풍부하게 이해할 수 있다는 게 소셜 리딩의 장점으로 꼽힌다.[39] 소셜 리딩의 등장은 전자책의 대중화와 관련이 깊다. 2008년 14억 2,200만 달러에 달했던 세계 전자책 시장의 매출액은 2013년 111억 8,300만 달러로 커졌으며, 2016년까지 연평균 30.3퍼센트 증가할 것으로 예측되고 있는데, 이렇게 전자책 시장이 커지면서 독서가 읽기에서 관람으로 바뀌고 있다는 것이다. 이런 이유 때문에 전자책 시장에서 소셜 리딩을 주도하는 세계적인 업체들은 각종 전자책 애플리케이션을 개발, 독자들과 적극적인 소통에 나서고 있다. 예컨대 미국의 온라인 서점 아마존은 2013년 3월 당시 사용자 1,600만 명에 북클럽이 3만 개에 달하던 소셜 리딩 서비스 '굿리즈Goodreads'를 1억 5,000만 달러에 인수했다.

2014년 한국에서도 소셜 리딩을 위한 맞춤형 SNS 플랫폼이 속속 등장했다. 2014년 10월 모바일 웹페이지를 개설한 '썸리스트', 내 마음을 움직인 책 속의 문장을 공유하는 북 SNS '책속의 한줄', 사용자가 읽었거나 읽고 싶은 책을 등록하고, 책의 감상과 인상 깊은 구절을 다른 사용자들과 나눌 수 있는 웹 기반 북 SNS '유저스토리북', 영화, 음악, 책을 통한 경험을 SNS를 통해 공유하는 앱 '인투 잇', 저자가 직접 자신의 책 전문을 게시하고 독자들에게 피드백을 받는 '리드빌드', 인터넷서점 알라딘이 2014년 10월 24일 선보인 책 전문 소셜네트워크서비스 '북플' 등이 그런 경우다.

2014년 11월부터 시행된 도서정가제가 한국에서의 소셜 리딩을 활성화시킬 것이라는 분석도 있다. 더 이상 책값으로만 경쟁할 수 없는 시대가 개막하면서 차별화된 서비스와 콘텐츠 제공이 중요해졌기 때문에 소셜 리딩 서비스가 빠른 속도로 자리를 잡을 것이라는 예측인 셈이다. 한국은 독서 인구가 협소해 소셜 리딩 서비스의 사용자가 폭발적으로 늘지 않을 것으로 보는 관측도 있다.[40]

소셜 리딩을 단순히 IT 공간에서 이루어지는 기술적인 면에만 한정해서는 안 된다는 의견도 있다. 오프라인에서 함께 모여 책을 토론하는 행위도 소셜 리딩에 포함해야 한다는 것이다. 류영호는 "소셜 리딩의 긍정적인 부분을 잘 활용하면 저자와 출판사, 유통사는 물론 독자가 서로 연관성이 깊어지는 출판 생태계를 형성할 수 있다"고 했다.[41]

소셜 리딩을 기업의 경쟁력 강화 수단으로 활용해야 한다는 주장도 있다. 송영숙은 "'소셜 리딩'은 개인과 집단이 함께 소통할 수 있는 경험을 제공"하기 때문에 조직의 소통 수단으로 가치가 높다고 말한다. '소셜 리딩'의 과정에서 조직이 나누어야 할 철학이나 목표 등을 보다 더 쉽게 공유할 수 있고, 소셜 리딩을 통해 축적된

집단 지성을 통해 조직의 변화와 혁신까지 불러올 수 있기 때문에, 조직 내 소통을 위해 '소셜 리딩'을 활용하는 지혜가 필요하다는 것이다.[42]

소셜 센서|Social Sensor

소셜 미디어 데이터를 활용해 선거 예측을 하는 것을 이르는 말이다. 소셜 미디어의 '소셜'과 열, 빛, 온도, 압력, 소리 등의 물리적인 양이나 그 변화를 감지·구분하고 계측해 일정한 신호로 알려주는 감지기를 이르는 '센서'의 합성어다. 소셜 미디어를 정치적으로 이용하는 유권자가 증가하면서 소셜 센서는 주목받고 있다. 예컨대 독일 뮌헨공과대학의 컴퓨터 과학자들은 트위터상의 대화에서 나타난 주요 정당별 트윗 멘션을 분석해 기존의 전통적 여론조사 결과만큼이나 정확하게 독일 연방 선거 결과를 예측했으며, 미국 럿거스대학 디아코폴로스 교수팀은 텔레비전 선거 토론에서 후보자에 대한 실시간 트윗 메시지에 나타난 유권자들의 정치적 감정을 분석해 선거 결과를 예측했다.[43]

　　2014년 11월 4일 치러진 미국 중간선거에서도 미국의 선거 업체들은 수집한 사용자들의 정치적 활동에 대한 자료를 선거 관련 분석에 활용했으며, 『월스트리트 저널』은 페이스북과 함께 7월부터 20만 명 이상의 페이스북 이용자들이 남긴 150만 개 이상의 정치 관련 메시지를 분석했다.[44] 꼭 소셜 미디어 때문이라고 할 수는 없겠지만 미국에서는 여론조사가 사양길에 접어들었다는 지적도 있다. 2014년 10월 여론조사를 분석하는 미국 민간 기관인 '538'은 여론조사 기관은 '머리가 잘려나가 자신이 죽은지도 모르는 닭'과 같은 신세라면서 2030년 이전에 선거 여론조사 기관이 완전히 사라질 것이라고 전망했다.[45] 소셜 센서를 통한 선거 분석이 갈수록 위력을 발휘할 것으로 예측되면서 동시에 SNS를 통한 여론조작의 위험성을 경고하는 목소리도 높아지고 있다.

스마트폰 노안

잦은 스마트폰 사용으로 인해 턱살이 처지는 등 얼굴의 탄력이 떨어지는 현상을 말한다. '스마트폰 얼굴'이라고도 한다. 우드퍼드 메디컬 그룹의 머빈 패터슨은 "스마트폰의 화면을 보려고 머리를 숙인 상태로 오랫동안 앉아 있으면 턱 부분에 중력이 걸려 입 주위가 처져 실제보다 나이가 들어 보일 수 있다"고 말했다.[46] 2015년 1월 영국의 피부과 전문의들은 스마트폰이나 태블릿을 사용할 때 머리 전체를 숙이고 턱을 떨어뜨리는 동작이 피부의 늘어짐과 처짐을 유발하고, 더 나아가 '때 이른 주름'을 생기게 한다고 했다. 크리스토퍼 로랜드 페인은 "일반적으로 중년 이상이 되었을 때 피부 처짐과 턱선의 늘어짐, 목주름 등이 생기지만 최근 일명 '테크넥Tech-Neck' 때문에 이러한 현상이 나타나는 시기가 10년 정도 앞당겨졌다"면서 "젊은 여성들에게 위의 증상이 나타나는 이유는 스마트폰과 태블릿의 잦은 사용 때문"이라고 덧붙였다.[47]

스마트폰 노안으로 성형업계는 즐거운 비명을 지르고 있다. 미국에서는 스마트폰 노안으로 인해 턱 보형 수술chinplant(친플랜트)을 받는 사람들이 빠른 속도로 증가하고 있는데, 미국성형외과학회 ASPS는 턱 보형 수술은 가장 빠르게 성장하고 있는 성형수술의 트렌드가 될 정도라고 분석했다.[48]

FTAD

FTADFacebook Twitter Addiction Disorder는 페이스북과 트위터 중독을 일컫는 말이다. 페이스북을 반대하는 단체인 시크페이스북(http://sickfacebook.com) 조사에 따르면, 2011년 페이스북 전체 사용자의 절반에 가까운 약 3억 5,000만 명이 중독 증세를 보이는 것으로 집계되었다. 한 조사에 따르면, 페이스북 사용자의 79퍼센트가 매일 한 번 이상 페이스북에 로그인하고, 응답자의 50퍼센트 가까이는 소셜네트워크의 뉴스나 친구들의 사생활 업데이트에 점차 중독되는 것을 걱정하고 있으며, 40퍼센트 이상은 아침에 일어나 이를 닦기도 전에 페이스북을 열어봤다고 밝혔다.[49] 또 10개 나라 1,000명의 대학생을 대상으로 조사한 결과 대다수가 페이스북, 트위터 등 SNS와 단절되면 불안과 좌절, 고립감 등을 심각하게 호소하는 것으로 나타났다.[50] 미국 컬럼비아대학 산하 약물중독 남용센터CASA는 SNS 중독 증세를 보이는 청소년이 그렇지 않은 청소년에 비해 흡연 가능성이 5배, 술과 마리화나를 할 확률도 각각 2배 가까이 높아진다는 연구 결과를 발표했다.[51]

펠리시어 우 송Felica Wu Song은 "많은 대학생들이 페이스북에 '중독' 되었다는 점을 스스로 인정하면서도 정작 자기 컴퓨터는 항상 켜놓은 상태로 자리를 뜬다" 면서 이렇게 말했다. "그 대학생들은 아침에 침대에서 뒹굴거리다가는 곧바로 마이스페이스나 페이스북을 체크한다. 더구나 공부하는 동안에도 심지어 강의를 듣는 중에도 무선 랜이 깔려 있는 대학 캠퍼스에서 이것들을 체크한다." [52]

웨트웨어Wet-Ware

인간의 두뇌를 의미하는 컴퓨터 용어를 말한다. 컴퓨터는 본체인 하드웨어와 이를 작동시키는 소프트웨어로 구성되어 있는데, 소프트웨어를 만들어내는 인간의 두뇌가 바로 웨트웨어에 해당한다.[53] 넓게는 인간, 인적 자본을 의미하는 말로도 쓰인다. 음식점을 예로 들어 설명해보자. 음식점 주방에 있는 각종 조리 기구와 양념 등은 하드웨어, 요리법은 소프트웨어, 주방장의 요리 기술이 바로 웨트웨어다. 박세준은 "촉촉하고 말랑말랑한 인간의 뇌, 유연한 손동작, 그리고 손끝에서 나오는 약간의 땀을 상징하는 'Wet(젖은)'와 인간의 감성에서 비롯되는 진정한 욕구의 '결과물Ware'을 뜻하는 웨트웨어"는 "딱딱하고 기계적으로 반복되는 일상에서 자칫 잃어버리기 쉬운 내 안의 욕구와 행복의 중요성을 상기시키는 신조어이자 일과 일상의 균형을 위해 현대인에게 필수적으로 요구되는 새로운 덕목이다"라고 말한다.[54]

폴 로머 뉴욕대학 스턴경영대학원 교수는 경제와 기업 성장의 요소를 소프트웨어, 하드웨어, 웨트웨어 등 세 가지로 구분하면서 지식 창조의 주체인 웨트웨어의 역할이 점점 더 중요해지고 있다고 강조한다.

"기술 진보를 옹호하는 사람들은 흔히 하드웨어에 집중한다.

하지만 내가 '웨트웨어'라는 개념을 제시한 것은 인간 뇌에 있는 축축한 '신경조직'이 가장 중요한 기술 진보의 원천이라는 점을 환기하기 위한 것이다. 웨트웨어에 성공적으로 투자하는 나라가 경제성장의 기회를 갖게 될 것이고, 모두가 부유해질 수 있다."[55]

폴 로머는 웨트웨어에 대한 투자가 미국의 성장을 이끈 요인이라고 말한다. 조직의 웨트웨어들이 지식 생산에 전념할 수 있도록 인센티브 제도를 마련한 것과 지적 자산을 특허로 보호했던 것이 미국의 지속적인 성장을 가능케 했다는 것이다.[56]

웨트웨어

웹 캠페인 Web Campaign

선거 과정에서 웹과 SNS 등을 이용해 후보를 홍보하고 지지자와 자원봉사자를 모집하거나 정치자금을 모금하는 등의 선거운동을 이르는 말이다. 장우영·차재권은 "엄밀한 의미에서 웹캠페인은 선거운동에만 국한해 사용되는 개념은 아니며, 개인적 혹은 사회적 목적에 관계없이 선거 참여자들이 특정한 목적을 가지고 유권자의 지지를 얻기 위해 온라인상의 다양한 서비스를 통해 지속적인 선전 활동을 펼치는 모든 행위에 해당한다"고 말한다.[57]

웹 캠페인은 2008년 미국 대선에서 버락 오바마의 선거 전략으로 널리 알려졌다. 한국에서는 인터넷과 SNS를 통한 선거운동이 허용된 2012년 18대 대통령 선거에서부터 본격화되었다. 당시 대선 후보들은 과거 장외 집회를 통해 군중 몰이를 하던 선거운동 방식 대신 홈페이지·블로그·카카오톡·트위터·페이스북·플리커·팟캐스트·유튜브·모바일 애플리케이션 등 동원할 수 있는 모든 미디어를 이용해 선거운동을 펼쳤다. 특히 카카오톡·페이스북·트위터를 통한 선거운동이 활발했는데, 그래서 '카페트 정치'라는 말도 나왔다. 카페트는 카카오톡·페이스북·트위터의 앞 글자를 따서 만든 조어다.[58]

인터넷 검색 만능주의

대화를 하다가 상대방에게 어떤 질문을 하면 '그건 인터넷에서 찾아보세요'라는 말을 흔히 듣게 되는데, 이처럼 인터넷 검색을 통하면 무엇이든 알 수 있다는 생각을 이르는 말이다. 인터넷 검색 만능주의는 인터넷에 올라온 정보에 대한 맹신도 가져오고 있는데, 이때문에 발생하는 문제도 적지 않다. 인터넷에 올라온 의학 정보를 맹신하는 사람들이 증가하면서 스트레스를 받는 의사들도 많다. 이들은 온라인에서 찾은 정보를 바탕으로 의사의 진단에 의문을 제기하고 의사의 역량을 평가하려 들기 때문이다. 터프츠대학의 리사 구알티에리 교수는 환자의 지속적인 의학 정보 검색이 환자와 의사 간의 관계를 복잡하게 만들고, 심지어 치료에 문제를 일으키기까지 한다는 연구 결과를 발표했다. 구알티에리는 예약한 진료일을 기다리는 동안 인터넷을 검색해 스스로 암이라고 진단한 여성의 사례를 제시하며, 이 여성은 "인터넷에서 심각한 사례들을 찾아보고 스스로 두려워 '죽을 지경'이 되었다"고 했다. 당시 의사는 그녀에게 조직 검사 결과가 나올 때까지 확실히 알 수 없다고 말했지만 그녀의 불안은 전혀 가라앉지 않았다고 한다.[59]

인터넷에 떠도는 검증되지 않은 의학 정보를 맹신하다가 스스로 목숨을 끊는 사람마저 등장했다. 예컨대 2014년 부산에서 김 모

씨가 아토피로 고생하던 딸을 살해하고 스스로 목숨을 끊은 사건이 발생했는데, 김 씨는 유서에서 검증되지 않은 의학 정보를 토대로 딸의 아토피 치료가 잘못되었다는 자책을 남긴 것으로 알려졌다. 이에 앞서 2009년에는 치아 교정을 받던 20대 여성이 인터넷에서 '잇몸이 약하면 교정이 불가능하다', '평생 교정기를 끼고 살아야 한다'는 내용을 읽고 스스로 목숨을 끊는 사건이 발생하기도 했다.[60]

인터넷 검색 만능주의가 인간의 기억력을 잠식한다는 주장도 있다. 카르스텐 괴릭은 "필요한 정보를 찾아 읽은 후 이내 잊어버리는 현상도 우리가 인터넷을 맹신하고 있음을 증명하는 사례 중 하나다. 필요하면 언제든 같은 정보를 다시 찾을 수 있다고 생각하기 때문에 가능한 일이니까 말이다"라고 했다.[61] 미래학자 니컬러스 카는 여러 정신의학자와 신경과학자의 연구를 인용해 "인터넷이 인간의 뇌를 실제로 변화시킨다"고 말한다. 인터넷을 잘 사용하지 않던 사람들이 5일 동안 하루 1시간씩만 인터넷 검색을 해도 거의 활동이 없던 외측 전전두엽 피질이 집중적인 활동을 하는 등 뇌의 회로가 재구성되는데, 이렇게 전전두엽 피질이 혹사당하면 이해력과 기억력이 저하된다는 것이다.[62]

자기 정보 결정권

자신의 정보가 어떤 목적으로 언제 어떻게 활용되는지를 언제든지 파악하고 스스로 결정할 수 있는 권리를 말한다. '자기 정보 통제권' 또는 '정보 자기 결정권', '개인 정보 자기 결정권' 등으로도 불린다. 팔란티리 2020은 "이 기본권은 프라이버시 보호를 위한 헌법상의 보호 장치, 즉 압수·수색에 있어서의 영장주의, 주거의 자유 보장, 사생활의 비밀과 자유 보장, 그리고 통신 비밀 침해 금지 등과 유사하지만 다소 다른 개념이다"라며 "전통적인 프라이버시 권리가 개인의 사적 영역을 외부의 침입이나 개입에서 소극적으로 보존하고자 하는 데 초점이 맞춰져 있다면, 개인 정보 자기 결정권은 타인에 의한 개인 정보의 무분별한 수집·축적·처리·가공·이용·제공에 대해 정보 주체에게 적극적인 통제권을 부여하고자 하는 데 그 핵심이 있다"고 말한다.[63]

시민단체 등에서는 그간 단 한 번의 '동의 표시'로 자신의 정보가 어떻게 활용되는지도 모르고, 자신이 제공한 정보의 제공·조회·삭제에도 전혀 관여할 수 없다는 점을 이유로 '정보 인권'이란 관점에서 자기 정보 결정권 보장을 요구하고 있다. 자기 정보 결정권은 개인정보보호법 등 관련 법령에 반영되어 있었지만 사실상 선언적 수준에 불과해, 그간 금융기관들은 사실상 자기 정보 결정권을 무시해왔다.⁶⁴ 하지만 2013년 신용카드사가 보관하고 있던 고객의 개인 정보가 다량으로 유출되는 사건이 발생하면서 자기 정보 결정권을 요구하는 목소리가 힘을 얻었다.

결국 2013년 3월 10일 기획재정부와 금융위원회·미래창조과학부·안전행정부·방송통신위원회·금융감독원은 '금융분야 개인정보유출 재발 방지 종합대책'을 통해 2013년 하반기부터 소비자의 자기 정보 결정권을 보장하기로 했다. 금융 소비자가 본인의 신용 정보가 이용·제공되고 있는 현황을 언제든지 확인할 수 있고, 본인 정보 조회 중지 요청권도 주고, 정보 제공 동의도 철회할 수 있도록 하겠다는 것이다.⁶⁵ 이에 따라 금융 소비자는 금융 회사에서 본인 신용 정보가 언제 어떻게 이용·제공되고 있는지를 조회할 수 있게 되었으며, 정보 제공을 원하지 않는다면 기존 정보 제공에 동의한 사실을 철회할 수 있게 되었다. 또 원하지 않는 금융 회사에서 오는 영업 목적 전화는 두낫콜Do not call 통합 사이트에서 수신 거부할 수 있고, 거래가 끝난 금융 회사에 정보 파기를 요청할 수 있으며, 일정 기간 신용 조회를 차단할 수 있게 되었다.⁶⁶

금융 분야에서 자기 정보 결정권 보장은 커다란 진전이지만 자기 정보 결정권 보장이 개인 정보 유출을 막는 근본적인 해법이 아니라는 시각도 있다. 김형중은 "금융권의 개인 정보 유출은 자기 정보 결정권이 없어 유출된 것이 아니라 개인이 맡긴 소중한 개인 정보를 금융기관이 제대로 관리하지 못해 유출된 것이라면서, 자기 정보 결정권이 개인 정보 유출을 막아줄 것처럼 생각하면 오산"이라면서 이렇게 말한다.

"근원적으로 개인 정보 유출을 막기 위해 해킹 방지 기술 개발, 내부 인력 관리 대책 마련이 시급하다. 전자는 제로데이 취약점 확보에 따른 선제적 백신 개발과 보급, 화이트해커에 의한 사전 점검 및 보완 등이 답이다. 특히 정부가 앞장서서 국방 시스템 등 핵심 인프라를 보호하기 위해 제로데이 취약점 정보를 확보해 백신 업체 등에 제공하는 것이 바람직하다. 내부 인력에 대한 전문성 제고, 인성 교육 강화와 감독도 중요하다."[67]

커넥티즌_{Connectizen}

연결을 뜻하는 Connect와 시민을 의미하는 Citizen을 합친 말로
모바일 기기로 통신망에 접속해 일을 하고 여가, 쇼핑 등을 즐기는
사람들을 말한다. 일상적인 삶이 '모바일 통신망과 연결'되어 있는
사람들이라고 보면 되겠다. 한국은 커넥티즌 강국으로 불리는데,
이는 스마트폰의 보급률과 전송 속도에 불편을 느끼지 않고 이동통
신 서비스를 즐길 수 있는 4세대 통신 서비스인 LTE 보급률이 세계
최고 수준이기 때문이다.[68]

스마트폰, 태블릿PC 등 모바일 기기로 무장한 커넥티즌은 IT
업계 지형도도 바꾸고 있다. 예컨대 이동통신사들의 음성 통화 매출
과 단문 메시지sms 매출은 지속적으로 줄어들고 있는데 반해 카카
오톡, 라인 등 모바일 메신저들은 이모티콘 판매 · 모바일 쇼핑 · 모
바일 게임 연동 등으로 수익을 확대해가고 있다. 게임 분야에서도
모바일 게임 업체들이 시장을 선도하고 있으며, 모바일 쇼핑은 온라
인 쇼핑과 텔레비전 홈쇼핑을 위협하고 있다.[69]

모바일이 삶에서 차지하는 비중이 갈수록 커지고 있어 커넥티
즌의 파워는 더욱 커질 것으로 예측된다. 2014년 11월 구글의 에릭
슈밋 회장은 대만 타이베이에서 열린 '구글 모바일 퍼스트 월드' 기
조연설에서 "'모바일 퍼스트first'는 이미 옛말이다. 이제는 PC 없이

모바일로만 인터넷에 접속해 모든 일상을 처리하는 '모바일 온리only' 세상이 온다"고 말했다. 슈밋은 2010년 2월 스페인 바르셀로나에서 열린 모바일월드콩그레스에서 "새 시대, 새로운 규칙은 모바일 퍼스트(모바일 우선)"라고 외친 바 있는데, PC에서 모바일로 옮겨가는 시기가 모바일 퍼스트라면 모바일 온리는 모바일에서만 전자상거래, 은행 거래, 음악·영화 소비 등 일상생활을 하고 비즈니스를 처리하는 시대를 말한다.[70]

트위터롤로지|Twitterology

트위터twitter에 고대 그리스어에서 유래한 학문을 뜻하는 접미사 로지~logy를 붙인 말로, 트위터의 실시간 정보가 사회학 · 경제학 · 의학 · 언어학 등의 연구에 쓰이는 것을 말한다. 트위터학學이라 할 수 있겠다. 언어학자 벤 지머가 이름을 붙였는데, 2011년 『뉴욕타임스』가 트위터롤로지에 대한 칼럼을 내놓으면서 대중화된 말이다.[71] 학자들은 언어별로, 지역별로 원하는 정보만 골라 분석할 수 있고, 트위터 메시지의 연결망을 활용해 인터넷상에서의 인간관계도 확인할 수 있기 때문에, 제한된 실험군이나 현장의 설문 조사 요원들에게 의존해야 했던 이전의 방식에 비해 트위터를 활용한 연구가 훨씬 효율적이고 정확하다고 말한다. 예컨대 2011년 9월 과학 저널 『사이언스』에 실린 「사회학자들이 트위터 속으로 나아가다」에서는 "트위터는 인간의 교류와 사회적 네트워크를 연구하고자 하는 학자들에게 전례 없는 기회를 제공한다"고 했다.[72]

트위터 분석이 가장 활발한 곳은 심리학과 사회학 영역이다. 사회학자들은 선거에서 발휘되는 트위터의 영향력을 연구하고 있으며, 미국 인디애나대학의 조핸 볼런 교수는 2008년 2월부터 12월까지 약 985만 건의 트윗 데이터를 분석해 고요함calm, 경계alert, 확실함sure, 활발함vital, 친절함kind, 행복함happy 등 7개 감정 가운데 고요함 지수가 올라가면 2~6일 후 다우존스 산업지수도 올라간다고 주장했다. 트위터롤로지는 질병의 감염 경로 등을 파악하는 역학 분야에서도 활용되고 있다. 예컨대 미국 아이오와대학 연구팀은 2009년 세계를 공포로 몰아넣었던 신종 인플루엔자에 대한 이야기가 트위터에서 퍼진 경로를 분석한 결과 실제 감염 경로와 사실상 일치하는 것을 발견했다고 말했다.[73]

트위터롤로지가 확산하면서 트위터는 소셜 데이터 분석 시장에 적극적으로 뛰어들고 있다. 예컨대 2014년 10월 트위터는 미국 매사추세츠공과대학MIT 미디어랩이 추진하는 신규 프로젝트인 '사회 기기 실험실LBS: Laboratory for Social Machines'에 향후 5년간 1,000만 달러를 투자한다고 밝혔다. 트위터가 연구를 재정적으로 지원하는 것은 이게 처음이다. LBS는 트위터, 페이스북과 같은 소셜네트워크서비스 플랫폼으로, 주어진 특정 사안에 대해 이용자들이 벌이는 토론에 초점을 맞추고 이 과정에서 벌어지는 개인과 기관의 소셜 흐름을 파악하고 유형을 분석해 의미 있는 자료를 도출할 예정이다. 딕 코스톨로 트위터 최고경영자는 "이번 투자를 통해 트위터는 복잡한 사회망 속에서 빠르고 유동적으로 이루어지는 의사소통을 보다 심층적으로 분석한 결과를 확보할 수 있을 것으로 기대한다"고 말했다.[74]

패스워드 증후군 Password Syndrome

보안을 높이기 위한 잦은 비밀번호 설정과 변경으로 현대인이 겪고 있는 정신적 혼란을 이르는 말이다. 정보화 사회에 등장한 신종병 이라 할 수 있겠다. 비밀번호를 복잡하게 만들고 바꾸지만 정작 자신이 만든 비밀번호를 기억하지 못하는 게 패스워드 증후군의 전형 적인 증상이다. 패스워드 증후군은 2014년 널리 알려졌지만 정보 화 사회가 본격화된 1990년대에 이미 등장한 말이다. 은행 통장, 신용카드, PC 통신, 호출기 등에 각각 다른 패스워드를 사용하는 사람 들이 증가한 가운데 각각의 패스워드들을 기억해내지 못해 발급 기관에 문의, 확인한 후에 서비스를 이용하는 일이 자주 발생했기 때문이다.[75]

패스워드 증후군이 발생하는 이유는 크게 두 가지다. 첫째, 스마트 기기의 급속한 보급과 모바일 경제의 활성화로 장소와 시간의 제약 없이 인터넷을 즐길 수 있는 환경이 조성되면서 비밀번호를 사용하는 일이 크게 증가했다. 둘째, 해킹과 같은 사이버 범죄가 증가하면서 개인 정보 유출이 사회문제로 부각되자 복잡한 비밀번호 조합을 요구하는 곳이 많아졌다. 실제 각 인터넷 사이트마다 암기 하기가 쉽지 않은 두 자릿수의 비밀번호와, 비밀번호의 주기적 변경 을 요구하고 있으며, 네이버와 다음 등 한국의 주요 포털사이트는 물론이고 페이스북, 트위터 등 이용률이 높은 사이트 등도 6~16자리의 비밀번호를 요구한다. 또 반드시 영문 알파벳과 숫자를 혼용하도록 요구하는 사이트도 있으며, 같은 문자를 세 번 이상 연속으로 쓸 수 없도록 한 사이트도 적지 않다.[76]

인터넷 사이트들은 개인 정보 보안을 위해서는 복잡한 비밀번호 조합이 필요하다고 말한다. 예컨대 에릭 슈밋은 "정보를 지키는 것은 개인의 몫"이라며 "유아기 때부터 비밀번호를 다각화하는 등 자신의 정보를 잘 관리하고 보호하는 법을 가르쳐야 하는 시대가 왔다"고 말한다.[77] 정보 보안을 위해 개인들이 노력해야 한다는 말은 맞지만, 비밀번호를 복잡하게 설정하더라도 해킹의 위험에서 벗어날 수 없다는 데 문제가 있다는 지적도 있다. 기본적으로 해킹은 개인을 겨냥하기보다 특정 사이트에 저장된 전체 개인 정보를 대상으로 하기 때문에 복잡한 비밀번호를 설정해도 큰 의미가 없다는 것이다.[78]

개인에게 정보 보안 책임을 미루는 복잡한 비밀번호 설정보다 국가와 기업 차원에서 근본적인 대응책을 마련해야 한다는 지적이 나오는 이유다.

포크소노미 | Folksonomy

전통적인 분류 기준인 디렉터리 대신 사용자가 자유롭게 선택한 키워드에 따라 나누는 새로운 분류 체계를 말한다. 대중folks과 명령order, 이름nomos의 합성어로, 말 그대로 하면 사람들에 의한 분류법, 즉 대중 분류법을 의미한다. 블로그에 글을 올릴 때 자신의 글이 쉽게 검색되도록 태그tag를 붙이는데, 이렇게 태그와 같은 키워드 중심의 분류 체계를 포크소노미라고 할 수 있다. 포크소노미는 구성원들이 자발적으로 개별 정보에 의미를 부여함으로써 단위 정보를 체계화한다는 점에서 기존의 분류 체계와 다른데 주요 구성원과 상호작용하면서 정보가 나열되기 때문에 보다 정확하게 의미 있는 정보를 전달할 수 있는 장점을 지니고 있다.[79]

　　'태그 클라우드tag clouds'를 활용하는 플리커, 소셜 북마킹 서비스 '마가린', '딜리셔스', '라스트에프엠'과 같은 협동적 필터링 등이 포크소노미에 기반을 두어 대중의 지혜를 구현하는 서비스라고 할 수 있다. 팔란티리 2020은 "하나의 체계에 근거해서 디렉터리 방식으로 분류하는 '텍소노미taxonomy'와는 달리 이용자 나름의 분류 방법을 따르는 포크소노미는, 체계적이지 않은 대신에 형식에 얽매이지 않아 자유롭다"면서 "포크소노미는 소수의 전문 편집 인력보다 더 나은 방법으로 지식을 분류하고 걸러주어 이용자 간의 지식

창출이 가능하게 해준다"고 했다.[80]

김정운은 "기존의 지식 권력은 '디렉터리directory'와 같은 계층 구조다. '학문—심리학—발달심리학—인지발달……'과 같이 상위 범주의 지식과 하위 범주의 지식으로 나뉘어 있다. 그러나 이 같은 '트리tree' 구조의 지식은 권위적일 뿐만 아니라 변화에도 느리다"면서 이렇게 말한다.

"포크소노미의 지식은 전혀 다른 방식으로 구성된다. 디지털 세상에 적합한, 이리 튀고 저리 튀는 하이퍼텍스트식의 탈脫중심화된, 상호 텍스트의 구조로 지식은 편집된다. 발달심리학과 생리학이 연결되기도 하고, 심리학과 지식고고학이 연결되기도 한다. 이와 같은 방식으로 기존의 대학 교과서나 브리태니커와 같은 지식 권력이 네이버나 구글·위키피디아와 같은 새로운 지식 권력에 의해 해체되는 것이다."[81]

김정운은 또 스마트폰이나 태블릿PC의 다양한 애플리케이션을 통해 사람들은 더 이상 지식 검색에 만족하지 않고 자신만의 방식으로 지식을 편집하기 시작했다면서, 이로 인해 포털사이트의 편집자에게 집중되었던 권력이 분산되고 있다고 했다. "시장이 새롭게 편집되고, 해체되고 있다. 예전에는 상상도 할 수 없었던 변화이다. 이 엄청난 변화의 과정에서는 지식 편집의 주체만 살아남는다."[82]

플픽|Profile Picture

트위터나 페이스북 등 SNS에서 자신을 소개하는데 사용하는 프로필 사진으로, 프로필 픽처profile picture의 준말이다. 남들에게 더 매력적이고 호감을 줄 수 있는 첫 인상 효과를 얻으려 애쓰는 사람들을 위해 완전한 프로필 사진을 얻는 방법에 대한 연구 결과도 발표되었지만, 플픽으로 인한 부작용도 적지 않다.[83] 예컨대 남성이 여성의 사진을 카톡 프로필 사진에 올려놓고 아는 사람인 척 접근해 만남을 요구하는 이른바 '플픽 사기'가 그것이다.[84]

왕따의 일환으로 자신의 프로필 사진 대신 다른 사람의 엽기적인 얼굴 사진을 올려놓고 집단으로 놀리는 일도 있는데, 이를 일러 이미지 불링이라 한다. 이미지 불링은 사진·동영상 같은 이미지를 활용해 상대방을 괴롭히고 모욕감을 주는 행위를 말한다. 플픽에 자신의 나체 사진을 올려놓는 10대들도 있다. 서울지방경찰청은 2013년 3월부터 6월까지 트위터 음란물 집중 단속을 벌여 자신의 나체 사진을 트위터에 올린 미성년자 10명을 붙잡았는데, 이들의 플픽은 그야말로 충격을 주기에 충분했다. '초딩가슴♥'이란 이름의 한 트위터 계정은 가슴을 찍은 사진을 프로필 사진으로 걸어놓은 채, 자신을 수원에 사는 12살의 초등학생이라고 소개했으며, '야한 게 좋은 중딩♥'이란 이름의 계정은 '사진과 동영상' 카테고리에 특정 자세를 취하고 은밀한 부위를 찍은 노출 사진을 올려놓은 것으로 밝혀졌다. 나체 사진을 트위터에 뿌린 한 10대는 경찰에서 "관심을 받고 싶었다"고 말했는데, 이들의 트위터 팔로어는 각각 7,200여 명과 1만 100여 명에 달했다.[85]

이게 시사하듯, 선정적인 플픽은 남들에게 인정을 받고 싶어 하는 욕망의 산물이라 할 수 있겠다.

해시태그 Hash Tag

트위터의 기능 중 하나로, '해시(#)'를 붙인 태그를 트위터 내용에 적어두면 링크가 형성되어 같은 태그를 작성한 글들끼리 모아주는 기능이다. 해시 부호 뒤에 특정 주제의 단어를 넣음으로써 그 주제에 대한 글이라는 것을 표현하는 것이다. 예컨대 한국에 대한 글이라면 #KOREA로 표현한다. 블로그의 태그와 비슷한 개념으로 같은 관심사에 대한 주제어를 지정해 하나의 창에서 볼 수 있도록 해주는 일종의 검색 기능이라 할 수 있겠다. 애초 검색의 편리함을 위해 도입되었지만, 특정 주제에 관심과 지지를 나타내는 방식으로도 많이 쓰인다. 해시태그는 2007년 미국 샌디에이고 카운티에서 산불이 났을 때 산불에 대한 정보를 '#sandiegofire'로 붙이면서 대중화된 것으로 알려져 있다.[86]

해시태그는 단순 정보 검색을 넘어 관심사가 비슷한 사람들의 정보와 의견을 한데 모으는 구실을 하기도 한다. 이원태는 "해시태그는 특정한 이슈에 공감을 표시한다는 뜻인데, 너무 빠른 정보 유통 속도로 인해 분산화·파편화되기 쉬운 트위터상의 정치적 의견 표출 구조가 특정한 토픽 중심으로 일관성과 집중성을 가질 수 있도록 해주는 역할을 한다"고 했다.[87] 해시태그는 제한 없이 아무나 아무 글에나 달 수 있어, 한 분야에 대한 백가쟁명百家爭鳴식 글이 쏟아질 수밖에 없는 구조를 가지고 있는데, 바로 이런 이유 때문에 미국 뉴욕시립대학의 언론학과 교수인 제프 자비스는 "해시태그는 주인도, 계급도, 규율이나 신념도 없다. 이것은 누군가가 좌절, 불평, 요구, 소원 등으로 채워나가야 하는 빈 공간이다"라고 했다.[88]

송경화는 2012년 "한국 트위터 사용자들은 독창적인 해시태그 문화를 발전시키고 있다"며 이렇게 말했다. "'(트위터) 당'은 한국에만 있는 일종의 트위터 사용자 모임이다. '당원'들끼리는 같은 해시태그를 공유하며 상시적으로 소통한다. 당에 가입한 뒤 미리 약속한 해시태그를 검색해 당원들의 활동을 살펴볼 수 있다.…… '강서고 동문당'이나 '안양당'처럼 지역과 학교를 중심으로 만들어지는가 하면 '커피맛있당', '이것이 야구당'처럼 취미 위주의 모임도 있다. 하루에 잠깐잠깐 당원들끼리 상식 문제를 내는 '상식당'의 경우 2,639명이 가입해 지금까지 8만 4,690개의 트윗을 올렸다."[89]

SNS 이용 목적이 인맥 교류에서 이슈와 취미 등의 관심사 공유에 대한 요구로 증대되면서 SNS에서 해시태그가 새로운 트렌드로 자리 잡았다. 특히 인스타그램을 비롯한 사진 SNS에서 해시태그 활용이 두드러지게 나타났다. 구구절절한 설명이 아니라 몇 개의 해시태그로 사진을 설명하는 식으로, 이런 경향 속에서 음식이나 맛집과 관련된 '먹스타그램', '맛스타그램', 아이나 애견 등을 주제로 하는 '딸스타그램', '멍스타그램', 기분을 나타내는 '인스타굿', '인스타무드' 등 신조어도 양산되고 있다. 카카오스토리, 페이스북, 밴드 등 대부분 모바일 플랫폼에서도 해시태그 기능을 적용하고 있는데, 해시태그를 전면에 내세운 SNS도 등장했다. 사진과 관심사 기반의 SNS인 폴라가 그런 경우다.[90]

해시태그 행동주의|Hashtag Activism

해시태그를 활용한 정치적 행동을 의미하는 말로, 2011년 '월가 점령 시위' 이후 널리 알려진 말이다. '오큐파이 월스트리트' 시위를 기획한 온라인 잡지 『애드버스터스Adbusters』가 2011년 7월 13일 발표한 첫 성명서의 제목을 '#OCCUPYWALLSTREET'로 단 이후, 이 운동에 호응하는 시민들이 잇따라 이 해시태그를 단 글을 퍼뜨리면서 시위 분위기가 점점 달아올랐는데, 이를 해시태그 행동주의라 했다. 미국 뉴욕시립대학 언론학과 제프 자비스 교수는 월가 점령 시위를 '해시태그 반란'이라고 규정하기도 했다.[91] 2011년 영국 일간지 『가디언』은 재스민 혁명과 월가 시위 등이 다양한 SNS, 특히 트위터의 해시태그를 이용해 확산되었다는 점에 주목해 "해시태그 행동주의가 도래했다"고 분석했다.[92]

2011년 발생한 한진중공업 사태와 이른바 희망버스가 사회적으로 뜨거운 관심을 받은 배경에 해시태그 행동주의가 자리 잡고 있다는 시각도 있다. 송경화는 2012년 "한진중공업 사태와 관련해 '정보 공유→인식 확산→직접 행동' 등으로 옮겨가는 결정적 분기점은 '해시태그(#)'의 등장이다"라며 "지난해 8~9월 '#HANJIN(한진)', '#HOPEBUS(희망버스)' 등의 해시태그가 트위터에 출현했다. 두 해시태그의 등장은 이 시기부터 광범위한 트위

터 사용자들이 한진중공업 사태를 집중적으로 들여다보기 시작했음을 뜻한다"고 했다.[93]

해시태그 행동주의가 이슈를 부각시키는 역할을 할 수 있지만 일시적으로 형성되었다가 사라진다는 해석도 있다. 호주의 미디어 연구자 액셀 브런스 교수는 해시태그를 통해 일시적으로 형성되었다가 사라지는 공중은 네트워크화된 이슈 공중issue public으로 보았는데,[94] 영국의 『가디언』은 해시태그 행동주의를 두고 "현실 정치로 연결하려는 노력을 하지 않는다면 아무것도 얻지 못하고 끝날 수 있다"고 했다.[95]

해커톤 Hackathon

'해커'와 '마라톤'의 합성어로, 컴퓨터 전문가들이 한 장소에 모여 마라톤을 하듯 장시간 동안 쉬지 않고 특정 문제를 해결하는 과정을 의미한다. 2000년대 후반 실리콘밸리에서 하나의 문화로 자리 잡았으며, 마이크로소프트MS, 구글 등 글로벌 정보기술IT 기업에서는 일반화된 개발 방식이다. 해커톤 활성화의 일등 공신은 페이스북의 마크 저커버그다. "모든 직원이 아이디어를 내놓고, 함께 모여 결과물로 구현하는 해커톤 운영이 페이스북 성공의 원동력 중 하나"였다고 강조할 만큼 저커버그의 해커톤 사랑은 유별나다. 실제 페이스북은 몇 달에 한 번씩 부정기적으로 해커톤을 열고 있는데, 바로 이 해커톤이 페이스북 혁신의 숨겨진 비밀로 알려져 있다. 예컨대 신의 한 수로 불리는 페이스북의 '좋아요' 버튼이나 타임라인, 채팅 기능이 모두 해커톤에서 나왔다. 페이스북 내의 새로운 복지 정책이나 홍보 방법 등도 해커톤의 결과물이다.[96]

IT 기업의 경쟁력 강화 차원에서도 해커톤은 활발하지만, 공익 목적의 해커톤 행사도 적지 않다. IT를 활용해 사회문제를 해결하려는 '소셜이노베이션캠프', 여성 IT 개발자들이 참여해 인권 아이디어를 시제품으로 만드는 '여성을 위한 해커톤Hackathon for Women' 등이 그런 경우다. 한국에서는 2010년 희망제작소가 다음세대 재단,

해피 빈 재단과 함께 한국 최초의 공익 해커톤 행사인 '소셜이노베이션캠프36'을 개최했는데, 공익 해커톤 행사는 점차 늘고 있는 추세다. 2013년 열린 여성가족부와 SK이노베이션의 '해피톤', 삼성전자 사회봉사단의 '빅 캠프 포 에듀케이션', 하우투컴퍼니의 '소셜이노베이션캠프 서울' 등이 그런 경우다.[97]

이정인은 2014년 "공익 해커톤은 사람들의 관심과 참여를 이끌어내면서 이제야 막 첫발을 내디딘 시점"이라며 "참가자들의 활동이 실질적인 사회 혁신으로 이어질 수 있도록 정부 또는 기업의 체계적인 지원도 더 확대되어야 할 것"이라고 말했다.[98]

4

Technology Section

Trend Keyword

다크넷 Darknets

추적이 불가능한 익명의 사설 네트워크를 말한다. 말 그대로 인터넷의 어둠 속에 존재하는 네트워크다. 2006년 8월 스웨덴 해적당은 온라인 사용자들이 주고받는 각종 데이터나 파일들을 추적할 수 없게 '완전 익명'으로 접속하는 것을 골자로 한 다크넷 서비스를 공식 발표했다. 리카드 팔크빈지Rickard Falkvinge 해적당 대표는 "완전히 익명으로 인터넷을 사용할 합법적인 이유가 많다"며 "사적인 정보들을 나눌 권리는 민주 사회에 있어서 가장 근본적인 원칙이며, 인터넷에 익명으로 접속할 안전하고 편리한 방법 없이는 이러한 권리는 지켜질 수 없다"고 주장했다.[1]

2013년 11월 미국 『워싱턴포스트』는 오바마 대통령을 비롯한 요인 암살을 위해 후원금을 모으는 사이트의 존재가 드러나 관계 당국이 긴장하고 있다고 보도했는데, 전문가들은 이들의 배후 세력이 인터넷 사각지대인 '다크넷'을 운영하는 무정부주의 성향의 인터넷 해적 집단이라고 분석했다.[2]

2014년 트렌드마이크로는 2015년 보안 예측 보고서를 발표하면서 2015년에는 다크넷과 전용 포럼을 통해 사이버 범죄에 쓰이는 악성코드 공유와 판매가 늘어날 전망이라고 했다. 2014년 12월 11일 런던에서 열린 '온라인 아동 성 학대 방지 국제회의'에 참가한 각국

정부와 23개 인터넷기업, 9개 비정부기구 대표자들은, 이행 선언문을 통해 인터넷에서 아동 성 학대 영상과 이미지를 제거하고 범죄자 색출과 피해자 보호를 위한 국제 협력을 강화하기로 했는데, 데이비드 캐머런 영국 총리는 이날 회의 연설에서 "인터넷 아동 학대 범죄가 갈수록 산업화하고 있다"면서 이렇게 말했다. "인터넷의 불법 지대인 '다크넷'에 대한 정보기관의 감시 활동을 강화하고, 아동을 표적으로 한 음란 통신 행위도 형사 처벌하겠다."[3]

니코 멜레는 『거대 권력의 종말』에서 "이러한 네트워크는 평범한 기술이 되어가고 있으며 구축하기도 점점 더 쉬어지고 있다"면서 "토르 같은 프로그램은 정의와 자유를 위해 목숨을 걸고 싸우는 친親민주주의 활동가에게는 생명줄과도 같지만, 지독한 소아성애자나 테러리스트들에게는 수사망을 빠져나가는 유용한 수단이 되기도 한다"고 했다.[4]

라이크 이코노미 Like Economy

페이스북의 경제적 영향력을 나타내는 용어로, '좋아요'를 통한 페이스북의 파급력이 경제적 영향력을 갖게 되었다는 뜻이다. 라이크 이코노미는 미국의 소셜 미디어 전문가 브라이언 카터Brian Carter가 2011년 3월 출간한 저서 제목이기도 한데, 카터는 『라이크 이코노미: 어떻게 페이스북으로 돈을 버는가The Like Economy: How Businesses Make Money With Facebook』에서 "'라이킹Liking'이 시장에 미치는 영향력은 대단하다. 페이스북은 세계 어디에도 없던 마케팅 도구"라고 말했다.[5]

라이크 이코노미는 마음에 드는 무언가가 있을 때 사용자가 '좋아요'를 누르면 자동으로 친구 관계를 맺은 모든 이에게 해당 콘텐츠가 노출되는 페이스북의 운영 원리에서 기인한다. 페이스북 회원이 특정 사이트를 방문하고 '좋아요' 버튼을 누르면 뉴스피드에 이 소식이 떠서 자연스럽게 친구들도 이 사이트를 알게 되기 때문이다.[6] 페이스북의 '좋아요'가 광고와 연결되기 시작한 건 실명 가입 정책을 고수하던 페이스북이 익명으로 커뮤니티 형식의 페이지를 만들 수 있도록 허용한 2011년 2월부터다.

젊은 층을 중심으로 재미있는 동영상이나 감동적인 사연, 유용한 정보를 올리면 해당 게시물이 '좋아요'를 타고 전파되면서 영향력을 갖게 되자, 인터넷 쇼핑몰, 병원, 애플리케이션 등의 광고주들이 인기 페이지에 주목했다. 이들은 운영자가 게시물을 올리면서 광고 사이트 주소와 간략한 설명을 함께 쓰면 해당 게시물의 '좋아요' 개수에 따라 광고료를 지급했다.[7]

라이크 이코노미의 위력이 커지면서 다수의 팔로어를 확보한 페이스북 계정이 거래되는 일까지 발생했다. 예컨대 포털사이트에는 "'좋아요' 3만 개 성인 페이지 판매합니다", "페이스북 성인 페이지 2만 이상 매입합니다" 등의 게시 글이 올라오는 등 페이스북의 '좋아요'가 수백 개, 수천 개 단위로 거래되는 현상이 나타났다.[8]

라이크 이코노미로 인해 부작용이 발생하자 2014년 4월 페이스북은, 뉴스피드를 운영하는 목표는 '적절한 콘텐츠를 제때 필요한 사람에게 전달하는 것'이라면서 뉴스피드를 개편해 '좋아요'를 내건 이벤트 게시물을 숨어내겠다고 밝혔다. 페이스북이 뉴스피드에서 덜어내겠다고 밝힌 게시물은 세 가지다. 첫째, '좋아요'와 댓글, 공유하기를 내건 이벤트 게시물이다. 둘째, 사용자의 뉴스피드에 반복해서 나오는 게시물이다. 셋째, 아무런 정보 없이 특정 페이지로 클릭을 유도하는 스팸 링크다.[9]

박소라는 라이크 이코노미 때문에 페이스북에서 저작권은 무뎌지고 성인물은 판치고 있다고 말한다. 페이스북에는 하루에도 수백만 개의 사진·영상 콘텐츠가 올라오는데 이 중 다수의 콘텐츠는 원저작자나 출처도 표기하지 않은 채 유통되고 있으며, 네티즌의 주목을 끌 만한 자극적인 사진이나 선정적인 영상을 올려 '좋아요' 수

를 높인 뒤 성인물 전용 홈페이지나 성인용품 쇼핑몰로 연결하는 등의 행위도 증가하고 있다는 것이다.[10]

라이파이Li-Fi

무선전파 대신 빛을 사용해 데이터를 전달하는 기술로, 2011년 영국 에든버러대학 해럴드 하스 교수가 처음 제안했으며 대중적으로 보급된 와이파이Wi-Fi를 대체할 미래 통신 기술로 주목받고 있다. 라이파이는 와이파이와 달리 인체에 해가 없다는 게 특징이다. 또한 무선전파가 아닌 가시광선을 이용해 통신을 하기 때문에 비행기나 원자력 발전소 등 전파간섭에 민감한 곳에서도 사용할 수 있다는 게 장점이다.[11] 해럴드 하스는 라이파이의 장점에 대해 이렇게 말한다.

"유한한 공용 자원이라서 국가에 거액을 내고 사용권을 사야 하는 전파와 달리, 빛은 무한대로 쓸 수 있습니다. 또 전파는 벽을 뚫고 나가기 때문에 외부에서 이를 포착해 해킹 등에 악용할 수 있지만 벽으로 차단할 수 있는 빛은 그런 위험이 적지요. 비행기처럼 안전상의 이유로 전파 사용을 제한하는 곳에서 인터넷을 자유롭게 할 수 있다는 장점도 있습니다."[12]

하지만 빛이 차단되면 통신 신호도 끊어지는데, 그래서 빛을 내는 반도체인 LEDLight emitting diode를 활용한 라이파이 기술 개발이 한창이다. 일반적인 빛은 통신이 가능할 정도로 정밀한 조절이 불가능하지만 반도체의 일종인 LED는 빛의 파장을 정밀하게 제어할 수 있어 전파처럼 데이터를 실어 보낼 수 있기 때문이다.[13] 2013년

Technology Section

10월 옥스퍼드·케임브리지 등 영국 주요 대학 공동 연구팀은 라이파이를 이용해 10Gbps(초당 기가비트) 속도로 데이터를 주고받는 실험을 성공적으로 마쳤다고 발표했다. 이에 앞서 중국 상하이 푸단대학 치 낸 교수팀도 1와트Watt LED 조명으로 컴퓨터 네 대를 연결해 데이터를 주고받는 실험에 성공했다.

해럴드 하스는 "라이파이는 모든 기기·장치가 통신으로 연결되는 사물인터넷과도 밀접한 관계가 있다"며 "텔레비전에 들어가는 LED를 라이파이의 광원光源으로 사용하면 텔레비전의 콘텐츠를 바로 시청자가 들고 있는 스마트폰으로 옮겨오는 일이 가능해진다"고 했다.[14]

라이프스트림Lifestream

전자적 삶의 일기 기능을 하며 시간순으로 이어지는 디지털 기록을 일컫는 말로, 1990년대 중반 예일대학의 에릭 프리드먼과 데이비드 겔런터가 처음 사용한 말이다. 소셜 미디어를 통해 자신을 표현하고 사회적 상호작용을 하는 사람들이 증가하면서 일반화된 말이다. 소셜 미디어는 라이프스트림의 도구가 되고 있다. 이와 관련해 김은미 등은 "내가 카페에 들어가 포스퀘어를 통해 체크인 한 내용도, 음식점에 가서 찍은 음식 사진도, 인상 깊게 읽은 책의 한 구절도 소셜 미디어에 쌓이게 된다"며 이렇게 말한다.

"친구들이 올린 답변이나 댓글 혹은 '좋아요' 버튼의 클릭까지 누가 언제 어떤 반응을 보였는지에 대한 기록이 시간순으로 축적된다. 자신이 상상의 수용자와 공유하기 위해 올린 개인의 일상생활에 관한 정보, 느낌이나 생각 그리고 사람들과 주고받은 대화가 소셜 미디어에 쌓이면서 나의 라이프스트림을 만들어 간다. 내가 시간을 어떻게 보내고 있는지를 실시간으로 올리면서 형성된 나의 라이프스트림은 나의 디지털 초상화를 만들어 낸다.[15]

개인의 일상을 모두 기록한다는 점에서 라이프 로그와 비슷하다고 할 수 있는데, 개인에게 발생하는 모든 이벤트를 기록하되 일상을 다른 사람들과 공유한다는 점에서 라이프 로그와는 다르다.

Technology Section

라이프스트림 시대가 개막하면서 라이프스트리밍lifestreaming 기술도 주목받고 있다. 마이크 엘레건은 "'2014 CES'를 보면 라이프 로깅과 라이프스트리밍이 우리에게 더 밀접하게 다가온 것처럼 보인다"라며 이렇게 말했다.

"라이프 로깅과 라이프스트리밍은 미래의 기술로 구현한 일종의 '동굴 벽화'인 셈이다. 웨어러블 디바이스 기술과 개인 수준의 데이터 기반 의사 결정 기술이 결합하면 라이프 로깅과 라이프스트리밍은 앞으로 더 쉬워질 것이다. 그리고 그 결과 사람들에게 셀카, 메신저, SNS보다 이러한 기술들이 더 널리 확산될 것이다."[16]

만리장성 방화벽The Great Firewall of China

만리장성The Great Wall과 컴퓨터 방화벽Fire Wall의 합성어로, 반정부 혹은 유해한 정보라 생각되는 검색 결과를 자동으로 차단하는 중국의 인터넷 검열 시스템을 이르는 말이다. 중국이 1998년 '황금 방패 프로젝트Golden Shield Project' 일환으로 추진해 2003년 완성한 시스템이다. 사회 안정을 이유로 외부에게 들어오는 트래픽을 차단하겠다는 게 이 시스템의 목적이다. 정식 명칭은 '방화장성'인데, 서구 언론은 이를 오랑캐를 막겠다고 축조했다가 역효과를 부른 만리장성에 비유해 '만리장성 방화벽The Great Firewall'이라고 부르고 있다.[17]

세계의 IT 기업들은 만리장성 방화벽의 검열 시스템을 비판하고 있지만 중국은 만리장성 방화벽을 '인터넷 주권' 개념에서 접근하고 있다. 예컨대 만리장성 방화벽에 대한 비판이 일자 중국 정부는 2010년 발행한 백서에서 인터넷을 '인류 지혜의 결정체'라고 칭하면서도 "중국의 법과 규정은 국가권력을 전복시키려고 하거나 국가 통합을 저해하거나 국가의 명예와 이익에 위배되는 콘텐츠가 포함된 정보의 확산을 분명하게 금한다"고 명시했다.[18] 2014년 11월 중국이 처음 주관한 제1회 세계인터넷대회에서 시진핑習近平 중국 국가주석은 개막식에 보낸 축사를 통해 "인터넷의 발전은 국가 주권과 안전, 이익 발전 등에 새로운 도전이 되고 있다"며 "국제사회가

공동 관리에 나서야 한다"고 말하기도 했다.[19]

야후, MS, 아마존을 포함한 미국 10대 인터넷 기업 중 대부분은 '티벳', '파룬궁' 등 단어 검색을 차단하는 중국 정부의 검열을 수용하고 있는데, 위키피디아는 이를 거부하고 있다. 위키피디아의 공동 창업자 지미 웨일스는 만리장성 방화벽의 필터링에 대해 "위키피디아는 중국 정부의 정보 제한 요구에 영원히 응하지 않을 것"이라며 이는 "지식과 교육의 기회를 누려야 하는 인권을 위한 것"이라고 말했다.[20]

2014년 7월 '라인', '카카오톡', '카카오스토리' 등 한국 기업이 제공하는 서비스들에서 일주일가량 중국 접속이 불안정한 상황이 이어지면서, 만리장성 방화벽이 한국 IT 기업의 중국 진출 길을 막고 있다는 분석도 등장했다. 애초 정치적 목적에서 만리장성 방화벽을 도입했지만 자국 인터넷 산업 보호와 육성을 위한 수단으로도 사용하고 있다는 것이다. 앱 개발을 하는 국내의 한 벤처 대표는 "중국 서비스 이용자가 특정 수준을 넘어서면 바로 만리장성 방화벽을 통해 접속을 차단하고 있다"며 "막힌 서비스를 풀려면 중국 내 중국인을 대표로 하는 중국 법인을 세우고, 중국 내 인프라를 만들어 서비스하는 수밖에 없는데, 벤처가 그럴 여력이 어디 있느냐"고 토로했다.[21]

만물인터넷 IoE: Internet of Everything

사물과 사람, 데이터, 프로세스 등 세상에서 연결 가능한 모든 것이 인터넷에 연결되어 상호작용하는 것을 의미하는 말이다. 2013년 세계경제포럼WEF에서는 만물인터넷을 '네트워크와 스마트 기기가 결합하면서 촉발시킨 연결 작용들이 스마트 기술을 토대로 서비스, 산업과 연결되고 결국 비즈니스와 삶의 모습을 바꾸는 기술"이라고 규정했다.[22] 사물과 사물을 연결해 데이터를 주고받는다는 점에서 사물지능통신M2M이나 사물인터넷Internet of Things과 비슷하지만 이들보다는 확장된 개념이라 할 수 있다. 그러니까 만물인터넷은 사물지능통신이나 사물인터넷의 상위 개념으로, 사물끼리 연결되어 있던 것에 사람까지 포함해 만물이 연결되는, 초연결 시대를 뜻하는 용어인 것이다.[23]

만물인터넷 개념을 강조하고 있는 기업은 미국의 통신장비기업 시스코 시스템스다. 이 회사는 2012년부터 전 세계적으로 세상 모든 만물이 연결되어 서로 소통하면서 새로운 경험과 가치를 창출할 것이라고 강조하는 IoE 캠페인을 진행하고 있다. 2013년 7월 존 체임버스 시스코 회장은 미국 플로리다 올랜도에서 열린 '시스코 라이브 2013' 행사에서 만물인터넷을 "모바일, 클라우드, 사물 간 인터넷이 결합한 4세대 인터넷"이라고 강조했다.[24]

아직 사물인터넷도 본격화되지 않은 상황에서 만물인터넷 시대를 강조하는 것은 이르다는 지적도 적지 않지만, 벌써부터 만물인터넷 세상을 주도하려는 업체 간 경쟁은 가시화하고 있다. 원격 의료 시장에서는 미국의 허트매스 연구소가 사람의 심장박동 패턴을 인식한 다음 이를 바꿔 스트레스를 조절할 수 있도록 돕는 '엠웨이브'를 선보였으며, 미국 벤처기업 코벤티스는 심장 질환을 앓고 있는 환자의 심장 부위에 무선 센서가 내장된 밴드를 부착해 실시간으로 심박 수와 체온이나 호흡 속도 등을 체크해주는 솔루션을 선보이기도 했다.[25]

메모리 해킹Memory Hacking

해커가 피해자의 컴퓨터에 미리 악성코드를 심어놓고 공인인증서 등 금융 정보를 유출한 뒤, 피해자가 인터넷 뱅킹을 진행할 때 보안카드 정보 등을 다시 빼내는 형태로 이루어지는 금융 사기를 말한다. 정기영은 "영화 다운로드 사이트나 이메일 등을 통해 설치된 악성코드가 은행 사이트를 이용할 때 작동하는 것"이라며 "계좌 이체 도중 컴퓨터가 비정상적으로 종료될 경우 같은 보안카드 번호를 묻는 점을 악용한 범죄"라고 했다.[26]

메모리 해킹은 피해자들이 정상적인 금융 사이트에 접속했을 때 입력하는 아이디·비밀번호, 공인인증서 비밀번호, 보안카드 번호 등 계좌 인출에 필요한 개인 정보를 노린다.[27] 악성코드가 담긴 가짜 사이트에 개인 정보를 입력해 돈을 빼가는 '파밍Pharming'보다 진일보한 수법으로, 가짜 사이트로 유도하는 파밍과 달리 악성코드를 이용해 정상 인터넷 뱅킹을 사용해도 예금이 무단 인출된다는 게 메모리 해킹의 특징이다.[28] 우리나라의 17개 은행은 메모리 해킹 예방을 위해 2014년 4월부터 추가 인증 서비스를 제공하기 시작했다.

봇 프로그램Bot Program

사람의 의도를 대행해서 자동화할 수 있는 프로그램을 말한다. 봇은 로봇의 줄임말로, 봇 프로그램을 활용하면 트위터에 자동으로 스크랩을 올리거나 사용자가 직접 트위터 글을 다시 전송하지 않더라도 저절로 특정 글을 리트윗(재전송)하는 것이 가능하다. 특정 트위터 계정이 글을 작성하면 봇 프로그램이 사용자가 미리 설정해둔 작업을 알아서 시행하는 식이다. 봇 프로그램은 특정 키워드에 반응할 수 있고, 예약된 시간에 트위터 글을 전송할 수도 있으며, 사용자인 것처럼 흉내 내 다른 트위터 이용자와 대화를 주고받는 것도 가능하다. 정보와 재미를 제공하는 순기능도 있지만 봇 프로그램을 악의적으로 이용하는 사람들이 늘어나면서 부정적 측면에 주목하는 사람들도 많다.

2012년 대선에서 국정원 심리전단 직원들이 봇 프로그램을 이용해 여론조작에 나섰다는 사실이 밝혀지면서 한국에도 널리 알려졌다. 당시 국정원 심리전단 직원들은 봇 프로그램을 활용해 이른바 '유령 계정' 수십 개를 통해 실시간으로 같은 글을 퍼 나르며 급속히 전파시킨 것으로 밝혀졌는데, 국정원 직원들이 선거에 개입할 목적으로 트위터에 올린 글은 121만 228건에 달한 것으로 알려졌다.[29] 국정원이 사용한 봇 프로그램은 트위트덱과 트위트피드 등 두

가지였다. 트위트덱은 트위터 계정에 글을 띄우면 미리 등록해둔 여러 개의 '관리 계정'에 동시에 글이 게시되는 방식이고, 트위트피드는 선호 계정을 등록해두면 30분에서 1시간 등 일정 시간 간격으로 이 계정에 새로 올라온 글을 찾아 자동 유포하는 방식이다.[30]

트위터는 2013년 7월 자동 트윗 작성, 자동 리트윗, 자동 팔로우, 자동 멘션 등을 금지하는 조치를 내렸다.[31]

BBI | Brain-Brain Interface

뇌와 뇌를 연결하는 '뇌-뇌 인터페이스'를 말한다. 2013년 4월 미국 하버드대학 의대 영상의학과 유승식 교수 연구팀은 "인간의 뇌파를 초음파로 바꿔 쥐의 뇌에 전달함으로써 쥐 꼬리를 움직이게 하는 데 성공했다"고 밝혔다. 이들은 뇌파를 컴퓨터로 전달하는 '뇌-컴퓨터 인터페이스BCI · Brain Computer Interface'와 컴퓨터가 다시 이 신호를 쥐의 뇌로 전달하는 '컴퓨터-뇌 인터페이스CBI: Computer Brain Interface'를 합쳐 BBI에 성공했다.[32] 2013년 8월에는 미국 워싱턴주립대학 라제시 라오 교수팀이 한 사람의 뇌파를 다른 사람에게 보내 상대방의 손가락을 움직이게 하는 실험에 성공했다고 발표했다. 미국 방위고등연구계획국DARPA은 뇌파로 상대에게 말하고 싶은 내용을 전달하는 '사일런트 토크' 프로젝트를 추진 중인데, 성공할 경우 전쟁 상황 등에서 발성 없이 명령을 정확히 전달할 수 있을 것으로 예상되고 있다.[33]

사물인터넷IoT: Internet of Things

센서와 통신 칩을 탑재한 사물事物이 사람의 개입 없이 자동적으로 실시간 데이터를 주고받을 수 있는 물리적 네트워크를 말한다. 사물인터넷 환경에서는 센서나 통신 기능이 내장된 기기(사물)들이 인터넷으로 연결되어 주변의 정보를 수집하고, 이 정보를 다른 기기와 주고받으며 적절한 결정까지 내릴 수 있다. 사람이 일일이 조작하거나 지시하지 않더라도 기계가 알아서 일을 처리해주는 것이다.[34] 부착된 센서와 칩을 바탕으로 유무선 네트워킹을 하는 사물들의 거대한 생태계라 할 수 있겠다. 사물인터넷은 블루투스나 근거리무선통신NFC, 센서데이터, 네트워크 등을 기반으로 하고 있다.[35]

구글의 웨어러블 컴퓨터 구글 글라스나 나이키의 건강 관리용 스마트 팔찌인 퓨얼밴드가 대표적인 사물인터넷이다. 각종 가전제품 및 생활형 전기 기기는 물론이고 헬스케어 등 거의 모든 기기에 적용할 수 있다. 우승호는 사물인터넷 활용 분야는 무궁무진하다고 말한다.

"도시 주변 밝기에 따라 가로등 밝기가 자동 조절되고 길거리 주차 공간도 알려준다. 차 사고가 나면 차에 부착된 무선통신모듈이 긴급신고번호로 전화해준다. 휴지통은 무선주파수식별RFID 칩이 내장되어 비울 시간을 알려주고 쓰레기통 적재량을 센서로 측정해 최적의 수거 경로를 차에 알려준다. 소화 장비, 전선의 전력 손실 등을 측정해 스마트폰으로 전송해준다. 또 초소형 음향 센서를 산의 경사면에 설치해 산사태 움직임을 미리 감지할 수 있고 아마존은 열대우림 지역에 있는 나무에 셀룰러 모듈을 장착해 불법 벌목 방지도 가능하다. 약 복용 시간을 약통 · 알람 · 스마트폰 등이 알려주며 초소형 센서가 부착된 약을 먹으면 센서가 피부에 부착한 패치로 약이 소화되었는지 여부를 알려준다."[36]

IT업계는 사물인터넷이 인터넷 혁명과 모바일 혁명에 이어 새로운 정보 혁명을 불러올 것으로 예측하고 있다. 존 체임버스 시스코 회장은 세계 최대 전자박람회 CES 2014 기조연설에서 "이제는 모든 것이 네트워크와 연결되는 시대가 왔습니다"라며 사물인터넷 시대에는 "하이테크 시대에서 벌어진 모든 일보다 더 많은 것이 벌어질 것"이라고 강조했다. 사물인터넷은 단순히 기술적 문제가 아니라 "인류 생활 방식 자체를 바꾸는 혁명적인 일이 될 것"이라는 게 체임버스의 주장이다.[37]

세계적 IT 시장조사기관 가트너는 2014년 가장 주목해야 할 10대 기술 중 하나로 사물인터넷을 꼽았는데, 바로 그런 장래성 때문에 글로벌 기업들은 사물인터넷을 차세대 성장 동력으로 삼고 있다. 예컨대 미국의 GE는 "생산하는 모든 제품을 인터넷과 연결해 새로운 가치를 창출하겠다"고 선언했다. 항공용 제트엔진, 자기공명단층촬영장치MRI 등을 인터넷과 연결해 데이터를 수집하고 분석해 고객 만족도를 높이고 비용도 절감하겠다는 것이다.[38] 2013년 영국의 반도체 설계 회사 ARM이 영국 『이코노미스트』와 함께 발간한 보고서에 따르면, 전 세계 779명의 기업 리더 가운데 75퍼센트가 이미 사물인터넷 시장을 공략하기 위한 전략을 마련한 것으로 나타났다.[39] 2013년 6월 미래창조과학부는 인터넷 신新산업 육성 방안을 발표하면서 사물인터넷을 인터넷 신산업 분야의 주요 기술로 선정했다.

사물인터넷 논란

사물인터넷은 삶을 편리하게 만들 것으로 예측되고 있지만 부작용을 경고하는 목소리도 적지 않다. 일부 전문가들은 사물인터넷 환경에서 발생하는 정보 과잉으로 인해 야기되는 기회비용과 탄소 발생 등의 부작용을 우려하고 있다. 사물인터넷 관련 기업의 과장된 효과를 경계해야 한다는 지적도 있다. 한 업계 관계자는 2013년 9월 "빅데이터와 사물인터넷과 관련해서 관련 기업들이 도입 효과에 대해 과장되게 설명하는 측면이 있다"며 "관련 솔루션 도입 시 어떤 데이터를 어느 정도까지 모아서 분석할지에 대해서 검토해야 한다"고 했다.[40]

보안업계는 사물인터넷이 확산하는 속도 이상으로 해킹 기술도 발전하고 있어 피해 예방이 쉽지 않다고 말한다. 가전제품은 보안이 취약하고 PC처럼 감염이 되어도 소비자들이 알지 못하는 경우가 많아 해커들의 표적이 되기 쉽다는 것이다. 미국의 보안 업체 프루프포인트에 따르면, 2014년 1월 23일부터 2월 6일까지 사물인터넷을 이용해 발송된 악성 전자우편이 75만 건이나 되었다. 이 가운데 25퍼센트 정도가 데스크톱 컴퓨터나 노트북, 모바일 기기가 아닌 홈 네트워크 라우터나 스마트TV, 스마트 냉장고 등에서 발송된 것으로 집계되었는데, 암호가 노출되어 해킹의 백도어('뒷문이

열렸다'는 의미로 공공연히 드러내지 않고도 들락거릴 수 있을 정도로 해킹에 취약함을 뜻한다) 또는 숙주로 활용된 것으로 분석되었다.[41] 사생활 침해를 걱정하는 우려도 있다. 구태언은 "주변 사물이 내 일거수일투족을 감시하고 그 정보를 먼 거리에 있는 악의적 침입자가 수집하는 상황은 상상만 해도 끔찍하다"며 "영화 〈마이너리티 리포트〉나 〈매트릭스〉, 〈다이하드4〉에 그려진 미래 세계처럼 IoT는 이용자들에게 편리함을 주는 반면 감시의 도구가 될 위험성이 높다"고 지적했다.[42]

사회공학적 해킹Social Engineering Hacking

시스템이 아닌 사람들의 심리와 행동 양식을 교묘하게 이용해 원하는 정보를 얻는 공격 기법을 말한다. 쉽게 말해 사람의 취약점을 공략하는 공격 기법으로, 다양한 채널을 통해 지인인 것처럼 가장한 후 원하는 정보를 얻어내는 게 특징이다. 스마트폰의 확산과 SNS 시대의 개막으로 사회공학적 해킹은 큰 문제로 부각되고 있다. 이용자들이 적극적으로 자기 노출을 하고 있기 때문에 과거에 비해 다양한 경로를 통해 공격 대상에 대한 취미나 사생활 등 개인 정보를 얻을 수 있게 되었기 때문이다. 조환규는 "기술적 문제로 생기는 보안 사고는 일부에 불과하다. 심각한 보안 사고의 대부분은 기술이 아니라 인간을 매개로 한 관리적 문제로 일어난다"며 사회공학적 해킹은 사람의 취약점을 공략하기 때문에 보안 시스템이 철저히 구축되어 있다 하더라도 막기 힘들다고 했다.[43]

사회공학적 해킹 기법은 다양하다. 대학생들에게 성적표나 논문에 관한 이메일을 보내거나 해외 업무가 많은 사람들에게 국제 화물 주문서의 제목으로 메일을 보내는 등 특정 계층이 반드시 열어볼 수 있게 타깃화된 이메일을 보내, 사용자의 PC에 악성코드를 심는 APT 공격은 대표적인 사회공학적 해킹이다.[44] 납치범들이 인질을 납치한 후 몸값을 요구하듯이 피해자의 컴퓨터가 작동하지 않게 하거나 데이터를 삭제 또는 암호화한 후, 피해를 위협해 금품을 갈취하는 공격 수법인 랜섬웨어Ransomware도 사회공학적 해킹이다.[45]

사회공학적 해킹이 한국의 사이버 안전망을 위협할 것이라는 주장도 있다. 손영동은 "앞으로의 전쟁은 사이버전과 로봇 전쟁이 될 것이며 교통과 에너지 분야가 잠재적 공격 대상이 될 가능성이 높다"며 "특히 인간을 대상으로 한 직·간접적인 인지공격이 위협 요소가 될 것"이라고 했다.[46] 보안정보 업체 시만텍코리아는 "사회공학적 공격 기법에서 스스로를 보호하기 위해서는 개인은 물론 기업들도 과도한 압박, 자극적 내용, 허위 사실을 통한 긴박감 조성, 사실이기에는 너무 좋은 제안, 믿기 어려운 명분, 대가성 제안 등 사회공학적 기법의 명백한 신호를 파악하는 방법을 터득해야 한다"고 말한다.[47]

소셜 그래프Social Graph

전 세계 사람들이 서로 어떤 관계로 연결되어 있는지 지도화한 것을 말한다. 2007년 5월 24일 마크 저커버그가 페이스북 콘퍼런스에서 페이스북 플랫폼을 설명하면서 알려진 용어로, 저커버그는 페이스북 내 친구들과의 연결 고리들로 형성된 관계도라는 개념으로 사용했다.[48] 저커버그는 "소셜 그래프는 서비스를 이용하는 사람들 사이의 연관 관계로 이루어진 네트워크"라면서 "바로 그것이 페이스북을 움직이는 원동력"이라고 했다.[49] 매튜 프레이저와 스미트라 두타는 사람은 "자신과 같은 사람을 좋아한다"는 아리스토텔레스의 말을 빌려 소셜 그래프를 설명한다. 사람은 동종애homophily라는 사회적 본능을 가지고 있는데, 소셜 그래프는 바로 이 지점을 겨냥한다는 것이다.

"소셜 그래프는 네트워크에서 사회관계의 종류에 대한 질적 분석에 바탕을 둔다. 즉 네트워크 효과는 네트워크의 구조적 역학 관계만 설명하지만 소셜 그래프는 네트워크의 사회학적 내용에 주목한다."[50]

소셜 그래프

스마트 그리드 Smart Grid

기존의 전력망에 정보통신기술ICT을 접목해 전력 공급자와 소비자가 양방향으로 실시간 전력 정보를 교환함으로써 에너지 효율을 최적화하는 차세대 지능형 전력망을 뜻한다. 전력을 효율적으로 사용하기 위해 고안된 에너지저장장치ESS, 에너지관리시스템EMS, 스마트 가전 등을 모두 아우르고 있는 기술이다. 미국의 FERC(미국에너지연방규제위원회)는 스마트 그리드를 통하면 전력 사용이 가장 많은 피크 타임 시 20퍼센트의 절전 효과를 가져올 수 있다고 말한다.[51]

스마트 그리드 시장을 선도하고 있는 국가는 일본이다. 일본은 '지능형 전력망', '지능형 소비자', '지능형 운송', '지능형 신재생', '지능형 전력 서비스' 등 스마트 그리드 네 개 분야 모두에서 압도적인 특허 출원 건수를 보유하고 있으며, 스마트 그리드를 적용해 전력 절감 효과를 누리고 있다. 예컨대 일본 휴텐보시㈜는 2011년 11월부터 스마트 그리드 사업을 시행해 총 전력 소비량의 30퍼센트를 천연가스와 태양광발전으로 공급하고 있으며, 호텔과 사무실, 위락 시설을 전력 절감의 대상으로 설정해 에너지를 절감하고 있다.[52]

한국 정부는 2030년까지 스마트 그리드를 통해 국가 에너지의 3퍼센트(피크 전력 6퍼센트)를 절감하고, 이산화탄소 배출은 4,100만톤 줄일 수 있을 것으로 기대하고 있다. 하지만 이에 앞서 해결해야 할 문제가 적지 않다는 지적도 있다. 스마트 그리드는 전력 소비가 많은 시간에 전기를 사용하면 비싼 가격을 내고, 적은 시간에 사용하면 저렴하게 쓸 수 있는 '시간·계절별 차등 요금제'를 기반으로 하고 있는데, 바로 그런 이유 때문에 스마트 그리드 활성화를 위해서는 전기 요금 체계 개편이나 전력 재판매 허용 문제 등을 먼저 해결해야 한다는 것이다.[53] 2014년 2월 26일 세계경제포럼은 미래를 바꿀 신기술 10가지를 발표하면서 스마트 그리드를 여기에 포함시켰다.

스마트 그리드

스마트 인터랙션_{Smart Interaction}

인간과 기기 간의 상호작용을 통해 인간 친화적인 방식으로 기기를 조작하는 것을 의미한다. 키보드나 마우스 등의 입력 방식 대신 음성이나 동작, 얼굴 인식 등을 통한 조작 방법이 이에 해당한다. 스마트 기기 하드웨어의 상향 평준화로 인해 하드웨어의 스펙만으로는 제품의 경쟁력을 확보하는데 한계가 있기 때문에 IT 업계는 스마트 인터랙션에 공을 들이고 있다.[54] 스마트 인터랙션은 2011년 애플이 시리Siri를 선보이면서 확산하기 시작했으며, 2012년 삼성전자가 신형 스마트TV에 음성 인식, 동작 인식, 얼굴 인식 기술을 대거 채용하면서 시장 경쟁에 불이 붙었다. 스마트 인터랙션이 IT기업의 중요한 경쟁력으로 부상하면서 인수·합병도 늘어나고 있다.

류한석은 2012년 12월 "기계에 인간을 맞추던 시대는 끝났다. 이제는 보다 인간 친화적인 기계가 요구되고 있다. 그리고 그것을 구현해주는 기술이 스마트 인터랙션이다"라며 "앞으로 스마트 인터랙션은 단순히 기능의 일부나 UI의 구성 요소가 아니라 IT기업들의 핵심 경쟁력으로 자리매김하게 될 것"이라고 했다.[55]

스마트 홈Smart Home

집 안에 있는 가전제품과 보안 시스템, 조명 등을 서로 연결해 원격으로 제어하도록 만든 시스템을 말한다. 스마트 홈은 사물과 사물을 유무선 네트워크로 연결해 정보를 공유하는 '사물인터넷'을 기반으로 하고 있다. 스마트 홈은 통신·건설·가전·보안·콘텐츠·전력 등 다양한 산업이 참여하는 진정한 융합형 서비스로 불리는데, 그래서 생활 혁명을 불러올 것으로 예측된다.

스마트 홈은 수많은 기술과 서비스가 융합되어야 빛을 발하기 때문에 스마트 홈을 구현하기 위해서는 이른바 표준이 필요하다. 세계적인 IT 업체가 스마트 홈 표준을 놓고 합종연횡하고 있는 것도 이 때문인데 글로벌 스마트폰 OS 점유율 80퍼센트 고지를 달성한 구글이 스마트 홈을 통제하는 핵심 시스템마저 장악할 경우 말그대로 '구글 제국'이 완성될 수 있다는 해석도 있다[56] 이와 관련해 이정환은 2014년 2월 "구글이 안드로이드 운영체제를 기반으로 잠금 장치와 도어 벨, 습도 모니터, 폐쇄 회로 카메라 등을 통합한 스마트 홈 시스템과 구글의 멀티미디어 스트리밍 어댑터 크롬캐스트 등을 결합하는 큰 그림을 그리고 있다는 관측이 제기되고 있다"면서 이렇게 말했다.

"집 안의 모든 네트워크 장치들이 구글 네트워크로 통합될 거라는 전망이다. 따로 설정하지 않더라도 지메일 내용을 자동으로 검색해 약속 시간을 알려주거나 구글 캘린더나 드라이브 등과 스마트 홈을 연결하고 뉴스와 날씨, 검색 결과 등을 뿌려주고, 스마트폰으로 이 모든 걸 컨트롤하는 기능은 구글이 아니라면 불가능하거나 엄청난 비용 투자가 필요할 것으로 보인다. 구글이 조지 오웰이 예견했던 빅 브라더가 되는 것 아니냐는 우려가 나오는 것도 이런 배경에서다."[57]

스큐어모프_{Skeuomorph}

컴퓨터 인터페이스 요소 중 하나로 실생활에서 익숙한 사물의 형태와 개념을 모방해 그 용도를 명확히 드러내는 정식 디자인을 일러 스큐어모프라 한다. 그리스어 Skeuos와 morphe의 합성어다. 스큐어스는 '도구', 모프는 '형태'라는 뜻이다. 컴퓨터 바탕 화면의 폴더나 휴지통, 날씨 애플리케이션을 뜻하는 온도계 모양 아이콘, 지금은 사라진 3.5인치 플로피디스크 모양으로 '저장'을 상징하거나, 디지털 카메라로 사진을 찍을 때 아날로그식 셔터 음향이 나오는 것 등이 스큐어모프의 사례다.[58]

스큐어모프는 특별한 설명 없이도 사용자가 직관적으로 알 수 있는 사용자환경UI를 강조해온 애플의 스티브 잡스 체제에서 중요한 역할을 한 것으로 평가받는다. 이정환은 "박음질된 가죽의 느낌을 살린 캘린더나 카지노의 펠트 재질 테이블을 흉내 낸 게임센터, 나무로 된 서가의 느낌을 흉내 내고 실제로 책장을 넘기는 것 같은 효과를 주는 아이북스 등, 어린아이들도 따로 가르쳐주지 않아도 쉽게 아이폰에 적응하는 건 아이폰의 인터페이스가 철저하게 현실을 모방"하고 있는 스큐어모프 때문이었다고 말한다.[59]

애플의 디자인 구루로 통하는 조너선 아이브는, 2013년 6월 10일 미국 샌프란시스코에서 열린 세계개발자대회WWDC에서 공개한 아이폰·아이패드의 새로운 운영체제os인 'iOS7'에서 그간 애플 iOS의 핵심이었던 스큐어모피즘 디자인을 버리고 극도로 간결한 플랫 디자인을 택해 세상을 깜짝 놀라게 만들었다. '잡스의 철학'을 버린 것으로 이해되었기 때문이다. 스큐어모피즘을 포기한 애플의 iOS7에 대한 평가는 크게 엇갈렸다. 미국의 IT매체인 『The Verge』는 "충격적으로 초보적이고, 미려하지도 않으며, 아마추어적인 디자인으로 범벅이 되어 있다"면서 iOS7에서는 '잡스'의 느낌이 전혀 나지 않으며 특히 아이콘은 눈에 띄지 않아, 시각적으로 답답한 느낌을 준다고 비판했다. 하지만 이용자인 네티즌들 사이에서는 "각각의 아이콘은 단순해졌고, 이 덕분에 더욱 직관적으로 살렸다", "전체적인 색감도 비슷해 통일감을 주고 새롭게 부여된 3D 효과는 생동감을 준다", "이로써 애플 디자인의 혁신이 시작되었다" 등의 호평도 나왔다.[60]

애플이 스큐어모피즘을 버리면서 앱 개발사들도 속속 스큐어모피즘에서 탈피하고 있다.

스테가노그래피|Steganography

제3자의 의심을 사지 않고 수신자만 내용을 알아볼 수 있도록 은밀히 정보를 숨기는 기술을 이르는 말이다. Steganos(숨겨진)와 graphos(글·문서)의 합성어로, 그리스어로 "숨겨진 글"이라는 뜻이다. 투명 잉크를 활용한 문서, 쇼핑 리스트, 마이크로 점, 평범한 이미지나 영상, MP3 음악 파일 등에 비밀 정보를 숨기는 것도 스테가노그래피에 해당한다.[61] 인류 최초로 스테가노그래피를 사용한 사람은 고대 그리스의 왕 요하네스 트리테미우스Johannes Trithemius다. 타국에 인질로 잡혀 있던 트리테미우스는 고국의 양아들에게 밀서를 전달하기 위해 노예의 머리를 깎고 그 두피에 글을 쓴 후, 노예의 머리카락이 자라서 메시지가 보이지 않게 되었을 때 노예를 자신의 양아들에게 보냈다.[62]

2013년 미국 NSA가 인터넷에서 일상적으로 사용되는 암호화 기술을 풀고 이메일로 오가는 내용을 모두 알아낸 것으로 알려지면서 스테가노그래피에 대한 관심이 커졌다. 미국의 『포브스』는 스테가노그래피가 NSA의 감시에서 벗어나는 해결책이라고 말했는데, NSA는 이메일 중에 암호화된 내용이 있으면 관심을 보이지만 스테가노그래피로 된 암호 파일은 알아채기 힘들다는 것을 주장의 근거로 제시했다. 김인순은 "스테가노그래피가 완벽한 것은 아니다"라며 이렇게 말한다. "하지만, 제대로 스테가노그래피되었다면 기존 암호화보다 훨씬 더 안전한 것은 틀림없다. 정부 기관이나 해커가 이메일로 보내는 모든 사진이나 소셜네트워크서비스, 핸드폰으로 전송되는 사진 파일을 모두 일일이 해독할 수 없다. 만약 그렇게 하려면 현재보다 훨씬 더 많은 컴퓨팅 파워가 필요하다"고 했다.[63]

일반적으로 스테가노그래피는 테러 조직이나 군대의 중요한 군사 내용, 비밀 작전 등을 전송하는 데 사용되는 것으로 알려져 있다. 대표적인 사례가 국제적인 테러 단체 알카에다의 지도자 오사마 빈라덴으로, 그는 2001년 9·11 테러 당시 모나리자 사진에 비행기 도면을 숨겨 알카에다에 메일로 전송한 것으로 알려져 있다.[64] 국가 차원의 정보 보안을 위해서 스테가노그래피를 사용해야 한다는 주장도 있다. 김형중은 스테가노그래피는 "간첩들끼리만 쓰는 기술이 아니다. 테러리스트들만 쓰는 것도 아니다"라며 "극비를 요하는 중요한 정보에는 반드시 당장 적용해야 하는 기술이다. 우선 대통령에게 보고되는 극비 문서나 통화부터 당장 적용해야 한다. 산업 비밀 보호에도 말이다"라고 했다.[65]

스테가노그래피는 악성코드를 퍼뜨릴 때 이용되기도 한다. 다른 평범한 파일 안에 악성코드를 숨겨 퍼뜨리는 식으로, 겉보기에 평범해보이는 파일이지만 좀비처럼 지내다가 정보를 탈취하고 시스템을 망가뜨리는 무기로 활용하는 것이다. 그래서 스테가노그래피를 가장 가공할 만한 사이버 무기 기술 가운데 하나로 보는 시각도 있다.[66] 콘텐츠의 저작권 보호를 위해서 스테가노그래피를 사용하는 경우도 있다. 멀티미디어 데이터에 제작자나 저작권 관련 정보를 숨겨놓는 식인데, 네트워크상의 콘텐츠에 대한 지적 저작권이 확대되면서 스테가노그래피가 더욱 활발히 사용될 것으로 전망되고 있다.[67]

아이폰 탈옥 iPnone jailbreaking

아이폰 등 iOS 기반 단말기에 애플의 앱스토어에 정식 등록되지 않은 별도 애플리케이션을 설치하거나 기본적으로 시스템에 없는 기능을 넣기 위해 해킹된 상태로 만드는 것을 가리키는 말이다. 애플의 운영체제는 통제되는 부분이 많다. 예컨대 윈도처럼 파일을 탐색할 수도 없고 배경화면 변경을 제외하면 디자인과 관련해서는 아무 권한이 없으며 애플 앱스토어에서 인증 받지 않은 애플리케이션은 설치할 수도 없는데, 이런 통제에서 벗어나게 해주는 것이 바로 '탈옥'인 셈이다. 탈옥 역시 해킹의 일종이지만 해킹 대신 탈옥이라는 이름이 붙은 것은 소유권이 기기를 소유한 사람에게 넘어간 상황에서 제품을 개조해 쓰는 것은 개인의 자유에 해당하므로 탈옥 자체가 불법은 아니기 때문이다.[68] 아이폰 탈옥에는 '완탈'과 '반탈'이 있다. 완탈은 재부팅하더라도 탈옥이 유지되는 상태를 가리키며 반탈은 재부팅 시 해킹 상태가 해제되므로 탈옥 환경을 이용한 각종 설정과 애플리케이션 등이 초기화된다. 완탈 기법은 더 높은 수준의 해킹 기법을 요하기 때문에 항상 반탈 기법보다 뒤늦게 완성된다.[69]

애플은 아이폰 탈옥을 할 경우에 시스템이 불안정해지고 보안, 배터리 수명, 데이터 품질에도 문제가 발생할 수 있다고 경고하고 있으며, 정기적으로 보안 업데이트를 통해 아이폰 탈옥이 불가능하도록 패치를 하고 있다. 해외 정보기술 매체 『지에스엠 아레나』 역시 "탈옥을 시도하다 자칫 기기 자체를 '벽돌'로 만들 수 있다"며 탈옥으로 복구할 수 없는 손상을 입어 영구적으로 기기를 사용할 수 없게 될 수도 있다고 경고한다.[70]

하지만 통제에서 벗어나고자 하는 사람들은 어디에나 있는 법이다. 해커들은 아이폰이 새로운 운영체제를 내놓을 때마다 탈옥툴을 개발하고 있는데, 창과 방패의 대결에서 거의 매번 창이 이기고 있다. 예컨대 2013년 2월 아이폰 데브팀에 소속된 에바더스는 애플이 iOS6.1 정식 버전을 내놓은 지 일주일 만에 아이폰5 탈옥툴 'evasi0n' 개발을 완료하고 배포했는데, 큰 인기를 끌었다.[71] 탈옥한 아이폰은 악성 코드에 노출될 위험이 높기 때문에 탈옥 아이폰을 노리는 악성 앱들도 증가하고 있다.

MWC Mobile World Congress

매년 2월 열리는 세계 최대 규모 모바일·통신 전시회인 모바일 월드 콩그레스Mobile World Congress의 약자다. 미국 라스베이거스에서 열리는 CESConsumer Electronics Show, 독일 베를린의 IFAInternationale Funkausstellung와 함께 세계 3대 IT 전시회로 꼽힌다. CES와 IFA가 텔레비전·냉장고 등 가전 위주의 전시회인데 비해 MWC는 모바일·이동통신 중심의 전시회라는 점에서 차별성이 있다. 세계통신사업자협회GSMA가 1987년부터 개최하기 시작했으며 매년 전 세계 이동통신사와 스마트폰·태블릿PC 제조사들이 MWC에 맞춰 신제품을 내놓고, 새로운 서비스를 선보이는 등 미래를 이끌 신기술과 신제품을 쏟아내며 실력을 과시해 '모바일 올림픽'으로 불린다. GSMA는 경쟁 입찰을 통해 최대한 유리한 조건으로 차기 MWC 개최 도시를 결정하는데, 스페인의 바르셀로나는 MWC의 고향으로 불린다.[72]

스마트폰 시장이 포화에 다다르면서 MWC도 변화를 모색하고 있다. 예컨대 모바일 산업에서 갈수록 SNS 플랫폼의 위상이 높아지자 2014 MWC의 기조연설은 페이스북의 마크 저커버그가 맡았다. 그간 첫 기조연설자는 거대 통신 회사의 최고 경영자 등이 해왔다. 2012년에는 'Redefining Mobile', 2013년에는 'The New

Mobile Horizon' 등 그동안 MWC는 명칭에 걸맞게 모바일에 집중했지만 2014년 2월 27일 바르셀로나에서 열린 2014 MWC의 주제는 모바일이라는 단어가 빠진 'Creating What's Next'였다. 이에 따라 2014 MWC에서는 제조사와 이통사, IT 업체가 저마다 웨어러블, IoT(사물인터넷), M2M(사물지능통신) 등을 내놓으며 각축전을 벌였다. MWC는 모바일을 넘어 IT 전 분야에 대한 새로운 패러다임을 선보이는 자리로 진화하고 있다.[73]

OTT <small>Over The Top</small>

기존 통신 및 방송사가 아닌 새로운 사업자가 인터넷으로 드라마나 영화 등 다양한 미디어 콘텐츠를 제공하는 서비스를 말한다. 정해진 방송 전용망으로 콘텐츠를 전송하던 기존의 방송 서비스와 달리 OTT는 불특정 다수의 접근이 용이한 범용 인터넷으로 콘텐츠를 전송하기에 이용 시간이 자유롭고 스마트폰과 태블릿PC 등 다양한 기기에서 원하는 프로그램을 볼 수 있다. OTT 서비스는 기존 방송의 일회성·단방향성에서 벗어나 소비자가 원하는 영화나 텔레비전 프로그램 등 동영상 콘텐츠를 온디맨드On-Demand 방식으로 제공하기 때문에 소비자 중심 서비스라 할 수 있다.[74]

현재 전 세계 OTT 서비스 시장은 미국이 주도하고 있는데, 넷플릭스와 아마존, 유튜브 등이 대표적인 OTT다. 이들은 애초 온라인 스트리밍 서비스로 모습을 드러냈지만 자체 콘텐츠를 제작하는 등 방송 시장에서 영향력을 키우고 있다. 특히 넷플릭스는 OTT 서비스의 표준을 제시하고 있다는 평을 들을 만큼 빠른 속도로 성장하고 있다. OTT 서비스는 지상파는 물론이고 케이블과 위성방송 등 기존 미디어 시장을 뒤흔들고 있다. 천병준은 "단순 볼거리 동영상을 제공할 줄 알았던 OTT가 양질의 콘텐츠를 직접 제작하며 몸집을 키우고 있다"며 "기존 방송이 가진 한계를 넘어서고 국경을 넘

어 진출할 수 있는 가능성이 크다"고 말했다.[75]

그런 이유 때문에 OTT에 대해 방송업계는 따가운 시선을 보내고 있다. OTT가 방송 사업자처럼 텔레비전과 거의 유사한 서비스를 제공하며 입지를 다지고 있지만 규제는 없기 때문이다. OTT에 대한 세계 국가의 관심도 커지고 있다. 영국은 OTT 콘텐츠의 폭력성과 선정성 등을 규제하기 위해 사업을 하려면 TV온디멘드협회ATVOD에 신고하고 가이드라인을 지키도록 하고 있으며, 프랑스는 방송과 영화 콘텐츠 생산에 OTT가 부정적인 영향을 줄 위험성이 있다고 진단하고 있다.

OTT 서비스가 미국을 중심으로 미디어 시장 전체를 빠르게 재편하고 있지만 한국에서는 큰 힘을 발휘하지 못하고 있다. 2014년 1월 기준 유료 방송사인 CJ헬로비전의 티빙Tving, 공중파 방송사가 연합해 만든 푹Pooq, 주요 통신사에서 제공하는 OTT 서비스가 시장을 형성하고 있지만 전통적인 방송 서비스인 유료 방송이나 지상파 방송에 비해 매우 낮은 시장 점유율을 나타내고 있는 것이다.[76] 그럼에도 OTT 서비스가 한국의 유료 방송 시장을 재편할 것이라고 보는 시각이 우세하다. 신재욱은 유료 방송 시장의 포화로 인해 "유료 방송의 사업 모델이 중장기적으로 한계에 다다를 수 있다"며 "한국 유료 방송 환경도 미국을 따라가게 될 것"이라고 예측했다.[77]

자기 측정Quantified Self

자신의 건강과 행동을 개선하기 위해 일상적 활동에 대한 데이터를 지속적으로 수집하고 분석하는 기술을 말한다. 빅데이터와 알고리즘을 이용한 미래 예측이라 할 수 있다. 이용자가 누구와 교류하는지, 어디를 가는지, 그리고 무엇을 하는지 등 사람의 활동에 대한 풍부한 정보를 갖고 있는 스마트폰의 데이터와, 특별한 기계 학습 알고리즘을 이용해 사람과 그의 행동에 대한 상세하고 예측 가능한 모델을 만들어내는 식이다. 예컨대 카네기멜론대학의 한 연구팀은 스마트폰 이용자들의 데이터를 분석해 수면 패턴이나 사회적 관계 변화를 추적함으로써 우울증이 언제 시작되는지 예측할 수 있는 방법을 알아냈으며, 소비자 행동을 이해하기 위해 값비싼 시장조사를 할 필요가 없도록 값싼 센서들을 장착하는 제품들도 속속 선보이고 있다.[78]

자기 측정에 대한 소비자들의 관심도 뜨겁다. 시장조사 기관 엑센츄어가 미국, 영국, 인도, 캐나다, 호주 등 6개 국가 총 6,000명이 넘는 소비자를 대상으로 조사한 '디지털 컨슈머 기술 조사 Accenture Digital Consumer Tech Survey 2014'에 따르면 응답자의 절반 이상인 52퍼센트가 신체 활동 추적과 개인 건강 관리에 사용하는 피트니스 모니터 같은 제품을 구매하는 데 관심을 가진 것으로 나타났다.[79] 웨어러블 컴퓨터 시대와 사물인터넷 시대의 개막으로 자기 측정은 광범위한 영향력을 발휘할 것으로 예측되고 있는데, 생활의 모든 국면을 추적해 방대한 자료를 수집한다는 점에서 사생활 침해 등에 대한 사회적 우려와 어떻게 조화를 이룰지가 과제라는 분석도 있다.[80]

저커버그의 법칙_{Zuckerberg's Law}

페이스북 사용자들이 공유하는 데이터의 양이 해마다 두 배씩 늘어
난다는 법칙이다. 페이스북의 설립자 마크 저커버그는 2008년 웹
2.0 서미트에서 "올해는 사람들이 작년의 두 배에 달하는 정보를 공
유할 것입니다. 그리고 내년에는 사람들이 올해의 두 배에 달하는
정보를 공유할 것입니다"라고 말했는데, 『뉴욕타임스』의 솔 한셀이
이 발언에 '저커버그의 법칙'이라는 이름을 붙였다. 뉴욕대학 저널
리즘 교수 제프 자비스는 저커버그의 법칙은 '무어의 법칙'의 소셜
버전이라 할 수 있다고 말한다.[81] 무어의 법칙은 인텔의 창립자 중
한 명인 고든 무어가 발견한 것으로, 메모리 용량이나 CPU의 속도
가 18개월마다 두 배씩 늘어난다는 법칙이다.

2013년 12월 경제 전문 매체 『비즈니스인사이더』는 페이스북
이 저커버그의 법칙으로 불리는 경영 방식 때문에 위험에 처할 수
도 있다고 말했다. 스냅챗, 왓츠앱 등 사용자 부담은 줄이고 필수 기
능만 담은 모바일 앱이 쏟아지면서 페이스북의 사용 환경이 모바일
중심으로 급변하고 있는데, 자신의 의지와 상관없이 봐야 하는 페이
스북 뉴스피드상의 필요 없는 정보가 계속 늘어나면 사용자가 싫증
을 느껴 경쟁력 상실로 이어질 수 있다는 것이다.[82]

제니퍼 아커·앤디 스미스는 '저커버거의 법칙'이 사실인지에

대해서는 아직 논쟁의 여지가 남아 있지만, 이 예측이 정보 공유에 대한 놀랍고 강력한 기회를 드러낸다는 점에는 이의가 없다고 했다.[83]

저커버그의 법칙

테크노스트레스 증후군Technostress Syndrome

일반적으로 새로운 기술을 따라가지 못해 우울증에 빠지는 현상을 이르는 말이지만 스마트폰이나 태블릿PC 등을 지참하지 않았을 경우에 심리적 불안감을 느끼는 등 첨단 디지털 기기에 과도한 집착을 보이는 현상도 테크노스트레스 증후군에 해당한다. 전자는 테크노 불안형, 후자는 테크노 의존형이라 한다. 테크노 불안형은 주로 중장년층에서 나타나는데, 이는 중장년층이 IT 기술 등을 접할 기회가 많지 않은 데다 급변하는 기술력을 쫓아가지 못하면서 나타나는 현상으로 해석되고 있다. 이들은 업무 능력과 무관하게 디지털 기기 때문에 제대로 된 업무 평가를 받지 못하고 있다는 박탈감을 느끼기도 한다.[84]

테크노 의존형은 주로 젊은 층에서 많이 발견되는데, 노모포비아Nomophobia 증상이 테크노 의존형의 대표적인 사례다. 스마트폰 등 휴대전화가 없을 때 초조해하거나 불안감을 느끼는 증상을 일컫는 말인 노모포비아는 '노 모바일폰 포비아No mobile-phone phobia'의 준말이다. 테크노 의존형이 겪는 증상에 대해 박민영은 이렇게 말한다. "디지털에 중독된 사람들은 병적인 불안을 호소한다. 그들은 휴대전화가 손에 없거나, 컴퓨터에서 떨어져 있으면 알코올이나 마약중독자처럼 금단증상을 보인다. 중독까지는 아니라도 휴대전화가 몸에서 떨어져 있을 때의 허전함, 휴대전화 안테나 신호가 잡히지 않을 때의 긴장감은 일반적인 사용자도 흔히 느끼는 것들이다. 반드시 연락을 데가 있어야만 신경이 쓰이는 것이 아니다. 그와 상관없이 휴대전화는 신경의 일부를 자기 몫으로 떼어놓을 것을 요구한다. 사용자에게 강박을 만들어낸다."[85]

　　2014년 한 포털사이트의 설문 조사 결과 857명의 남녀 직장인 중 41.2퍼센트인 353명이 디지털 기기가 없으면 불안해하는 테크노 의존형 증상을 호소했다. 이들은 디지털 기기에 대한 지나친 의존으로 기억력이나 계산 능력이 크게 떨어지는 디지털 인지 장애를 겪고 있고, 상대방과의 대화 내용에 대한 이해력이 떨어졌으며, 사람들과 얼굴을 보며 대화하는 것보다 소셜네트워크서비스를 이용하는 것이 더 편하다고 생각하는 것으로 나타났다.[86] 테크노 의존형은 디지털 기기를 사용하지 않을 경우 불안, 초조 증상이 나타나면서 맥박이 빨라지는 빈맥, 손발 떨림, 원형 탈모, 두통 등의 여러 신체적 증상까지 겪는 것으로 알려졌는데, 바로 이런 이유 때문에 신경정신과를 찾는 사람들도 적지 않다.

패킷 감청 Packets monitoring

인터넷 회선을 오가는 이용자들의 개인 정보를 중간에서 탈취해 내용을 들여다보는 감청 기법이다. 인터넷 전용회선 전체에 대한 실시간 감청으로 대상자가 인터넷을 통해 접속한 사이트 주소와 접속 시간, 대상자가 입력하는 검색어, 전송하거나 수신한 게시물이나 파일의 내용뿐만 아니라 이메일과 메신저의 발송 및 수신 내역과 그 내용 등과 같은 통신 내용도 모두 볼 수 있다.[87] 통신망을 통해 하나의 장치에서 다른 장치로 송신되는 정보의 단위를 일러 패킷이라 한다.

2011년 한국에선 패킷 감청 논란이 일었다. 국가보안법 위반 혐의로 기소된 김형근 전 교사가 헌법 소원을 진행하는 과정에서, 국가정보원이 지메일까지 패킷 감청을 했으며, 법원은 이 같은 사실을 알고도 허가해주었다는 사실이 알려졌기 때문이다. 당시 국정원은 헌법재판소에 제출한 답변서에서 "김 씨가 외국계 이메일(G-mail) 및 부모 명의의 메일을 사용하고, 메일 수·발신 후 이를 즉시 삭제하는 등 수사기관의 추적을 피하기 위한 조처를 하고 있어, 통상의 압수 수색만으로는 증거 수집이 곤란하다고 판단해 패킷 감청을 실시했다"고 밝혔다. 2011년 9월 16일 민변, 진보넷, 참여연대, 천주교인권위, 진실과정의, 한국진보연대 등으로 구성된 공안기구감시

네트워크는 성명을 내고 "패킷 감청에 대한 허가는 '포괄적 백지 영장'을 내주는 것이나 다름없다"며 "정보수사기관이 패킷 감청을 하는 것은 범죄 수사를 위한 증거 수집이 아니라 사찰과 감시를 위한 광범위한 정보 수집이라고 볼 수밖에 없다"고 했다.[88] 패킷 감청이 "인권침해적인 감청 기술이며 헌법이 보장하는 통신의 자유 및 사상과 양심의 자유, 통신 비밀의 자유 등을 침해한다"는 게 이들의 주장이었다.[89]

패킷 감청 장비 도입은 이명박 정부 들어 증가한 것으로 알려져 있다. 2011년 9월 민주당 의원 김재윤이 방송통신위원회에서 제출받은 국정감사 자료를 보면, 2008년 이후 2011년 8월까지 판매 인가된 감청 장비는 모두 57대로, 이 가운데 46대가 패킷 감청 장비였다. 김재윤은 "패킷 감청은 사생활과 통신의 비밀을 무제한 침해하고 영장주의에 어긋나므로 금지해야 한다"고 말한다.[90]

2014년 2월 김원석은 "통신사들이 운영하거나 도입을 검토 중인 DPI 장비에 대해 일부에서는 패킷 감청 장비라고 우려의 시선을 보내고 있지만, 통신사들은 DPI 장비가 특정 패킷에 대한 유형만을 분석하는 것이지 내용을 볼 수는 없다고 설명한다"고 말했다. DPI 장비는 통신사들이 트래픽 관리를 위해 무선망에서 운영 중인데, 주로 이동통신사 기지국단에서 유선 구간으로 이어지는 부분에 설치된 무선 DPI 장비는 서울 등 주요 도심에서 운영하는 것으로 추정되고 있다.[91]

5

Economy Section

Trend Keyword

구글러|Gooler

구글에서 일하는 사람들을 뜻하는 말이다. 구글 사용자를 이르는 말로도 쓰이며 구글 출신으로 미국의 다른 IT 업체 임원으로 영입된 사람들을 일컫는 말이기도 하다. 2008년 페이스북의 최고운영책임자COO로 스카우트 된 셰릴 샌드버그, 광고 판매 부진으로 고전하던 아메리카온라인AOL이 2009년 영입한 팀 암스트롱, 구글 프로젝트 매니저로 활동하다 2010년 트위터의 CEO로 스카우트 된 딕 코스톨로, 2012년 야후 CEO가 된 머리사 메이어 등이 대표적인 구글러다.

이 때문에 구글은 IT 산업의 인재 양성 학교로 불리고 있는데, 이와 관련해 실리콘밸리의 벤처 캐피털리스트이며 페이스북과 이베이와 휼렛 패커드HP 등 IT 업체 이사를 맡고 있는 마크 안드리센은 "구글이 대규모 인터넷 업체이면서도 혁신적인 기업 문화를 가졌다는 점 때문에 소비자를 대상으로 하는 기술 기업들이 구글 출신들을 찾고 있는 것"이라고 분석했다. 혁신을 장려하는 문화 속에서 대기업 조직 운영 노하우를 쌓았다는 점이 주목받는 이유라는 것이다.[1]

에릭 슈밋 구글 회장은 "창업자인 래리 페이지와 세르게이 브린은 항상 구글을 기업가 정신을 가진 사람들이 정말로 일하길 원

하는 직장으로 만들고 싶어했다"면서 "직원들이 구글을 떠나는 것
은 슬픈 일이나 그들의 능력과 기술을 키웠다는 자부심도 느낀다"
고 말했다.[2]

그라운드스웰Groundswell

먼 곳에서 일어난 폭풍으로 인해 생기는 큰 파도를 일러 그라운드
스웰이라 한다. 기업의 울타리를 벗어나 인터넷 공간에서 생긴 변
화가 큰 파도를 이루어 기업에 밀어닥치는 새로운 트렌드를 이르는
말로도 쓰인다. 인터넷을 통해 빠르게 전파되는 정보가 통제할 수
없는 거대한 파도와 같다는 뜻이다.[3] 예컨대 소셜 미디어 혁명이 그
라운드스웰의 대표적인 사례라 할 수 있다. 트위터나 페이스북 등
소셜 미디어들이 급부상하면서 기존의 소통 방식과 권력 지형을 크
게 바꿔놓았기 때문이다.[4] 『전자신문』 2009년 8월 25일자는 "그라
운드스웰의 큰 흐름은 기업과 소비자들간 권력 지형을 180도 바꿔
놓았다. 네티즌들은 온라인 공간에서 자신들의 경험을 주도적으로
나누고, 자신에게 필요한 정보, 자원, 아이디어, 구매력 등을 획득한
다. 이들은 블로그와 팟캐스트, 유튜브 등을 통해 끊임없이 제품과
서비스를 평가하고, 뉴스를 생산한다. 그라운드스웰 현상이라는 도
도한 물결은 전 세계적 현상이며 도저히 막을 수가 없다. 이런 현상
은 현재 시장을 주도하는 기업들과 경영진에게는 아주 낯선 환경"
이라고 했다.[5]

그라운드스웰로 기업만 곤혹스러운 처지에 처한 것은 아니다.
그라운드스웰 현상 때문에 정치와 공공 영역이 압력 집단과 이익

단체에 휘둘릴 것이라는 예측도 있다. 니코 멜레는 "그라운드스웰은 흥미로운 현상이기는 하지만, 그렇다고 전적으로 좋기만 한 것일까?"라는 질문을 던진 후 이렇게 말한다. "그렇지 않다. 어떤 측면에서 그라운드스웰은 효과적인 국정 운영을 방해하기도 한다. 미국 전역의 시장들이 참석한 회의에서 나는 그들의 공통된 불만을 거듭해서 들었다. 그들은 지역 주민들이 직접 연락을 취해오는 경우가 너무 많아 어려움을 겪고 있었다. 정부 권력의 약화가 가져올 수 있는 결과 중에는 정말 두려운 상황도 있다. 치안 유지 및 법률 집행은 정부가 오랫동안 수행해온 기능 중 하나지만 급진적 연결은 이러한 기본 기능까지 위협하고 있다."[6]

그라운드스웰은 버락 오바마를 미국의 대통령으로 만든 대중운동을 지칭하는 용어로 쓰이기도 하는데, 여기서 영감을 얻은 것일까? 2013년 7월 25일 미국의 진보 성향 격월간지 『마더 존스Mother Jones』 인터넷판은 오바마가 재선에 성공한 후 미국의 보수적인 언론인, 전직 정치인, 싱크탱크 관계자 등이 '그라운드스웰Groundswell' 이라는 이름의 비밀 조직을 결성해 진보적인 정책이나 사회운동을 막기 위한 치밀한 전략을 짜왔다고 보도했다.[7]

금깡

신용카드로 금을 구매한 뒤 그 금을 곧바로 금은방 주인 내지 전당
포에 되팔아 현금화하는 행위를 말한다. 금깡은 카드깡의 한 형태
지만 현금화가 쉬운 금을 매개로 한다는 점에서 차이가 있다. 금깡
대출자들은 급전이 필요한 고객의 신용카드로 금을 구매한 것처럼
꾸민 매출 전표를 만든 뒤, 결제 금액의 6~10퍼센트가량을 수수료
명목으로 떼어가는 것으로 알려져 있다. 금깡은 교묘한 방식으로
이루어진다. 예컨대 별도의 계약서를 작성해 대출을 한 것처럼 꾸
미거나 금을 팔기는 하지만 매입은 다른 금은방을 소개해서 하는
식이다. 금감원 관계자는 허위 매출로 현금을 융통하는 카드깡과
달리 금깡은 금 매입을 통해 실제 현금 거래가 발생한다는 점에서
불법 여부를 쉽게 판가름하기 어렵다고 말하는데, 금을 파는 사람과
사는 사람이 일종의 계약을 통해 현금 유통을 목적으로 거래하는
만큼 금깡 역시 카드깡과 같은 불법 거래로 보아야 한다는 시각도
있다.[8] 2014년 2월 텔레마케팅TM 영업 중단 여파로 캐피털·저축은
행·대부업체 등 제2금융권 서민 대출 시장이 위축되자 돈줄이 막
힌 서민들이 금깡을 이용한 불법 대출 시장으로 밀려나고 있는 것으
로 알려졌다. 일본에서는 금깡을 불법 사금융으로 간주한다.[9]

다크 풀 Dark Pools

익명의 금융거래 시장과 상품을 말한다. 다크 풀을 활용하면 투자
주체, 종목과 수량 등의 매매 정보가 장 종료 후 거래 체결을 보고하
기 전까지 시장에 공개하지 않아도 되기 때문에, 비밀스러운 매매를
원하는 사람들이 주로 이용한다. 바로 그런 이유 때문에 시장의 투
명성과 효율성을 떨어뜨린다는 지적이 제기된다. 예컨대 미국 금융
산업규제기구FINRA의 토머스 가이라 감독관은 "다크 풀의 활성화는
시장의 기능을 망가뜨릴 것" 이라고 했다.[10] 한병철은 오늘날의 금융
시장은 너무나 복잡해서 출몰하는 괴물들이 전혀 통제받지 않은 채
부화하기도 한다면서 다크 풀을 그런 괴물 가운데 하나라고 했다.[11]

2008년 미국발發 글로벌 금융 위기 이후 다크 풀이 전 세계 주
식시장으로 확산하면서 다크 풀에 대한 규제 움직임이 본격화되는
추세다. 2013년 미국에서는 월스트리트의 기관투자가들이 뉴욕증
권거래소NYSE 같은 정규 거래소를 떠나 익명성이 보장되는 다크 풀
로 옮겨 가는 현상이 발생하는 등 다크 풀의 규모가 급격히 커지자,
다크 풀 거래를 제한하기 위해 브로커들의 가격을 사전에 공개하는
방안을 적극 논의했다. 전체 주식의 11퍼센트가량이 다크 풀에서
거래되고 있는 것으로 알려진 유럽도 규제 도입에 적극적으로 나섰
다.[12] 2014년 미국 정부는 미국계 투자은행인 골드만삭스가 2008년

부터 2011년까지 고객들을 다크 풀 투자로 이끌면서, 고객에게 정확한 금융 정보와 확실한 수단을 제공해야 한다는 규정을 어겼다는 이유로 80만 달러(약 8억 원)에 달하는 벌금을 부과했다.

리버스 로테이션_{Reverse Rotation}

채권을 떠나 주식으로 향했던 투자 자금이 다시 채권으로 회귀하는 현상을 일컫는 말이다. 채권에서 주식으로 투자 자금이 대이동 하는 현상을 가리키는 그레이트 로테이션great rotation의 반대말이라 할 수 있겠다. 2013년 12월 미국 연방준비제도Fed가 테이퍼링(점진적 양적완화 축소)을 발표한 후 글로벌 경기회복에 대한 기대감이 상승하면서 글로벌 시장은 2014년을 그레이트 로테이션이 본격화하는 해가 될 것으로 예측했다. 하지만 2014년 초 중국의 경제 둔화와 신흥국 통화가치의 불안 등이 더해지며, 글로벌 시장 회복에 대한 비관적인 전망이 나오면서 리버스 로테이션이라는 말이 사용되기 시작했다.[13]

2014년 등장한 리버스 로테이션은 2015년에도 계속되고 있는 것으로 나타났다. 2015년 세계 최대 채권자산운용사인 핌코의 창립자 빌 그로스 야누스캐피털 펀드매니저는 월간 투자보고서를 통해 "2015년에는 저수익에 만족해야 할 것이다. 올해 말 많은 자산 분야에서 투자수익률이 마이너스가 되는 경우가 속출할 것"이라며 "(고수익을 누렸던) 호시절과 과도한 위험 감수 시대는 종언을 고했다"고 말했다.[14]

리베이트 Rebate

판매자가 지급받은 대금의 일부를 사례금이나 보상금의 형식으로 지급인에게 되돌려주는 행위를 말한다. 한국에서 리베이트라는 말은 '뇌물'과 거의 비슷한 뜻으로 사용된다. 예컨대 2014년 12월 자사 의약품을 처방해주는 대가로 전국 923개 병·의원 의사들에게 50억 7,000만 원의 금품을 건넨 동화약품 관계자들이 검찰에 적발되자 『중앙일보』는 「리베이트는 의료 시스템 망치는 탐욕의 '마약'」이라는 기사를 싣고 "리베이트를 주고받는 행위는 공정한 경제 질서를 해치는 것은 물론 의약품을 처방받은 환자들에게 그 비용을 고스란히 전가한다는 점에서 국민보건경제에 해악을 끼친다"고 했다.[15] 조병욱은 2014년 5월 "한국 사회에서 리베이트 관행은 의약품, 장례식장, 휴대전화, 무기 도입 등 품목과 업계를 가리지 않고 만연해 있다. 우리나라가 '리베이트 공화국'이란 오명을 쓴 지는 오래되었지만 도통 관행이 개선되지 않고 있다"면서 "리베이트는 대형 이권 사업에만 등장하는 게 아니다. 일반 국민이 '관행'이라며 대충 넘기는 일들이 대부분 리베이트"라고 했다.[16]

하지만 한국인들이 리베이트의 뜻을 잘 모르고 있다는 지적도 있다. 조화유는 "한국 언론들은 아직도 리베이트를 '뇌물성 환불'이란 뜻으로 잘못 쓰고 있다. 필자가 각종 기고문을 통해 리베이트는 정당하고 합법적인 환불이란 뜻이지, 뇌물성 환불이 아님을 누차 지적했지만, 언론 종사자들에게는 제대로 전달되지 않은 것 같다"며 다음과 같이 말한다.

"언론이 자꾸 '리베이트'를 쓰니까 심지어 국립국어원의 표준 국어대사전도 리베이트를 뇌물성 환불이라고 정의하고 있고, 정부 기관도 '리베이트 전담 수사반' 같은 우스운 명칭을 쓰고 있다. 합법적인 환불을 수사한다니 말이 되는가? 그냥 '뒷돈'이나 '뇌물'이라고 하면 될 것을 왜 굳이 영어를 쓰는지 모르겠다. 굳이 영어를 쓰자면 한국에서 잘못 쓰고 있는 리베이트에 해당하는 용어는 '킥백kickback'이다. 예컨대 제약사가 병원이나 약국에 납품하고, 계속적인 납품을 위해 그 대금의 일부를 병원이나 약국에 비밀리에 되돌려주었다면 그것은 '뇌물성 환불' 즉 킥백이 된다. 처음부터 아예 돈을 줬다면 그것은 '뇌물bribe'이다. 그러나 백화점이 텔레비전 판촉을 위해 일정 기간 내에 구입한 소비자에게 텔레비전 판매 가격의 일부를 되돌려준다거나, 정부가 납세자에게 세금의 일부를 돌려주는 것은 리베이트라고 한다. 리베이트는 합법적인 환불이고, 킥백은 불법적인 뇌물성 환불이다."[17]

린 인Lean In

'기회에 달려들어라'라는 뜻으로 "여성들은 기회 앞에서 멈칫하며 주저한다pulling back when we should be leaning in"는 비판이 담긴 말이다. 페이스북의 최고운영책임자 셰릴 샌드버그가 2010년 사회적 강연 TED에서 했던 말에서 따온 것으로, 당시 샌드버그는 여성을 향해 "자신의 사회적 이력을 쌓는 과정에서 움츠리지lean back 말고 과감히 앞으로 나아가라lean in"고 주문했다.[18] 성공한 여성들이 겪는 차별과 편견 때문에 여성들은 기회가 생겨도 주춤거리거나 뒤로 물러서는 경향이 있는데, 여성들도 야망을 가져야 한다는 게 샌드버그의 주장이었다. 샌드버그는 "여성은 성과로 인정받을 때조차 우호적으로 대우받지 못하는 경우가 많다"고 말하면서 언론인 샹커 베댄텀Shankar Vedantam이 세계적으로 최초의 여성 지도자들을 묘사한 경멸적 표현을 수집해서 발표한 내용을 다음과 같이 소개했다.

"영국의 마거릿 대처는 '여전사 아틸라Attila the Hen', 이스라엘의 첫 여성 수상인 골다 메이어는 '내각의 유일한 남자'로 불렸다. 리처드 닉슨 전 미국 대통령은 인도의 첫 여성 총리인 인디라 간디를 '마귀할멈the old witch'이라고 불렀고, 대중은 독일의 현 수상인 앙겔라 메르켈을 '철의 여인the iron frau'이라고 부른다."[19]

린 인은 샌드버그가 2013년 3월 펴낸 책의 이름이기도 하다.

미국에서 『린 인』은 샌드버그 스스로 "(출간 뒤) 안 들어본 비난이 없다"고 털어놓았을 정도로 격렬한 논쟁을 일으켰다. 옹호론자들은 세계 최대 SNS 기업의 2인자로 올라서기까지 여성으로 겪었던 경험을 소개하며 새로운 여성상을 제시했다면서, 페미니스트 운동의 새로운 지평을 열었다고 평가했다. 하지만 남보다 화려한 '스펙'과 배경을 가진 그가 여성의 사회적 성공을 "노력에 달렸다"고 주장하는 것이 일반 여성 직장인에게 공감을 얻을 수 있을지는 미지수라는 비판도 만만치 않았다. 고위직에 여성이 드문 현실을 두고 여성들에게 각성과 분발을 촉구하면서 사회에 여전한 유리천장(승진에서 보이지 않는 성차별)의 문제를 여성의 책임으로만 내몰았다는 것으로, 앤마리 슬로터 프린스턴대학 교수는 『뉴욕타임스』에 쓴 서평에서 "책에는 벽에 붙여놓을 만한 구호와 좋은 생각들로 가득하다. 문제는 그녀가 여성 내부의 장애물에만 초점을 맞춘 것"이라고 비판했다.[20]

무역이득공유제

2014년 정부가 호주·캐나다·뉴질랜드 등 농·축산 강국들과의 FTA를 확대해 농·축산업이 벼랑 끝에 몰리자 농민 단체를 중심으로 요구하고 나선 제도다. FTA로 인해 농·축산업이 손해를 보는 만큼 FTA를 통해 이익을 보는 산업 분야에서 이윤의 일정 부분을 떼어내 이들의 피해를 보전해주어야 한다는 내용을 골자로 하고 있다. 정부는 무역이득공유제가 자유경쟁 및 사유재산권을 위협해 '위헌'의 소지가 있고 무역 이득을 누리는 특정 기업이 어디이며 FTA로 인한 무역 이득이 얼마인지 계산하기 어렵다는 이유를 들어 무역이득공유제 도입에 난색을 표하고 있다.

양승룡은 정부가 내세우고 있는 위헌론에 대해 "FTA가 특정 산업의 이익을 추구한다는 점에서, 이로 인해 피해를 입는 산업에 보상하는 무역이득공유제는 헌법에 명시된 경제 민주화 정신에 정확하게 부합하는 것"이라고 반박했다. 그는 또 무역의 이득을 추정하기 어렵다는 주장에 대해서는, 현재 FTA 피해 보전 직불제를 실행하고 있음을 고려할 때 설득력이 떨어진다면서 "다양한 상황에 따라 수입 기여도를 추정해 농업의 피해를 보상하는 노력을 고려할 때, FTA 수혜 산업의 이득을 추정하는 것은 경제학적으로 불가능한 과제가 아니"라고 했다.[21]

이기웅은 무역이득 공유제는 손해를 본 자가 이익을 본 자에게 손실을 보상받는 것이 타당하다는 노벨 경제학상 수상자 존 힉스의 '보상 원칙'에 부합한다면서 이렇게 말한다. "국가 정책으로 인해 피해를 입은 국민이 있는데도 그 책임 소재가 있는 정부와 이익을 취한 쪽에서 외면하는 사회는 정의로운 민주 사회가 아니다. 상생과 통합을 위한 무역이득공유제 도입은 경제 민주화의 길이기도 하며, 사회정의와 국가 통치 철학에 해당하는 문제이기도 하다."[22]

번아웃 쇼핑Burnout Shopping

직장과 학업, 인간관계 등에서 느끼는 스트레스를 소비로 극복하는 현상을 일컫는 말이다. 번아웃 소비라고도 한다. 소진 증후군을 뜻하는 번아웃 신드롬burnout syndrome에 빗댄 말이다. 번아웃 쇼핑은 꼭 필요한 것만 싸게 구매하는 불황형 소비와 달리 럭셔리함을 추구하는 게 특징으로, 이런 소비를 하는 사람들을 일컬어 번아웃 쇼퍼라 한다.[23] 번아웃 쇼핑은 소득수준에 맞지 않는 낭비 성향을 보이는 것이 특징으로, 주로 20~30대의 젊은 층에서 많이 나타나고 있는 것으로 알려져 있다.

2013년 해외 명품 · 수입차車 · 수입 과일 등 럭셔리 제품 판매가 크게 늘었는데, 번아웃 쇼핑의 증가에 따른 것이라는 분석이 있다. 이 승창 한국항공대학 경영학과 교수는 "집값은 천정부지로 올라 내집 마련의 꿈을 포기하게 만들고 예금은 낮은 금리라 넣어두나 마나 마찬가지니 '번 돈 아껴서 뭐하나' 하는 심리가 만연해졌다"면서 "모은 돈은 없어도 명품 사고 수입차를 타는 이른바 '번아웃 소비'를 하는 이들이 늘고 있다"고 말했다.[24] 번아웃 쇼핑은 스트레스 해소를 위한 것이지만 지나친 번아웃 쇼핑이 오히려 스트레스를 가중시킨다는 견해도 있다.

브랜드 브로커Brand Broker

브랜드로서 가치가 있는 것들 중에서 등록되지 않은 것을 찾아 무작위로 출원 등록해, 선先사용자들에게 경고장을 발송하거나 브랜드 사용 금지를 요구하면서 사용료나 합의금을 받아내는 사람들을 일컫는 말이다. '상표 브로커'라고도 한다. 상표권은 먼저 출원한 사람에게 우선권을 주는 이른바 '선先출원주의'를 택하고 있기 때문에 발생하는 문제다.

브랜드 브로커는 상표권을 챙길 여력이 많지 않은 동네 맛집이나 스타트업 등을 타깃으로 삼는 경우가 많은데, 아이돌 그룹을 대상으로 하는 경우도 적지 않다. 2014년 10월 국회 산업통상자원위원회 소속 김상훈 새누리당 의원이 특허청에서 제출받은 국정감사 자료에 따르면 특허청이 관리 중인 국내 상표 브로커 35명의 상표 출원 건수가 총 1만 8,348건에 달했는데, '소녀시대', '2NE1', '동방신기' 등 한류 스타들의 이름에 대한 상표권이 대부분 상표 브로커들의 소유인 것으로 나타났다.[25]

특허청은 상표 브로커의 활동을 막기 위해 2013년 10월 상표법을 개정해 영세 상인이 이미 사용하는 상호는 상표권 등록에 관계없이 사용할 수 있도록 상표권 효력을 제한했으며, 2014년 6월에는 동업자, 투자자, 연구 용역 수행자 등 특수 관계인이 상표를 가로

챘을 때 사용을 제한하는 규정을 신설했다.[26] 하지만 브랜드 브로커의 난립을 막기에는 한계가 있다는 지적도 있다. 상표권 전문가들은 갈등을 피하기 위해서라도 상표 관리를 주요 경영전략으로 삼아야 한다고 말한다. 상표권 선점에서부터 카피 상표에 이르기까지 상표권에 대한 공격이 갈수록 늘어나는 만큼, 방어를 위해서라도 처음 브랜드를 만들 때부터 하나하나 꼼꼼히 관련 내용을 따져보아야 한다는 지적인 셈이다.[27]

브랜드 브로커

블랙 기업 Black Company

청년 세대 사원들에게 비합리적인 노동을 강요하는 기업을 뜻하는
용어다. 일본의 청년 단체인 '포세POSSE'가 만든 개념으로, 이들은
법령에 어긋나는 조건의 비합리적인 노동을 젊은 직원에게 의도
적 · 자의적으로 강요하는 기업을 '블랙 기업'이라고 부른다. 청년
층의 취업난을 악용해 그들을 인턴 · 수습 · 계약직으로 대거 채용
한 뒤 혹사시키거나, 과도한 매출 부담을 지우고 소모품으로 써먹다
가 버리는 등 노동 착취가 일상적 · 조직적으로 이루어지는 악덕 기
업이라고 할 수 있겠다. 포세는 1,500건 이상의 노동 상담과 조사
활동 결과를 토대로 블랙 기업을 선정하고 고발해 사회적 반향을
불러일으킨 것으로 알려져 있다.[28]

포세의 대표 곤노 하루키今野晴貴는 1,500건이 넘는 노동 상담을
토대로 쓴 『블랙 기업: 일본을 파괴하는 요괴ブラック企業: 日本を食いつぶす
妖怪』에서 '대량 모집→선별→쓰고 버리기'가 블랙 기업의 전형적인
고용 패턴이라면서, 블랙 기업은 청년들에게 결혼 · 출산을 미루게
해서 저출산 현상을 가속화시킬 뿐 아니라 정신 질환을 만연시켜
국가 의료비에도 부담을 지우는 등 갖가지 문제를 유발하고 있다고
했다.[29]

2014년 11월 9일 청년유니온 · 민주노총은 '한국판 블랙 기업

운동 선포 기자회견'을 열고 청년들을 착취하는 블랙 기업에 맞설 것이라고 밝혔다. 이날 연대 차원에서 참석한 포세 활동가 모로토미 다이지로는 "불안정 노동의 원인은 노동자 개인이 아닌 기업에 있다. 블랙 기업을 없애는 일은 국경을 넘는 보편적 과제"라고 했다.[30] 청년유니온은 블랙 기업 제보 사이트(http://blackcorp.kr)를 운영하고 '한국형 블랙 기업 지표 개발'을 위한 연구 사업을 진행하겠다고 했다.

빅 배스_{Big Bath}

'목욕을 해서 더러운 것을 깨끗하게 한다'는 뜻으로, 기업의 CEO 교체기에 전임자의 부실을 떨어내는 경영전략을 이르는 말이다. 후임자의 경영 성과를 부각시키기 위해 사용되는 방법 가운데 하나로, 잠재 손실과 일회성 비용 등을 회계장부에 반영하기 때문에 당장은 장부상 실적이 나빠지지만 장기적으로는 실적이 좋아지는 일이 많다. 빅 배스는 정치 무대에도 있다. 새로운 행정부가 들어서기 전에 전임 행정부의 부실을 드러내기 위해 사용하는 식이다.[31]

빅 배스로 의심되는 사례는 주로 공기업에서 발견되는 것으로 알려져 있다. 공기업 수장들이 단기간에 가시적 성과를 내야 하는 압박감에 시달리고 있어 빅 배스를 활용한다는 것이다.[32] 2013년 4분기 한국 기업들의 경영 실적이 예상보다 좋지 않은 것으로 추정되자 2014년 1월 빅 배스 논란이 일었다. 김경민은 2014년 1월 어닝쇼크(기업이 시장에서 예상했던 것보다 저조한 실적을 발표해 주가에 영향을 미치는 현상)가 발생한 것도, 경영진이 바뀐 기업이 빅 배스를 통해 과거 악화된 실적을 떨어내려는 경향이 강해진 것과 관련이 있다면서 한국 자본 시장에 빅 배스 경고등이 켜지고 있다고 우려했다.[33]

박근혜 정부의 출범에 따른 필연적인 결과라는 해석도 있다.

2013년 박근혜 정부가 들어선 후 공기업 CEO 교체가 본격화되었는데, 이로 인해 빅 배스 현상이 발생했다는 것이다. 우리투자증권이 내놓은 보고서는 "2013년에 신정부가 들어서고 활동을 본격적으로 시작한 1년차라는 점에서 그 영향이 더욱 클 전망이다. 2013년에 공기업 최고 경영자 70퍼센트를 포함해 민간 기업 최고 경영자도 부분적으로 교체 중이며, 이 과정에서 부실의 상당 부분이 손실 처리되고 있다"고 말했다.[34]

빅 배스 효과를 확대해석할 필요가 없다는 주장도 있다. 실적 악화는 경기 침체 등 다른 여러 요소와 함께 나타나는 등 이유가 다양하기 때문에, 기업의 실적 악화를 딱히 빅 배스 탓이라고 확실하게 규정할 수 없다는 분석이다. 빅 배스를 긍정적 신호로 해석하는 사람도 있다. 한 증권사 애널리스트는 "실제 빅 배스가 있었다고 해도 확인은 거의 불가능하다"며 "오히려 부실을 떨어낸 뒤 향후 실적이 회복되는 긍정적인 효과로 보면 될 것"이라고 말했다.[35]

살찐 고양이|Fat Cat

턱없이 과도한 기본급과 천문학적인 보너스와 퇴직금을 챙기면서
도 세제 혜택까지 누리는 배부른 자본가를 의미하는 말이다. 1928년
저널리스트 프랭크 켄트가 출간한 『정치적 행태Political Behavior』에 등
장한 용어로, 2007~2008년 글로벌 금융 위기 이후 월가街의 탐욕스
러운 은행가를 비꼬는 말로 쓰이면서 널리 알려졌다. 예컨대 2010
년 3월 11일 버락 오바마 미국 대통령은 CBS 방송과의 인터뷰에서,
정부의 구제 금융을 받은 월가의 금융계 인사들이 구제 금융을 받
는 상황에서도 보너스 지급 계획을 마련하자 이들을 살찐 고양이라
고 부르며 공격했다.[36]

국가 차원에서 살찐 고양이 통제를 시도한 나라도 있다. 스위
스가 그런 경우다. 스위스는 2013년 3월 기업 경영진의 연봉을 최
저 연봉자의 12배로 제한하는 것을 골자로 한 이른바 '살찐 고양이
법' 국민 발의안을 통해 11월 국민투표에 붙였지만 부결되었다.[37] 당
시 스위스 재계는 "이런 식으로 경영진의 임금을 제한하면 스위스
에 본사를 둔 글로벌 기업이 다른 나라로 떠나갈 것"이라고 경고했
는데, 이 경고가 먹혔다는 게 일반적인 분석이다.[38]

스위스의 시도는 실패로 돌아갔지만 유럽연합EU은 2013년 5월
고액 연봉을 받는 은행원들을 대상으로 '보너스 상한제'를 마련해

2014년부터 시행하기로 했다.[39] EU의 법안은 기업 인수·합병이나 매각이 성사되었을 때와 임원이 퇴직할 때 지급되는 특별 보너스를 금지했으며, 경영진이 보수 규정을 위반하면 최대 6년치 보수에 상당하는 벌금과 징역 3년의 실형에 처할 수 있도록 했다.[40]

살찐 고양이에 대한 시선이 차갑기 때문이었을까? 2013년 대형 투자은행들에서 이익을 내면서도 직원에게 지급하는 급여는 오히려 줄이는 현상이 나타났는데, 월가와 유럽의 금융가들이 '살찐 고양이'라는 비난에서 벗어나기 위한 포석이라는 해석이 나왔다. 미국과 유럽의 9개 대형 투자은행들은 2013년 3분기 누적 수익이 전년 대비 10퍼센트 늘어났지만 연봉, 보너스, 상여금 등을 포함한 보수는 5퍼센트가량 감축했다. 2013년 미국에서는 실리콘밸리의 신흥 IT갑부를 중심으로 '연봉 1달러'를 받는 최고 경영자가 늘었는데, 이들을 살찐 고양이로 보는 시각에 따른 현상이라는 해석도 있다. 하지만 이들의 '연봉 1달러' 선언을 말 그대로 선언일 뿐이라고 보는 시각도 있다. "이들이 고액 연봉을 포기한다 하더라도 주식과 배당소득만으로 막대한 부를 소유하고 있기 때문에 큰 의미는 없다"는 것이다. 예컨대 애플의 고 스티브 잡스는 2011년 사망 직전까지 연봉 1달러를 받았지만, 당시 그의 순 자산은 70억 달러(약 7조 3,700억 원)에 달했다.[41]

아이폰 인문학

기업이 주도하는 인문학 양성을 이르는 말이다. 아이폰 인문학을 대중화시킨 인물은 애플의 스티브 잡스다. 아이폰과 아이패드 등으로 세계 IT 산업에 혁명을 일으킨 스티브 잡스는 기회 있을 때마다, 자신의 상상력은 IT 기술과 인문학의 결합에서 비롯된 것이라며 "애플의 DNA에는 기술뿐만 아니라 인문학도 녹아 있다"고 강조했다.[42] 예컨대 잡스는 2010년 세계개발자대회에서 "애플은 단순히 기술을 기반으로 한 기업이 아니다. 업계 최고 기술의 일부를 개발해 가지고 있지만 우리 회사는 그 이상이다. 애플을 돋보이게 하는 것은 인문학에서 가져온 인간성에 더해 그와 기술을 연결한 것"이라고 말했다.[43]

잡스는 물론이고 페이스북의 저커버그도 인문학을 강조하고 나서면서 아이폰 인문학은 세계적인 추세로 자리 잡았다. 해외에서는 다양한 방법을 동원해 기술과 인문의 융합을 시도하고 있다. 2011년 채용 인력 6,000명 중 5,000여 명을 인문학 전공자로 채웠던 구글은 이후로도 인문학 전공자 채용에 적극적이며, 인텔은 디자이너 · 심리학자 · 소설가 · 공학자로 구성된 '상호작용 및 경험 연구소'를 설립해 IT와 인간의 소통 방식에 대한 연구를 추진하고 있다.[44]

아이폰 인문학은 한국 기업의 화두이기도 하다. 기업들은 경쟁적으로 경영과 기술 개발 등에서 인문학과 공학을 결합한 프로그램을 도입하고 있다. 신입 사원 채용에서도 아이폰 인문학은 중요한 잣대로 부상했다. 예컨대 삼성그룹은 2013년 상반기 '삼성 컨버전스 소프트웨어 아카데미'라는 신입 사원 공채 프로그램을 실시해 소프트웨어 교육과정을 수료한 인문학 전공자들을 엔지니어로 뽑았다.[45] 신입 사원 채용 때 인문학적 소양을 확인하는 기업들은 빠른 속도로 확산하고 있다. 그런 추세 때문에 '인문 면접'을 위한 사설 특강까지 생겨났다. 정부도 아이폰 인문학을 강조하고 있다. 2012년 4월 산업통상자원부는 기술·인문 융합 시대에 대응하겠다는 취지로 기술인문융합창작소를 설립했으며 박근혜 정부 역시 창조경제의 열쇠로 인문학을 강조하고 있다. 지방자치단체와 대학도 아이폰 인문학 열풍에 빠져 있다.[46]

반면 이에 대한 비판도 적지 않다. 대학의 '기초 인문학'이 고사 위기에 빠진 상황에서 한국 사회를 강타하고 있는 아이폰 인문학은 일시적인 유행은 될 수 있겠지만 뿌리가 약해 허약하다는 것이다. 또 아이폰 인문학은 돈과 직결되기 때문에 유행하는 것이라며 인문학은 단순하게 돈벌이가 아니라는 지적을 하는 사람들도 적지 않다. 김종락은 "최근 한국 사회의 아이폰 인문학이 뜻하는 바는 인문학도 돈이 된다는 것"이라며 "아이폰을 만들자는 인문학이 아니라 아이폰을 성찰하는 인문학이 절실하다"고 했다.[47]

열정 페이

열정熱情과 봉급을 의미하는 페이pay의 합성어로, 하고 싶은 일을 할 수 있는 기회를 주었다는 이유로 아주 적은 월급을 주면서 취업 준비생을 착취하는 행태를 일컫는 말이다. 널리 알려진 열정 페이는 대략 이런 것들이다. "너는 어차피 공연을 하고 싶어 안달이 났으니까 공짜로 공연을 해라", "너는 경력이 없으니까 경력도 쌓을 겸 내 밑에서 공짜로 엔지니어를 해라", "너는 원래 그림을 잘 그리니까 공짜로 초상화를 그려줘라."[48] 열정 페이 현상을 보고 "모든 밥에는 낚싯바늘이 들어 있다. 밥을 삼킬 때 우리는 낚싯바늘을 함께 삼킨다"는 소설가 김훈의 표현이 떠올랐다는 정정훈은 이렇게 말했다. "'인턴 자본주의', '알바 공화국'이라는 표현은 밥벌이를 위해 낚싯바늘을 삼켜야 하는 우리 시대 젊은이들의 비정한 현실을 드러낸다. 한 줄의 스펙을 위해서라도 정규직 전환이라는 미끼가 달린 낚싯바늘을 숙명처럼 거부할 수 없는 것이, 젊은이들에게 강제된 오늘의 취업 현실이다."[49]

요즈마 펀드_{Yozma Fund}

정부와 민간이 합동으로 조성한 벤처 지원 펀드다. 정부가 정책자금을 투입해 국내외 민간투자를 이끌어내는 마중물 역할을 하도록 하는 것을 목표로 삼고 있다. 1993년 이스라엘 정부가 정부와 민간이 위험을 분담하되, 수익이 발생하면 민간 기업에게 정부 지분을 인수할 수 있는 인센티브를 부여한 펀드를 내놓았는데, 이것이 요즈마 펀드의 시초로 알려져 있다.[50] 2014년 2월 25일 박근혜 정부는 경제혁신 3개년 계획을 발표하면서 해외시장 상장과 외국기업 인수·합병M&A을 목표로 한 2,000억 원 규모의 한국형 요즈마 펀드를 신설한다고 말했는데, '제2의 벤처 붐'을 일으켜 일자리 창출과 경제성장 등 두 마리 토끼를 잡겠다는 의지의 표현으로 해석되었다.[51]

　　요즈마 펀드 도입에 대한 비판도 제기되었다. 요즈마 펀드 운영 모델은 이미 10여 년 전 국내에 적용되었으며 지난 1998년 민영화 이후 이스라엘에서도 이미 사라진 펀드인데, 요즈마 펀드를 벤치마킹해 벤처 활성화에 나서겠다는 생각은 시대에 뒤처진 정책이라는 것이다. 한 벤처투자업계 인사는 "정부의 '창조경제' 정책에 이스라엘의 요즈마 펀드가 난데없이 득세하고 있습니다. 10년 전 우리도 요즈마 펀드를 벤치마킹했으니 이제 그다음 단계를 논의해야 할 때 아닙니까"라고 했다. 서은영은 "10년 전 꺼내들었던 사례를 다시 또 꺼내들 때 각 기관과 수장들은 요즈마 펀드 모델이 국내에 적용 가능한 것인지, 여전히 유효한 투자 모델인지 따져보았는가 묻고 싶다. 종료된 지 20년이 다 되어가는 남의 나라 성장 젖줄에 언제까지 미련을 가질 것인가. 이제는 10년간의 실패를 자양분 삼아 한국만의 벤처 투자 모델을 만들어가야 할 때가 아닐까" 라고 했다.[52]

유리절벽 Glass Cliff

여성은 유리천장이라는 성차별을 뚫고 고위직에 올라가도 또다시 험난한 장벽에 부딪히게 된다는 것을 일컫는 말이다. 기업이 어려운 상황에 처해 있을 때 고위 관리직이나 위험 요소가 많은 직위에 남성과 여성 후보자 중 여성 후보자를 선택하는 경우, 법조계에서 활동하는 여성들이 고객의 돈을 받기 힘든 매우 어려운 소송 사건을 배당받는 경우 등이 유리절벽의 대표적 사례다. 2004년 영국 엑서터대학의 심리학과 알렉산더 해즐럼과 미셸 라이언 교수가 "실패할 가능성이 높은 프로젝트 또는 위험을 안아야 하는 고위직 승진의 경우, 유망한 남성 후보자들이 이 일을 좀처럼 맡으려 하지 않다 보니 여성들이 실패 가능성이 높은 일을 맡게 되는 경향이 있다"고 한 데서 유래한 말이다.[53]

해즐럼은 일단 기업이 위기에서 벗어나 잘되기 시작하면 여성에게 열렸던 문은 다시 닫힌다면서 "이는 매우 흥미로운 현상이며 미묘한 차별의 새로운 형태이기 때문에 좀더 조사할 가치가 있다"고 했다. 이어 그는 "이러한 현상은 한 직업이나 사회 그룹에만 한정되는 게 아니라 경제 전반에서 발견될 수 있고 모든 소수 그룹에 적용될 수 있다"고 했다. 그는 또 "여성은 이제 '유리천장'을 부수며 승진하고 있지만, 그것이 때로 독이 든 잔이 된다" 면서 "어디서

여성의 승진 결정을 내리는지 알아보는 것이 중요하다"고 말했다.[54]

　　2012년 7월 검색 업체 야후는 새로운 최고 경영자로 머리사 메이어를 영입했다고 발표해 업계를 깜짝 놀라게 만들었다. 메이어는 구글의 창립 멤버로, 구글의 히트 상품이라 할 수 있는 구글의 G메일, 구글뉴스, 구글맵스, 구글어스 등을 책임졌으며 특히 홈페이지 로고 디자인을 바꾸는 구글 프로그램과 구글 이미지 등 간판 서비스의 디자인을 단순화한 주인공으로 유명하다.[55] 검색에서는 구글에 밀리고 페이스북 때문에 SNS 시장에서도 고전을 면치 못하고 있던 야후의 승부수라는 분석도 나왔지만, 미국의 경제 전문지『포브스』는 메이어가 '유리절벽'의 희생자가 될 가능성도 적지 않다고 분석했다.[56]

이노베이터의 딜레마The Innovator's Dilemma

경영 상태가 좋은 회사들이 신기술이나 신규 비즈니스 모델에 맞닥뜨리면 기존의 비즈니스 모델을 맹렬히 고수하면서 발 빠른 변화를 하지 못하는 현상을 가리키는 말이다. 클레이튼 크리스텐슨이 저서 『혁신 기업의 딜레마The Innovator's Dilemma』에서 사용한 개념으로, 그는 이 책에서 큰 기업들이 실패하는 이유는 기존 질서를 무너뜨리는 변화를 피하기 때문이 아니라, 회사의 전통적 사업을 저해할 수 있고 단기적으로 큰 성장을 보이지 못할 것 같다는 이유로 장래성 있는 새 시장을 포용하려 하지 않기 때문이라고 했다.[57] 안현실은 이노베이터의 딜레마가 새 패러다임의 기술이 등장하면 기존 패러다임 혁신가는 속수무책으로 당한다는 무서운 이야기라는 점에서 토마스 쿤의 패러다임paradigm과 밀접한 관련이 있는 용어라고 말한다.[58]

대형 복사기 시장을 지키려다 데스크톱 복사기 시장을 놓친 제록스, 메인프레임 컴퓨터 분야에 치중하느라 미니 컴퓨터 시장에서 후발 주자가 된 IBM 등이 이노베이터의 딜레마에 빠진 대표적인 기업으로 거론된다.[59] 필름업계의 '제왕'·'공룡'·'역사'라는 수식어를 독식하며 한 시대를 풍미했던 미국 기업 코닥Kodak의 몰락을 이노베이터의 딜레마와 연결시키는 해석도 있다. 업계에서 가장 먼저 디지털카메라를 발명하는 기회를 잡은 코닥의 중역들은 기존 사업에 비해 수익성이 덜하고 검증되지도 않은 미래의 사업 때문에 그 마진율을 놓치기 싫어했고, 이런 판단 착오 때문에 결국 코닥은 몰락하고 말았다는 것이다.[60]

크리스텐슨은 전통 언론도 이노베이터의 딜레마에 빠진 산업이라고 본다. 인터넷의 발전으로 블로그와 소셜 미디어가 빠른 속도로 세력을 확장하고 있고, 이 때문에 광고 수주액도 갈수록 떨어지고 있지만 이에 제대로 대응하지 못해 과거의 영광을 잃고 혼돈 속에서 허우적대고 있다는 것이다.[61] 니코 멜레 역시, 큰 언론사들이 기존의 수익 모델과 구조를 깨지 않으면 살아남을 수 없지만 이노베이터의 딜레마 때문에 그런 일은 일어나지 않을 거라면서 2014년 발표된 뉴욕타임스의 디지털 혁신 보고서에 대해 이렇게 말했다.

"굉장히 뛰어나고 '스마트'한 리포트라고 생각한다. 하지만 뉴욕타임스가 자신들이 제안한 대로는 하지는 못할 것이다. 그대로 하려면 자기들이 가지고 있는 것을 다 죽여야 한다. 그게 바로 '혁신가의 딜레마'다. 뉴스의 미래가 되려면 종이 신문을 죽여야 한다. 그런데 뉴욕타임스가 종이 신문을 죽이겠는가? 대부분 임원들은 나이가 들었고, 신문 시대에 살았던 사람들이다. 그리고 뉴욕타임스 수익의 80퍼센트 이상이 종이 신문에서 나온다. 그래서 오갈 데가 없다. 그들은 어떻게 해야 하는지는 알고 있지만 그렇게 할 수가 없다."[62]

이노베이터의 딜레마에서 교훈을 얻은 대표적인 인물로는 아마존의 제프 베저스가 거론된다. 2007년 베저스는, 책은 "500년 동안 존재해온 위대한 발명품"이라고 생각한다면서도 "이제 변화해야 할 때"라며 전자책 킨들을 내놓았는데, 이는 크리스텐슨의 『혁신기업의 딜레마』에서 큰 감명을 얻었기 때문이라고 한다.[63]

컬러 테라피|Color Therapy

색Color을 통해 내면의 감정을 파악해 심신의 균형을 되찾도록 하는 심리 진단 · 치료 방법이다. 인간이 색을 바라보면서 어떤 반응을 보이거나 선택을 할 때 뇌 속에서 일어나는 메커니즘에 기반을 두고 있는데, 이는 색이 인간의 심리와 가장 깊은 관계를 가지고 있기 때문이다. 서양을 비롯해 일본에서는 대중적인 상담 치료법 또는 대체의학으로 받아들여지고 있을 만큼 각광을 받고 있다. 예컨대 컬러를 이용해 섭식 장애와 비만을 치료하고 정신 질환을 진단하는 것은 현대 의학의 하나로 자리 잡았다. 유상호는 "컬러 테라피의 역사는 의외로 길다" 며 이렇게 말한다.

"태양을 숭배했던 고대 이집트의 사제들은 각 방마다 다른 색의 햇빛이 들어오도록 장치된 신전에서 빛을 이용해 질병을 치료했다. 중세의 교회는 스테인드글라스로 장식되어 있는데 유리에 사용된 빨강, 자주, 파랑, 노랑은 심리적 효과를 계산해 배치되었다. 동양의학도 음양오행의 다섯 가지 색깔을 신체와 유기적으로 연관해 생각하는 관점을 지니고 있다. 가축을 특정한 색이 칠해진 공간 속에 길러서 젖이나 원하는 빛깔의 털을 얻었다는 기록도 있다. 약국에서 사먹는 캡슐의 색깔에도 알고 보면 컬러 테라피의 원리가 숨어 있다." [64]

한국인에게는 낯선 개념이지만 우리 조상들 역시 일찍부터 컬러 테라피를 적용해왔다는 분석도 있다. 스파에 컬러심리상담을 접목한 테라피를 선보인 스파더엘 사장 이미나는 "조상들은 나쁜 기운을 몰아내기 위해 신부에게 연지 곤지를 발랐고 무병장수를 기원하며 명절날 어린아이에게 색동저고리를 입혔다. 며느리가 출산을 하면 부정을 막기 위해 문밖에 붉은색 고추를 달았다"고 했다.

"음식에서도 컬러 테라피의 흔적을 찾을 수 있다. 비빔밥, 떡국 등에 올려놓은 오색고명과 다양한 색깔을 자랑하는 구절판도 그렇다. 선조들은 이미 컬러의 효능을 인지하고 있었던 것이다. 우리 조상들은 '오방색五方色'을 활용해 컬러 테라피를 완성했다. 검정, 하양, 빨강, 파랑, 주황 등 다섯 가지 색으로 구성된 오방색. 오행에 근간을 둔 이들 색채는 우리 인체를 구성하고 있는 장기들과 밀접한 연관이 있다. 의학이 발달하지 못했던 과거, 선조들은 오방색을 통해 건강과 마음을 챙겼다."[65]

컬러 테라피의 가장 큰 장점은 전문가의 도움 없이도 일상생활에서 옷이나 인테리어, 메이크업 등을 활용해 혼자 힘으로 실천할 수 있다는 것에 있다. 마음만 먹으면 언제든 자기 힐링 수단으로 활용할 수 있는 것이다. 그런 맥락에서 보자면 경기 불황기에 화려한 색상이 유행하는 현상도 컬러 테라피로 볼 수 있겠다. 어려운 경제 상황에서 비롯된 우울하고 힘든 현실을 컬러풀한 옷이나 화장, 소품 등을 통해 전환하고자 하는 심리가 반영되어 있으니 말이다.[66]

크림 스키밍 Cream Skimming

원유에서 맛있는 크림만 떠먹고 다른 부위는 버리는 행위를 일컫는 말이다. 케이크나 피자에서 맛있는 부분만 먹고 다른 부위는 먹지 않는 아이들의 행태가 전형적인 크림 스키밍으로, 달콤한 부위만 먹으려 한다고 해서 '단맛 골라 먹기'라고도 한다. 경제학에서는 쉽게 돈을 벌 수 있는 시장에 사업자들이 서로 달려든다는 의미로 쓰인다.[67]

한국에 크림 스키밍이라는 말이 널리 알려진 것은 1997년 세계무역기구wto 통신 협상의 타결로 자본과 기술력을 앞세운 다국적 통신사들이 한국의 노른자위 통신 사업을 싹쓸이하는 것 아니냐는 우려가 나온 이후다. 크림 스키밍 현상이 자주 발생하는 영역은 통신과 방송 시장이다. 수요가 많은 대규모 도심 지역에서는 가입자를 유치하기 위해 출혈경쟁까지 벌이지만 수요가 적은 도심 외곽에는 서비스 제공을 하지 않는 것이다. 철도, 수도, 가스 등 공공 부문 민영화를 할 때 고수익이 나는 알짜 기업만을 매각하는 행위도 크림 스키밍에 해당한다. 2013년 12월 새누리당 유승민 의원은 박근혜 정부가 추진하고 있는 수서발發 KTX 자회사 설립과 철도 경쟁 체제 도입을 크림 스키밍에 비유하면서 "수서발 KTX 자회사가 맡게 될 노선은 고수익이 예상되는 알짜배기 노선인데 돈이 안 되는

다른 노선과 경쟁시킨다는 게 말이 되느냐"고 했다.[68]

2013년경부터 크림 스키밍은 의료·복지 분야에서도 광범위하게 사용되고 있는데, 이에 대해 박문규는 "우리 사회의 양극화와 무관하지 않다"고 분석했다.[69] 박병률은 "크림 스키밍은 개인의 이기를 앞세우는 자본주의에서는 비난하기 힘든 행위다. 때문에 공공성을 강화해 보완하는 것 외에는 방법이 없다"고 했다.[70]

T커머스 ―T-Commerce

텔레비전과Television 상거래Commerce의 합성어로, 리모컨으로 IPTV에서 원하는 콘텐츠를 클릭해 시청하듯이 원하는 상품을 구매하는 상거래를 말한다. 주문형비디오VOD를 골라 보듯 IPTV 메뉴 내 쇼핑 카테고리에서 제품을 고른 뒤, 정보를 얻고 구매하는 '독립형'과 지상파 텔레비전 방송 도중에 드라마 등에 나온 옷과 가방 같은 제품 정보를 즉석에서 보고 구매할 수 있는 '연동형' 서비스가 있다.[71]

한국에서 T커머스 사업자 승인은 2005년 이루어졌지만 T커머스 사업이 본격적으로 시작된 것은 2012년 8월 KTH가 스카이 T쇼핑을 오픈하면서부터다. 케이블 방송의 디지털 전환이 예상보다 느리게 진척되었고, 텔레비전 홈쇼핑 회사들은 자기 시장 잠식을 우려해 적극적 대응에 나서지 않았기 때문이다. 하지만 2013년 12월 현재 IPTV와 위성방송 가입자가 1,400만 명을 넘어서고 디지털케이블도 확산되면서 성장 기반이 갖추어지자 T커머스 시장을 둘러싼 경쟁은 치열해지고 있다. 2013년 240억 원이었던 한국의 T커머스 시장 규모는 2015년 7조 8,000억 원에 이를 것으로 전망된다. 일부 대기업, 중견 유통 기업들도 T커머스에 뛰어들 준비를 하고 있다.[72]

T커머스 시장이 성장하면서 홈쇼핑 업체와 T커머스 업체 간 이해관계도 충돌하고 있다. 가장 큰 이유는 쇼핑 호스트 출연 때문

이다. 한 홈쇼핑 관계자는 "T커머스도 쇼핑 호스트의 목소리로 제품을 설명하고 상품 시연 시 얼굴만 제외하고는 다른 부위가 그대로 노출되어 홈쇼핑과 차이가 없다"며 "동일한 서비스라면 사업 진입이나 방송통신발전기금 납부 등과 관련해 동일한 규제, 동일한 사회적 책임을 져야 맞는 것"이라고 했다.[73] 미래창조과학부는 T커머스를 차세대 산업으로 꼽고 기존 커머스와 차별화를 통해 활성화에 나선다는 방침을 세우고 있어, T커머스를 둘러싼 논란은 더욱 확산할 것으로 예측된다.

외국에서도 T커머스 시장을 둘러싼 경쟁은 치열하게 벌어지고 있다. 중국은 전자상거래 업체와 홈쇼핑 업체 간의 경쟁 구조가 형성되고 있다. 예컨대 중국의 최대 홈쇼핑 업체 상하이오리엔탈 TV 쇼핑과 전자상거래 업체 알리바바는 T커머스 시장을 놓고 신경전을 벌이고 있다. 세계 최대 전자상거래 기업 아마존과 미국 1위 이동통신사 버라이즌 와이어리스가 유료 방송 시장에 진출하고, 일본의 소니가 2014년 말부터 소니 플레이스테이션과 커넥티드TV를 이용해 실시간 텔레비전 서비스를 제공할 것이라고 밝힌 것도 향후 비약적인 성장세가 예견되는 T커머스와 관련이 깊다는 해석이다.[74]

피케티 패닉Piketty Panic

『21세기 자본Capital in the Twenty-First Century』을 쓴 프랑스의 경제학자 토마 피케티의 이름과 공포를 의미하는 패닉Panic을 합성한 용어로, 소득 불평등에 대한 피케티의 예리한 분석 때문에 보수주의자들이 혼비백산하고 있다는 의미를 담고 있는 말이다. 『21세기 자본』은 자본주의는 불평등을 증대시킨다는 마르크스의 주장을 300여 년 동안의 역사에 적용해 실증한 책으로 평가받고 있다. 피케티 패닉이라는 말은 노벨 경제학상 수상자인 폴 크루그먼 프린스턴대학 교수가 처음 만들었는데, 『뉴욕타임스』 2014년 4월 24일자는 보수주의 경제학자들이 '피케티 패닉'에 떨고 있다고 평했다.[75] 피케티는 『21세기 자본』으로 단숨에 주목받는 경제학자가 되었는데, 2014년 3월 폴 크루그먼은 2014년 "토마 피케티의 대표작 『21세기 자본』이 올해, 혹은 아마도 최근 10년을 통틀어 가장 중요한 경제학 서적이 될 거라고 해도 무방할 듯싶다"고 했다.[76]

국제통화기금IMF, 국제연합UN, 백악관 경제자문위원회 등은 앞다투어 '피케티 모시기'에 나섰는데, 세계의 언론들은 피케티의 이름 앞에 '신드롬'이니 '경제학계의 록스타'니 하는 수식어를 붙였다.[77] 마르크스주의가 부활하고 있다는 분석마저 나왔다. 예컨대 미국의 경제 전문지 『포춘』은 2014년 4월 17일 "피케티가 저술한 『21

세기 자본』으로 '자본주의는 스스로 파괴한다'는 카를 마르크스의 이념이 되살아나고 있다"면서 "피케티 열풍이 경제학 세계를 장악했다"고 보도했다.[78] 피케티를 사상가의 반열에 올려놓은 평가도 있다. 노영훈 한국조세재정연구원 선임연구위원은 "유명 언론의 인터뷰 내용과 서평은 이미 그를 『미국의 민주주의Democracy in America』의 저자인 알렉시 드 토크빌이나 『자본론Das Kapital』의 카를 마르크스에 비견할 만한 사상가 반열에 올려놓았다"고 했다.[79]

피케티에 대한 비판도 만만찮다. 물론 비판은 보수주의자들에게서 나왔다. 2014년 4월 『월스트리트 저널』은 "『21세기 자본론』은 치밀한 분석보다 이데올로기적 장광설로 가득하다"고 했다. 대표적 보수 매체 중 하나인 『포린어페어스』는 "저자가 주장하는 부자 증세가 의도한 효과를 낼 수 있다는 증거는 어디에도 없다"면서 "성실한 자본가에 대한 존중과 지원 없이 번영하는 사회는 발견하기 어렵다"고 했다. 미 공화당계 정책연구기관인 미국기업연구소AEI의 케빈 하셋 박사는 "미국 내 양극화는 심해졌을지 몰라도 지난 30년간 전 세계 중산층은 크게 늘어난 게 사실"이라며 전 지구적 차원에서 접근하면 피케티의 주장은 틀렸다"고 비판했다.[80]

최장집은 피케티의 작업이 기존의 경제학을 전복했다는 점에 의미를 들 수 있다고 평가했다. 최장집은 『21세기 자본』이 "역사적, 정치경제학적 방법론과 자료의 축적"이라는 성과를 거두면서 방대한 데이터에 힘입어 마르크시즘과 자유방임 경제 이론 양쪽을 모두 전복하고 있다고 말한다. 마르크시즘은 자본주의가 발달하면 이윤율이 하락해 혁명이 일어날 것으로 봤고, 자유방임 경제 이론은 '낙수 효과' 등을 강조하면서 성장과 분배 효과에 대해 낙관해왔지만 피케티는 둘 다 아니라고 주장하고 있다는 것이다.[81]

핀테크 FinTech

금융Financial과 정보기술Technology의 합성어로, 인터넷·모바일 공간에서 결제·송금·이체, 인터넷 전문 은행, 크라우드 펀딩, 디지털 화폐 등 각종 금융 서비스를 제공하는 산업을 뜻한다. 사실 핀테크는 새로운 개념은 아니다. 우리금융경영연구소 금융연구실장 임일섭은 "핀테크는 금융과 정보통신기술의 결합을 통한 새로운 상품과 서비스 등을 통칭하는데, 사실 금융에서 정보통신기술은 오래전부터 중요한 역할을 해왔다"면서 이렇게 말한다.

"지금은 너무나 당연한 것으로 간주되지만 정보통신기술 덕분에 온라인 시스템의 구축과 더불어 은행 지점 간의 자유로운 실시간 입출금 거래가 가능해졌으며, 거리 곳곳의 현금자동출납기 역시 정보통신기술 발전의 산물이다. 증권사 지점을 통하지 않고 온라인상으로 자유롭게 주식을 거래할 수 있는 홈트레이딩 시스템 또한 마찬가지다. 최근의 핀테크가 굳이 과거와 다른 점을 찾자면, 예전에는 금융 회사들이 필요에 따라 정보통신기술을 주도적으로 채택해 활용해온 반면, 최근에는 비금융 분야의 정보통신기업들이 주도권을 쥐고 금융 관련 영역으로 진출하고 있다는 점이 특징적이다."[82]

핀테크는 스마트폰, 인터넷을 통해 간편하게 금융 업무를 처리할 수 있도록 해주기 때문에 전 세계에 금융 혁명을 몰고 올 것으로 예측되고 있다. 베스트셀러 『머니 볼』의 저자 마이클 루이스는 2014년 11월 "금융 회사들은 스스로는 느끼지 못하지만 이미 사형을 기다리는 상태"라면서 "그동안 자금을 투자하려는 사람과 빌리려는 사람 사이에서 중개자 역할을 해왔는데, 인터넷과 테크놀로지가 월스트리트가 독점했던 이런 비즈니스를 파괴적으로 변화시킬 것"이라고 했다.[83]

핀테크가 금융업에 파란을 불러올 것으로 예측되면서 전 세계 주요 IT 업체들은 금융업을 새로운 먹거리로 보고 경쟁적으로 핀테크에 뛰어들고 있다. 애플은 모바일 결제 서비스 '애플페이'를 출시했으며, 구글, 아마존 등도 핀테크 시장에 진출했다. 글로벌 핀테크 업체의 한국 공략도 시작되었다. 중국의 1, 2위 전자 결제 회사인 알리페이와 텐페이가 국내 영업을 시작했으며, 대만의 최대 온·오프라인 전자 결제 업체인 개시플러스Gash+와 싱가포르의 전자 결제 회사인 유페이도 한국 시장에 진출하겠다고 밝혔는데, 글로벌 핀테크 업체의 한국 진출이 본격화하면 연간 15조 원 규모로 성장한 국내 모바일 결제 시장을 잠식할 것이라는 전망도 나왔다.[84] 글로벌 핀테크 업체에 맞서 한국의 IT 업체들도 핀테크 경쟁에 합류하고 있다. 온라인 메신저 업체인 카카오가 제공하는 카카오페이(결제), 뱅크월렛카카오(송금), 결제·송금이 모두 가능한 서비스인 네이버의 '라인페이' 등이 그런 경우다. 삼성전자도 2015년 2월 미국 매사추세츠에 위치한 모바일 결제 솔루션 업체 루프페이LoopPay를 인수해 삼성페이를 내놓았다.

하지만 핀테크가 한국 시장에 맞는 서비스 산업인지 의문을 제기하는 사람들도 있다. 예컨대 임지선은 2015년 2월, 외국에서 핀테크가 활발한 것에 비해 한국은 인터넷 결제조차 번거로운 과정을 거쳐야 하니 얼핏 보면 우리가 뒤처져 있다는 조바심을 느낄 수도 있다면서 이렇게 말했다.

"그러나 조금만 생각해보면 한국에서 '핀테크'가 그리 급한 것인지, 핀테크 규제만 풀면 금융 산업이 활성화될 것인지 의문이 듭니다. 우선 한국은 외국보다 대출받기가 쉽습니다. 텔레비전에서는 전화 한 통화로 대출을 받을 수 있다는 광고를 쉽게 볼 수 있습니다. 외국과 달리 신용카드 발급도 쉽고, 신용카드로 돈을 빌리기도 까다롭지 않습니다. 모바일 뱅킹도 활발합니다. 스마트폰을 통한 금융거래는 수수료가 거의 없다시피 합니다. 이 때문에 금융권에서도 '인터넷 뱅킹이 활발하고 수수료도 낮은 상황에서 핀테크가 새로운 수익 창출원이 될까'라며 고개를 갸우뚱거리는 이들이 적지 않습니다."[85] 한 금융업계 관계자도 2015년 2월 "해외 사례들을 검토하고 있지만, 우리나라에서 발달할 핀테크가 무엇인지에 대한 개념 자체가 잘 서지 않는다. 정부의 육성 의지만 보고 선뜻 나서기 어려운 측면이 있다"고 했다. 한국은 해외와 환경이 다른 만큼 핀테크의 성패를 장담할 수 없다는 것이다.[86]

핀테크 논쟁

'핀테크 생태계' 구축을 두고 논쟁도 적지 않게 발생하고 있는데, 가장 뜨거운 쟁점은 금산분리 규제와 개인 정보 보호다. 핀테크 예찬론자들은 금산분리 규제와 지나친 개인 정보 보호가 핀테크 활성화를 가로막고 있다고 주장하고 있지만 이에 대한 반론도 만만치 않다. 우선 금산분리를 둘러싼 논란이다. 일본이나 미국은 산업자본이 소유한 은행 지분이 20퍼센트가 넘지만 2015년 현재 한국은 대기업의 무분별한 은행 산업 진출 등을 막기 위해 산업자본이 보유할 수 있는 은행 지분을 최대 4퍼센트로 제한하고 있는데, 핀테크를 금융의 새로운 성장 동력으로 삼아야 된다고 주장하는 사람들은 그런 금산분리 조항 때문에 사업 추진이 불가능하다고 말한다. 한국경제연구원(한경연)은 2015년 2월 핀테크 산업을 활성화하기 위해선 금산분리 규제를 폐지해야 한다고 주장했다.[87]

　　하지만 금산분리 완화는 쉽게 생각할 문제가 아니라는 견해도 있다. 2015년 2월 임지선은 "금산분리는 제조업을 기반으로 하는 기업들이 은행을 설립해 고객이 맡긴 돈을 마음대로 갖다 쓰는 일탈을 막기 위해 도입된 규제"라면서 이렇게 말했다. "이를 풀면 예컨대 보험·증권·카드 회사를 거느리고 있는 대기업들이 금융 산업의 핵심인 은행을 소유할 수 있게 됩니다. 은행이 기업의 사私금고가 될 가능성은 물론 과당경쟁으로 금융 전반의 안정성을 해칠 수 있다는 경고도 나옵니다."[88]

　핀테크 업체는 핀테크 산업의 활성화를 위해 개인 정보 보호 활용에 대한 규제도 완화해야 한다고 말한다. 현행 개인정보보호법은 기업이 고객의 개인 정보를 동의 없이 수집할 수 없도록 하고 있는데, 이 때문에 번거로운 본인 인증 절차가 사라지지 않아 핀테크 산업 활성화에 장벽이 되고 있다는 것이다. 구태언 테크앤로 대표 변호사는 2015년 1월 "우리나라 규제 중에 개인정보보호법은 심각한 수준으로 형벌의 과잉"이라며 "보다 효과적인 소비를 위해 자신들의 개인 정보를 내주는 사람들도 있는데, 무조건 개인 정보 이용에 있어 동의를 받지 않았다고 불법으로 보는 것은 문제가 있다"고 했다.[89]

　하지만 다른 나라에 비해 인식이 부족한 개인 정보 보호 수준을 높이는 게 우선이라는 견해도 만만치 않다. 한국은 개인 정보 유출과 사이버 해킹 등 보안 사고가 세계에서 가장 빈번하게 발생할 뿐만 아니라 보이스피싱·스미싱·파밍 등 전자 금융 사기도 끊이지 않는 나라이기 때문에 핀테크가 아무리 편리하다고 해도 '개인 정보 보호'가 뒷받침되지 않으면 부작용이 발생할 수밖에 없다는 게 이유다. 김영린 금융보안연구원장은 2014년 12월 "핀테크가 가장 발달한 미국 상황을 보면 사고 발생 후 어디서 책임질지 명확하게 설정되어 있다는 특징이 있다"며 "핀테크 육성을 위해 민·관이

해야 할 일이 권역별 규제 장벽을 허무는 것을 비롯해 한두 가지가 아니지만 보안 문제가 가장 시급하다"고 말했다.[90]

핀테크 만능주의를 경계해야 한다는 주장도 있다. 우리금융경영연구소 금융연구실장 임일섭은 2015년 3월 핀테크가 거대한 변화의 시발점인지 모르지만 "우리 금융 산업이 직면한 과제를 모두 해결해줄 수 없다는 점도 분명하다. 핀테크가 야기하는 변화들은 금융 회사들이 반드시 적응해야 하는 불가피한 환경이지만, 실물경제의 성장이 위축된 상황에서 그것이 수익성 개선으로 이어질 수 있는지는 불투명하다"고 했다.

"정보통신기술과 금융의 접목이라는 측면에서 핀테크는 불가피한 변화다. 그러나 이런 변화가 금융 회사의 수익성 개선을 보장하지 않으며, 나아가 실물경제의 성장에 금융이 어떻게 기여할 수 있을까라는 문제를 해결해주지 않는다는 점에 유념할 필요가 있다."[91]

후계자 리스크

혁신적인 창업자가 세상을 떠난 뒤 굴곡을 겪은 회사가 적지 않다. 한때 세계시장을 호령했던 일본의 소니와 애니메이션의 명가 디즈니가 대표적인 케이스다. 1999년 소니의 창업자인 모리타 아키오盛田昭夫가 폐렴으로 숨을 거둔 이후 소니는 빠른 속도로 몰락하기 시작했으며, 창업자 월트 디즈니가 1966년 사망하면서 디즈니 역시 20여년 동안 어려움을 겪었다. 두 회사 모두 후계자 양성에 실패한 게 몰락의 결정적인 이유로 거론되는데, 이런 현상을 일러 '후계자 리스크'라 한다. 물론 후계자 리스크를 견뎌낸다고 하더라도 계속해서 잘나가리라는 보장은 없지만, 천재성과 카리스마를 겸비한 창업자의 자리를 다른 사람이 대체하는 게 그만큼 힘든 일이라는 것을 보여주는 말이라 생각하면 되겠다.[92]

2011년 10월 5일 애플의 공동 창업자이자 '혁신의 아이콘'으로 통했던 스티브 잡스가 사망하자 IT업계는 물론이고 전 세계인들 사이에서 애플의 후계자 리스크에 대한 관심이 폭증했는데, 이는 비단 애플만의 고민이 아니었다. 세계적 헤드헌팅 업체 콘페리의 조사에 따르면 미국 기업의 65퍼센트는 제대로 된 CEO 승계 계획succession planning을 갖고 있지 않으며, 애플은 이 문제가 매우 극적으로 나타나고 있는 기업 중 하나에 불과하다고 했다.[93]

한국의 대기업들이 후계자 리스크에 노출되어 있다는 해석도 있다. 선진국의 주요 기업은 그나마 경영 능력이 입증된 사람 중에서 CEO를 발탁하고 체계적인 승계 프로그램을 가동하기 때문에 리스크가 상대적으로 적지만, 한국의 대기업은 거의 예외 없이 오너의 자식에게 CEO 자리를 세습하기 때문이라는 게 그 이유다.[94]

6

Marketing Section

Trend Keyword

감성 마케팅Emotional Marketing

소비자의 감성을 자극해 물건을 판매하는 마케팅을 이르는 말이다. 시각, 청각, 촉각, 후각, 미각 등 인간의 신체 감각을 통해 브랜드를 경험하도록 하는 오감 브랜딩이 감성 마케팅의 대표적 사례다. 감성 마케팅은 쇼핑은 '이성의 영역'이 아니라는 점에 주목한다. 행동 경제학자 댄 애리얼리는 쇼핑은 "이성적인 활동이 아니라 죄책감에서 환희에 이르는 다양한 감정들이 내포된 과정"이라면서 "인간은 미래의 일에 대해서는 비교적 이성적이지만 당장의 보상 또는 손실 앞에서는 격정에 휩싸여 충동적으로 행동한다"고 했다.[1]

감성 마케팅의 성공 사례로 자주 거론되는 기업은 스타벅스다. 스타벅스는 매장 장식부터 시작해 전 세계 어느 매장에서든 똑같은 자신들만의 매장 음악, 직원들의 서비스, 매력적인 커피 향 등으로 구성된 스타벅스만의 분위기를 파는 감성 마케팅으로 오늘날 세계적인 커피 프랜차이즈 기업으로 성장했다.[2] 복합쇼핑몰의 인기를 감성 마케팅의 성공적인 사례도 보는 시각도 있다. 소비자들은 과거와 달리 단순히 목적 지향적인 소비가 아니라 감성과 가치관을 충족시키는 개성적 소비를 하는 방향으로 바뀌고 있는데, 복합쇼핑몰이 쇼핑을 문화 활동과 결합한 일종의 놀이로 간주하는 '몰링족'의 감성을 제대로 공략했다는 것이다.[3]

스토리텔링 기법을 활용한 감성 마케팅도 있다. 예컨대 2014년 12월 롯데백화점은 최우수고객에게 발송한 특별 DM에 문학작품의 문구를 인용해 '자신을 더욱 소중히 여기자'는 메시지를 담는 등 유명인과 고객이 선택한 '나를 위한 선물'에 대한 간략한 스토리텔링을 담아 소비자들의 감성을 공략했다.[4] 건설사들이 경쟁사와의 차별화를 위해 '누구나 살고 싶은, 누구나 부러워할 아파트'라는 식으로 이야기를 입혀 소비자들을 공략하는 것도 감성 마케팅 전략이다. 수많은 브랜드들이 유명 디자이너나 셀러브리티 등과 손잡고 컬래버레이션을 통해 상품을 선보이는 것도 감성 마케팅의 일환이다. 패션잡화 브랜드는 '누가' 만들었고, '누가' 메고 신었느냐가 중요한데, 그런 역할을 셀러브리티가 담당함으로써 소비자들의 감성을 자극하기 때문이다.[5]

감성 마케팅은 힐링의 수준으로까지 진화하고 있다. 예컨대 2014년 미국과 유럽의 스타벅스 매장은 주문을 받을 때 고객의 이름이나 닉네임을 물은 후 고객 이름을 직접 불러 음료를 내주었으며, 코카콜라는 제품 라벨에 '잘될 거야', '힘내자', '고마워', '사랑해' 등의 문구를 표시해 친구나 연인에게 건네고 싶은 말이 있을 때 코카콜라로 마음을 표현할 수 있게 했다.[6]

고의적 진부화_{Built-in Obsolescence}

특정 제품이 시장에서 포화 상태가 되는 걸 타개하기 위해 기업이 미리 쓰는 전략을 일컫는 말이다. 물건의 소비를 지속적으로 창출하기 위해 공격적인 마케팅 정책을 전개하면서 기능이나 스타일 등 일부만을 변형시킨 제품을 시장에 내놓는 방식을 통해, 이전의 제품을 일부러 구식으로 만드는 마케팅 전략이라 할 수 있겠다.[7] 의도적으로 물건에 결함을 만들어 제품 수명을 단축시키는 게 대표적인 경우다. 계획적 진부화planned obsolescence라고도 한다.

1920년대 미국의 자동차 회사 GM을 이끌었던 앨프리드 슬론은 고의적 진부화 전략을 공격적으로 진행한 대표적인 인물로 꼽힌다. 그는 소비자들이 이미 구매한 자동차에 대해서 계속 불만족스럽게 느끼게끔 새로운 모델을 끊임없이 내놓았는데, 이런 그의 전략으로 작은 독립 자동차 회사들과 자동차 액세서리 업체들은 빠른 속도로 몰락했다. 슬론이 진행했던 고의적 진부화 전략에는 '슬로니즘'이라는 이름이 붙었다.[8]

고의적 진부화는 담합 형식으로도 나타난다. 예컨대 1924년 미국의 제너럴일렉트릭을 비롯한 전구 업체들은 전구 수명을 1,000시간 이하로 만들자고 담합해 품질이 좋은 동독 제품이 수입되지 못하도록 했고, 수명이 긴 전구 제작과 관련된 특허는 모두 매장되도록 만들었다. 칩이 삽입되어 있어 인쇄 매수가 1만 8,000장이 넘으면 자동으로 멈추는 프린터, 수시로 올이 나가서 새로 사야 하는 스타킹, 수명이 18개월로 제한되어 있는 아이팟 배터리도 고의적 진부화의 한 사례다.[9]

『낭비 사회를 넘어서』의 저자 세르주 라투슈는 고의적 진부화는 성장 중심 패러다임이 낳은 현상이라고 말한다. 소비자들은 일회용품을 쓰는 걸 당연하게 생각하고 휴대전화와 컴퓨터의 수명이 2~3년에 불과한 것에 아무런 의문을 갖지 않는 등 낭비에 가까운 소비 생활에 중독되어 있는데, 그게 다 고의적 진부화 전략에 포섭 당해 있기 때문이라는 것이다. 라투슈는 고의적 진부화가 인간성마저 진부하게 만들고 생태계를 벼랑 끝으로 내몰고 있다면서 자원과 소비 사이에서 균형을 이루는 '순환 경제'로 패러다임을 전환해야 한다고 했다.[10]

공포 마케팅Risk Marketing

사람들이 가지고 있는 불안감 등을 자극해 구매를 하게 만드는 마케팅 기법을 일컫는다. 허원순은 "공포 마케팅은 비관론과 절망감을 묘하게 상품화한 것이다. 그러면서 미래 비즈니스를 가장한다"면서 "당장 힘들수록, 앞길이 어두워 보일수록 공포 마케팅 효과는 자연 극대화된다. 시장의 불투명성이 그 자체로 호재"라고 말한다.[11] 이런 점에서 봤을 때 공포 마케팅은 불안감 조장 마케팅이라고 볼 수도 있겠다.

미국의 정치학자 더글러스 러미스는 공포는 경쟁 사회를 떠받치고 있는 기본적인 정서라고 했는데, 그래서일까? 한국에서 공포 마케팅 현상을 자주 발견할 수 있는 곳은 다름 아닌 대학 입시 시장과 사교육 시장이다. 안석배는 "대한민국 학원이 살아가는 방법 중 하나가 '공포 마케팅'"이라면서 이렇게 말한다. "학교의 교육과정을 훨씬 앞서는 어려운 문제를 주고 '이 정도를 따라가지 못하면 상급 학교에 못 간다'고 겁을 준다. 처음엔 흔들리지 않으려고 하는 엄마, 아빠들. 그런데 친구의 아들, 딸을 보니 어렵다는 과정을 잘 따라가는 것 같다. 사교육이 만들어놓은 공포 마케팅 프레임에 부모들이 낚이는 순간이다."[12]

호모헌드레드Homo Hundred 시대의 개막으로 수명이 연장되면서 불안한 노후를 걱정하는 사람들도 증가하고 있는데, 이들을 겨냥해 금융회사와 보험회사가 진행하고 있는 이른바 은퇴 후 자산 관리 마케팅도 공포 마케팅으로 볼 수 있겠다. 범상규는 2012년, "최근 출근하는 남편을 보고 '여보, 어떡하지'라는 공포에 질린 다급한 메시지를 전달하는 투자 증권회사의 광고가 있다. 이 광고에서는 100살까지 사는 시대, 노후 걱정하는 직장인들에게 자산관리의 필요성을 강조하면서 가능한 한 자사의 금융 상품을 이용하라는 메시지를 전달하고 있다. 문제는 우리 모두를 극심한 위협에 빠뜨려 공포의 불안감을 극대화시키는 불안 조성 마케팅 사례라는 점이다"고 했다.[13]

한국 사회에서 공포 마케팅이 기승을 부리는 이유는 그만큼 한국인들이 미래를 불안하게 생각하고 있다는 것을 시사하는 것이라고 보는 시각도 있다.

기부 마케팅

구매자의 소비나 이벤트 참여를 통해 기부가 자연스럽게 이루어지
도록 하는 마케팅을 이르는 말이다. 고객이 따로 돈을 들일 필요 없
이 원하는 물건을 사면, 일정액이 복지 단체나 어려운 이웃에게 후
원금으로 지원되는 게 기부 마케팅의 대표적인 사례. 기부 마케
팅은 이른바 '착한 소비'를 하는 소비자들의 증가와 밀접한 관련이
있다. 기업이 이윤 추구뿐만 아니라 일정한 사회적 책임을 다해야
한다는 사회적 인식이 형성되면서 기업의 사회 공헌을 중요시하는
분위기가 만들어졌기 때문이다.[14] 2014년 12월 대한상공회의소가
실시한 '윤리적 소비에 대한 소비자 인식' 조사에서 소비자 10명 중
7명은 '같은 품질이라면 윤리적 가치를 반영한 제품을 구매하겠다'
고 응답했으며, 지난 1년간 착한 상품을 구매한 소비자도 60퍼센트
에 달해 소비자들은 같은 값 혹은 좀더 비싸더라도 착한 상품을 원
하는 것으로 나타났다.[15]

　　기부 마케팅의 종류는 다양하다. 소비자들에게 착한 경제 활동
동기를 부여하면서 기업도 매출 일부를 공익을 위해 쓰는 '코즈
Cause 마케팅'이나 삼성법률봉사단의 학교 폭력 예방 교육, 현대자동
차그룹 정몽구 재단 소속 대학생들의 농어촌 교육 등 대기업을 중
심으로 확산하고 있는 재능 기부인 '프로 보노'도 기부 마케팅으로

볼 수 있겠다. 프로 보노는 라틴어 프로 보노 퍼블리코Pro Bono Publico(공익을 위해)의 약어로 각 분야 전문가들이 전문성을 무료로 나누는 봉사 활동을 말한다.[16] 루게릭병 환자를 돕는다는 취지로 시작되어 2014년 전 세계적인 반향을 일으킨 '아이스 버킷 챌린지' 캠페인이나 공정 무역도 기부 마케팅으로 볼 수 있겠다.

네이티브 광고Native Ad

배너 광고처럼 본 콘텐츠와 분리된 별도 자리에 존재하지 않고 해당 사이트의 주요 콘텐츠 형식과 비슷한 모양으로 제작해 노출하는 광고를 말한다. 제작비를 협찬 받았다는 사실을 명확히 기재해야 하고, 해당 기업을 일방적으로 홍보하는 내용이 아니라 기사 가치가 충분한 양질의 콘텐츠라는 점에서 이른바 '기사형 광고'와 다르다고 본다. 페이스북, 트위터 등 소셜네트워크서비스나 핀터레스트, 플립보드 등 큐레이션 사이트에서 게시물처럼 보이는 광고가 대표적인 네이티브 광고다. 인터넷 신문이나 SNS뿐만 아니라 『뉴욕타임스』, 『워싱턴포스트』, 『월스트리트 저널』, 『파이낸셜타임스』, 『가디언』 등 주요 언론에서도 이를 제공하고 있다. 페이스북은 2014년 3월부터 소리 없이 재생되다가 이용자가 클릭하면 소리까지 제공하는 광고를 시작했는데, 이렇듯 사용자가 반응해야 시작되는 광고도 네이티브 광고의 일종이다.[17]

독립 모바일 네트워크를 표방하는 인모비의 창립자 나빈 티와리 최고 경영자는 2014년 5월 중국 베이징에서 열린 글로벌 모바일 인터넷 컨퍼런스 'GMIC 2041'에서 참석해 모바일 배너 광고의 대안으로 '네이티브 광고'를 꼽았다. 인모비는 2014년 초 베타 버전을 출시한 후 35개국에서 네이티브 광고를 게재했는데, 네이티브 광고가 배너 광고에 비해 효율성이 4~5배 높은 것으로 나타났다.[18] 이렇게 전통적인 배너 광고의 효과가 떨어지면서 네이티브 광고는 세계적으로 언론사들의 화두가 되었다. 네이티브 광고 시장을 둘러싼 경쟁도 치열하다. 예컨대 야후는 네이티브 광고 업체 '텀블러'를 인수했으며, 트위터도 모바일 광고 업체 '모펍'을 사들였다.[19]

네이티브 광고가 급증하면서 전통 언론은 광고의 브랜드 노출 범위를 두고 고민하고 있다. 이성규는 "네이티브 광고의 비중이 늘어날수록 『뉴욕타임스』의 고민은 더욱 깊어지는 모양새다. 무엇보다 광고주의 브랜드 노출 범위가 핵심 쟁점으로 떠오르고 있다. 광고주의 브랜드 노출 범위가 광고 효과와 콘텐츠에 대한 신뢰를 좌지우지하기 때문이다"라며 이렇게 말했다. "문제는 투명성이다. 브랜드 노출을 최소화할수록 네이티브 광고와 기사 간 식별은 더욱 어려워진다. 당장 광고 효과를 높일 수는 있지만 기사와 광고의 경계가 모호해져 자칫 독자들이 오인할 소지가 커진다."[20]

네이티브 광고 논쟁

네이티브 광고는 협찬 사실을 명확하게 밝혀야 하지만 이를 모호하게 처리해 광고라는 것을 식별하기 어렵게 하는 언론사가 증가하고 있다. 네이티브 광고를 핵심 수익 모델로 삼고 있는 버즈피드는 '제공'이라는 문구를 '파트너'로 바꾸었으며,『디 애틀랜틱』은 '스폰서 콘텐츠'라는 문구를 '스폰서 제작 콘텐츠'로, 잡지『코스모폴리탄』은 아예 스폰서라는 문구를 빼고 '코스모폴리탄+광고주'로 변경했다.[21]

이 때문에 네이티브 광고를 둘러싼 논쟁도 발생하고 있다. 네이티브 광고 논쟁의 중심에 서 있는 곳은 일반 기사와 네이티브 광고를 구분 없이 배치하는 버즈피드다. 버즈피드의 에디토리얼 디렉터Editorial Director 잭 셰퍼드는 버즈피드의 네이티브 광고 전략에 대해 이렇게 말한다. "전사全社적으로 그 부분에 대해 생각하고 있다. 광고든 리포트든 잘 만들어야 하고 그렇게 않으면 공유하지 않을 것이므로 정직하게 하려고 한다. 우리는 독자들이 좋은 경험을 하길 바라기 때문에 사람들에게 속임수를 써서 클릭하게 만들지 않는다. 네이티브 광고가 저널리즘의 원칙을 훼손할 수 있는 위험성에 대해 항상 생각하고 있다"[22]

하지만 비판론자들은 네이티브 광고가 '기사와 광고는 구분되어야 한다'는 저널리즘의 원칙을 훼손하고 있다고 말한다. 댄 길모어 하버드대학 시민미디어센터 소장은 "스폰서 콘텐츠는 언론사들이 광고를 게재하면서 광고라는 사실을 인정하고 싶지 않을 때 쓰는 애매한 표현"이라면서 "스폰서 콘텐츠가 비판을 받는 건 돈을 가지고 오는 누군가에게 뉴스 페이지를 빌려주고 콘텐츠의 구별이 확실하지 않은 방식으로 게재하게 했다는 인상을 주기 때문"이라고 했다. 영국 옥스퍼드대학 로이터저널리즘연구소가 펴낸 보고서 「디지털 시대의 저널리즘 원칙」은 "돈이 되는 뉴스와 중요한 뉴스 사이의 경계가 모호하게 되는 상황이 자유 언론의 독립성에 위협이 되고 있다"면서 "저널리즘이 광고와 분리되지 않으면 민주주의 사회는 중요한 무엇인가를 잃게 된다"고 경고한다.[23]

네이티브 광고의 수명이 오래 가지 못할 것이라는 해석도 있다. IT·미디어 전문가인 니코 멜레 하버드대학 케네디스쿨 교수는 "디지털 시대의 언론사는 광고가 아닌 다른 수익 모델을 찾아야 한다"면서 이렇게 말했다.

"네이티브 광고가 인기 있지만 지속 가능하지는 않다고 본다. 배너 등 디스플레이 광고가 효과가 없었기 때문에 나온 건데 앞으로 한 1년이나 가려나?……네이티브 광고를 떠나 어떤 형태의 광고도 온라인에서는 효과가 없을 것이다. 인터넷은 개인들이 관계를 맺는 공간이며, 사적 공간에 해당하는 곳이다. 또한 이용 목적이 명확하기 때문에, 사람들은 기업이 이 공간에 침입하는 것을 원치 않는다. 그리고 만약 들어온다고 해도 무시한다. 네이티브 광고가 단기간에는 효과가 있을 수 있지만, 결과적으로는 잘 되지는 않을 것이다. 저녁 식탁에 이런 기업들을 초대하고 싶은 사람은 없기 때문이다."[24]

뉴로 마케팅Neuro Marketing

뇌의 고유 특성을 파악해 소비자의 구매 가능성을 끌어올리는 마케팅 기법을 일컫는 말로, 뇌 과학의 발달과 함께 미지의 영역이던 뇌의 비밀이 하나둘씩 풀리면서 각광받고 있다. 뇌 속에서 정보를 전달하는 뉴런Neuron과 마케팅Marketing의 합성어로 뇌 과학과 비즈니스를 접목한 것이라 할 수 있겠다. 뉴로 마케팅은 인간의 의식과 말은 믿을 수 없지만 뇌는 믿을 수 있다는 생각에 기반하고 있다.

　　뉴로 마케팅의 이론적 기반을 제공한 사람은 제럴드 잘트먼 하버드대학 교수다. 그는 "인간의 욕구는 단지 5퍼센트만 겉으로 드러나고 95퍼센트는 무의식의 지배를 받는다"는 이른바 '95퍼센트의 법칙'을 제시하며 경제학에서 이야기하는 것처럼 인간의 구매 행위가 항상 이성적으로 이루어진다고 볼 수 없다고 했다. 뉴로 마케팅 전문가 A. K. 프라딥은 『바잉 브레인Buying Brain』에서 "인간의 의식은 거짓말쟁이지만 뇌는 거짓말을 못하고 솔직하게 무엇을, 왜, 어떻게 살지 결정하는 쇼핑의 슈퍼 갑"이라고 했다.[25]

　　뉴로 마케팅 관련 연구는 미국과 유럽을 중심으로 2010년대부터 주목받기 시작했는데, 해외에는 뉴로 마케팅을 이용하는 기업도 많다. 예컨대 구글과 마이크로소프트에는 뇌 과학·인지과학·신경과학 등을 연구하는 전문가들이 1,000여 명 이상 근무하고 있다.[26] 한국의 유통업계들은 상품 및 고객 동선 배치, 판매 전략 수립 등에 뉴로 마케팅을 활발히 활용하고 있다. 전준범은 2014년 1월 "최근 백화점을 비롯한 유통업계는 얼어붙은 소비 심리를 자극하기 위해 다양한 판촉행사와 이벤트를 벌이고 있다. 그 한가운데는 뇌의 특성을 근거로 소비 태도나 패턴을 파악해 판매 현장에 적용하는 '뉴로 마케팅'이 있다"고 했다.

"기존에는 이미 나와 있는 연구 성과를 기반으로 마케팅에 적용하는 '수동적' 태도였다면, 최근에는 뇌파를 측정하거나 기능성 자기공명영상fMRI으로 뇌의 움직임을 관찰해 새로운 사실을 밝혀내는 '적극적인' 방향으로 움직이고 있다. 매출과 직접적으로 연결되는 만큼 기업들이 앞장서서 인지과학자들과 협력하는 분위기로 변하고 있다."[27]

웨어러블 기기가 뉴로 마케팅 수단으로 부각될 것이라는 예측도 있다. 토니 가이타치스 퍼스널뉴로Personal Neuro 창업자는 2014년 "구글 글래스는 조만간 뇌 스캐닝 모니터와 결합해 사용자의 감정, 생각, 기분, 의견까지 읽어낸 후 착용자에게 알려(보여)주는 방향으로 진화해나가게 된다"면서 뇌 스캔 기술과 구글 글래스의 실시간 활동, 건강 관리 및 위치 기반 데이터가 결합되면 놀라운 마케팅 파워를 발휘할 것이라고 했다.

이재구는 "뉴로 마케팅은 이미 광고주가 자신을 드러내지 않으면서 사람의 심리를 조작할 정도로 발전해 있다"면서 "뇌파 기기

뉴로 마케팅

와 결합된 구글 글래스가 사용자 기분에 맞춰 제시해주는 광고 브랜드 순위가 조작되어 제시될 가능성도 배제할 수 없다"고 했다.[28]

덕후북

마니아, 그러니까 소수의 특정 취향을 가진 사람들을 겨냥한 책이다. 덕후는 한 분야에 열중하는 사람을 뜻하는 일본어 '오타쿠'의 한국식 표현이다. 2013년 11월 백승찬은 "한때 책은 이념이었고, 때로 상품이었다. 그러나 이제 취향으로서의 책이 나오고 있다"고 했는데, 이 말이 시사하듯 덕후북은 이른바 취향 공동체를 겨냥하고 있다. 대중문화 속 좀비에 관한 지식 사전인 『좀비사전』, 연필 깎는 법을 알려주는 『연필 깎기의 정석』, 한국의 타투이스트들과 그들의 작업을 조명한 『문신유희』, 공포 영화 마니아를 위한 『공포 영화 서바이벌 핸드북』 등이 대표적인 덕후북이다.[29] 덕후북은 롱테일 법칙의 한 사례라 할 수 있다.

덕후북의 등장은 1인 출판, 혹은 독립 출판의 활성화와도 관련이 깊다. 독립 출판이란 기성 출판사가 아닌, 소자본의 소집단 혹은 개인에 의한 출판을 말한다. 1인 출판사 마호의 심지연 대표는 "수익성보다는 내가 재미있어 하는 책을 출간하고 싶었다"며 "쿨하고 감성 충만한 책을 선호하는 20~30대 여성들이 주독자층으로, 우리 책을 계속 사는 사람들이 반복해서 구입한다"고 했다.[30] 독립 출판물 서점 유어마인드의 이로 대표는 "파워 블로거에겐 하루에도 수천에서 수만 명의 방문자가 오지만, 반대로 전혀 방문자가 없는 블로그도 많다"며 "이 같은 상황에서는 독립 출판물을 내 독립 출판 서점에 전시함으로써 소수의 확실한 독자를 확보하는 것이 낫다"고 했다.[31]

덕후북을 내는 출판사를 일러 '오덕 출판사'라 하는데, 이들은 소셜네트워크서비스를 이용해 독자들과의 소통을 강화하는 한편 출판사의 정체성을 반영하는 캠페인을 벌이기도 한다.[32]

데카르트 마케팅Techart Marketing

텔레비전·냉장고 등 가전제품에 예술적 디자인을 적용해 브랜드 가치를 높이는 마케팅이다. 데카르트는 기술tech과 예술art의 합성어다. 차가운 첨단 기술 제품에 예술가나 브랜드의 작품 및 상징을 활용해 따뜻함을 입히거나, 유명 예술인과의 협업을 통해 예술가가 제품 디자인에 직접 참여해 제품의 이미지를 끌어올리는 식이다. 소비자의 감성에 호소한다는 점에서 감성 마케팅의 일종이라 할 수 있다.[33]

　데카르트 마케팅은 진화 중이다. 박순찬은 2012년 4월, 애초 데카르트 마케팅은 차가운 이미지의 가전이나 IT제품에 감성적인 예술을 접목하는 방식으로 시작되었지만, IT제품을 넘어 식품·생활용품·공사장 가림막에 활용되는 등 경계를 가로지르며 보다 폭넓은 개념인 '예술 마케팅'으로 거듭나고 있다고 했다. 건물 벽면을 디스플레이 공간으로 활용해 다양한 작품을 선보인 서울역 앞의 서울스퀘어나, 서울 종로구 소격동의 국립현대미술관 서울관 공사 현장의 가림막에 그려진 벌거벗은 모나리자의 누드 그림이 그런 경우다. 당시 국립현대미술관은 모든 것을 보여주는 미술관'이라는 의미를 전달하기 위해 겨울이 되자 모나리자에게 목도리를 거는 퍼포먼스를 벌이기도 했다.[34]

아예 제품 자체를 예술품으로 승화시키는 방법도 등장했다. 모신정은 2014년 1월, 데카르트 마케팅이 "최근 유명 예술가의 디자인을 제품에 적용하는 보편적인 방식에서 벗어나 다양한 방식으로 진화하고 있다"며 이렇게 말했다.

"그 자체로 예술 작품으로서의 가치를 가진 '예술 감각 전용 제품'이 개발되거나 IT 제품인 동시에 인테리어 소품, 프리미엄 액세서리 역할까지 겸비한 제품들이 속속 등장하면서 보다 폭넓은 개념의 '예술 마케팅'으로 거듭나고 있다."[35]

하지만 데카르트 마케팅이 꼭 성공을 보장하는 것은 아니다. 예컨대 현대자동차가 2011년 프라다와 손잡고 내놓은 '제네시스 프라다'는 국내외 2,000대만 한정 판매했음에도 큰 성공을 거두지 못했다. 이상우는 "데카르트 마케팅이 반드시 성공하는 필승 전략은 아니다. 제품으로서 기능과 가치를 우선 갖추어야 한다. 시각적으로 아름답더라도, 제품 본연의 기능에 충실하지 못하면 결국 소비자의 외면을 받게 된다"면서 "기술과 예술 사이의 균형이 중요하다"고 했다.[36]

레트로 마케팅Retro Marketing

소비자들의 기억에 남아 있는 향수를 자극해 제품이나 서비스를 되살려 활용하는 마케팅 기법을 일컫는다. '복고 마케팅', '향수 마케팅', '리메이크 마케팅'이라고도 한다. 레트로Retro는 과거를 회고한다는 뜻을 지닌 'Retrospective'의 약어로, '과거의 것을 현대적으로 재수정한 것'이라는 의미로 쓰인다.[37] 일반적으로 레트로 마케팅은 추억과 향수라는 인간의 보편적 정서에 근간을 두고 있기에 설득력과 파급효과가 큰 것으로 알려져 있다.

IMF 시절 레트로 마케팅이 크게 유행한 게 시사하듯 레트로 마케팅은 특히 불황기에 자주 등장하는데, 이는 기업과 소비자의 이해관계가 맞아떨어지면서 발생하는 현상이다. 기업은 상대적으로 비용을 덜 들이면서도 광고 효과를 높일 수 있고, 소비자들은 과거를 회상하며 심리적 위안을 얻을 수 있기 때문이다. 그래서일까? 『주간한국』 2015년 1월 20일자는 "복고 마케팅은 사라진 브랜드에 새 생명을 불어넣는 '기사회생'의 마케팅이다"라며 "향수를 되새김질하고자 하는 소비자 마음을 헤아리는 따뜻한 마케팅이기도 하다"고 했다.[38]

레트로 마케팅을 추억팔이 마케팅으로 보는 견해도 있는데, 현대적으로 재해석하거나 녹여내지 않는 레트로 마케팅은 성공할 수 없기에 레트로 마케팅을 단순한 추억팔이 마케팅으로 보기 어렵다는 시각도 있다. 예컨대 김병희는 "레트로 마케팅은 현재를 팔기 위해 과거를 활용하는 기법이다. 성공적인 마케팅은 단지 향수Nostalgia를 파는 것 이상이며, 오래된 스타일의 제품을 새롭게 추종한다"며 이렇게 말한다.

"레트로 마케팅에서는 '희미한 옛사랑의 그림자'가 엿보이지만 그렇다고 해서 맹목적으로 과거를 추억하지만은 않는다. 예를 들어 자동차 회사에서는 제품에 복고 이미지를 도입하지만 현대적 참신함을 가미한다. 대중문화 차원에서는 왕년의 그룹들이 다시 스타로 떠오르는가 하면, 스포츠 분야에서도 레전드 슈퍼 게임이 인기를 얻고 있다. 이는 분명 아날로그적 감성을 일깨우는 전략이지만 거기에 그치지 않고 스마트한 소비자들의 선택을 숨기고 있는 셈이다."[39]

리부트Reboot

'리부트'는 원래 컴퓨터의 전원을 다시 켠다는 의미의 컴퓨터 용어지만, 영화계에서는 원작이 되는 이야기와의 연속성을 버리고 완전히 새로운 이야기로 재구성한 작품을 이르는 말로 사용한다. 감독과 배우뿐 아니라 줄거리와 갈등 관계, 등장인물이 다르다는 점에서 '리메이크Remake', '리바이벌Revival'과는 다르다. 크리스토퍼 놀란이 〈배트맨〉 시리즈를 리부트한 〈배트맨 비긴즈〉, 〈다크나이트〉, 〈다크나이트 라이즈〉로 연속해서 흥행에 성공하자 할리우드에서는 2013년경부터 슈퍼 히어로 영화를 중심으로 리부트 열풍이 거세게 불었다.[40]

리부트 열풍은 할리우드의 아이디어 고갈과 밀접한 관련이 있다는 해석이다. 기존 시리즈가 속편을 통해 계속 반복되면서 인기가 떨어지자 할리우드 영화 산업이 기존 시리즈를 완전히 새로운 시리즈로 탈바꿈시키는 방식을 통해 활로를 모색하고 있다는 것이다. 리부트는 기존의 인지도를 그대로 가져오면서도 새로운 캐릭터를 재창조할 수 있어 대중들을 상대로 새롭게 수익을 올릴 수 있는 장점이 있기 때문이다. CJ E&M 영화사업부문 해외마케팅 권성준 팀장은 "할리우드 입장에서 리부트만큼 좋은 흥행 전략은 없다"며 "할리우드에서 1년에 나오는 2~3편의 대작 중, 리부트 작품이 꼭

들어갈 정도로 리부트 영화는 이미 대세가 되었다"고 말한다.[41] 골
프업계에서는 성공한 옛 모델을 들고 나와 완전히 다르게 업그레이
드한 골프 용품을 일러 리부트라고 한다.[42]

리타깃팅 광고Retargeting Ad

온라인에서 족집게처럼 이용자의 속마음을 읽어내는 광고 기법을 이르는 말이다. 이용자가 온라인에서 오간 흔적인 '쿠키'를 분석해 맞춤형 광고를 보여주는 식으로 이루어지기 때문에 표적 광고라 할 수 있겠다.[43] 이용자가 페이스북이 아닌 외부 웹사이트에서 상품을 구매한 뒤 페이스북으로 돌아왔을 때 그와 유사한 상품 광고를 페이스북 뉴스피드 등에 노출하도록 되어 있는 페이스북의 광고 상품 FBXFacebook Exchange가 대표적인 리타깃팅 광고다. 구글, 페이스북, 크리테오 등 외국 기업들은 리타깃팅 기법을 무기로 한국 시장을 공략하고 있으며, 한국의 포털사이트들도 검색 광고와 디스플레이 광고 등 기존 광고 수익이 한계에 이르자 리타깃팅 광고를 도입하고 있는 추세다. 리타깃팅 광고는 차세대 마케팅 기법으로 주목받고 있지만 네티즌의 검색·방문 이력을 수익으로 연결한다는 점에서 프라이버시 침해 논란도 발생하고 있다.[44] 예컨대 2013년 트위터가 리타깃팅 광고 프로그램 서비스를 시작한다고 발표하자 미국의 한 사생활 보호 시민 단체는 '트위터의 리타깃팅 프로그램은 인터넷 사생활 침해'라고 주장하고 나서기도 했다.[45]

비콘 Beacon

근거리 무선 센서의 일종으로 스마트폰 사용자의 위치를 인식해 상
호간 데이터를 주고받을 수 있게 한 기기를 말한다. 비콘의 사전적
정의는 '안전 운전을 유도하는 신호등·경광등 등의 불빛'을 뜻하
는데, 산꼭대기에서 피워올리던 '봉화'도 비콘이라고 불렀다.[46] 비
콘의 작동 방식은 이렇다. 스마트폰 등 모바일 기기를 소지한 사용
자가 비콘의 신호 영역 안에 들어오면 비콘 송신기가 모바일 애플
리케이션(앱)에 이 신호를 전달한다. 정보를 받은 앱은 블루투스를
기반으로 사용자의 위치를 파악해 매장을 방문한 고객에게 스마트
폰 앱을 통해 제품 관련 정보를 자동 제공한다. 대형 마트의 과일 코
너에 있을 때 특별한 행동을 하지 않아도 바나나 할인 정보가 스마
트폰으로 전송되거나, 박물관에 갔을 때 지나가기만 해도 앞에 있는
유물에 대한 정보가 자동으로 스마트폰에 뜨는 식이다.[47]

비콘은 소비자에게 맞춤 정보를 제공해 구매력을 높일 수 있어
위치 기반 광고와 차세대 마케팅 플랫폼으로 각광받고 있다. 해외
에서는 유통업계가 적극적으로 비콘을 도입하고 있다. 예컨대 애플
은 2013년 자체 비콘 표준 플랫폼인 '아이비콘'을 발표하고 미국
전역 254개 애플스토어에 적용했다. 이게 시사하듯, 비콘의 활성화
로 온라인·모바일을 활용해 오프라인 매장으로 고객을 끌어들이

는 'O2Oonline to Offline 비즈니스'는 활성화되고 있다.

비콘은 앞서 상용화된 근거리무선통신보다 위치 정확성·사용 범위 등이 뛰어나다는 평가를 받고 있는데, 그런 이유 때문에 NFC 기술은 위기에 처했다. 실제 세계 최대 편의점 체인 '세븐일레븐'과 미국 최대 전자제품 체인 '베스트바이'가 NFC 결제를 지원하지 않기로 했다. 비콘은 유통 분야를 넘어 금융 결제 분야에도 적용되고 있다. 미국의 대형 간편 결제 업체 페이팔이 2013년 9월 선보인, 카드·스마트폰 등에 손을 대지 않고 결제를 완료할 수 있도록 한 '핸즈 프리 페이먼츠'가 그런 경우다. 한국의 카드사들도 비콘을 활용한 서비스 개발에 박차를 가하고 있다.[48]

비콘은 유통시장과 결제 시장에 혁명적인 변화를 불러올 것으로 예측되고 있지만 고객의 소비 패턴을 정보로 활용하는 탓에 사생활 침해와 보안 문제에서 우려가 제기되고 있기도 하다. 그래서 비콘은 사용자 동의하에서 작동되어야만 한다는 의견도 많다. 동의하지도 않은 곳에서 비콘이 작동되면 큰 문제가 생길 수 있기 때문이다. 비콘의 활성화로 길거리에서 나누어주는 전단지가 멸종될 것이라는 분석도 있다. 또 비콘 서비스가 획기적으로 늘어나면 비콘 간 간섭 현상이 발생하기 때문에 새로운 '스팸'을 양산할 것이라는 지적도 있다.[49] 이런 문제에도 불구하고 전문가들은 앞으로 스마트폰뿐만 아니라 스마트워치, 스마트안경 등 웨어러블 기기에도 비콘 기술이 접목될 것이라고 예측한다.

쇼퍼 마케팅Shopper Marketing

막연하게 소비자 중심의 마케팅을 하기보다는 매장에서 물건을 구입하는 쇼퍼의 심리와 특성을 파악해 특별한 경험을 제공하는 마케팅을 이르는 말이다. 실제로 물건을 소비하는 사람이 아니라 구매하는 사람의 인식과 패턴을 파고드는 게 쇼퍼 마케팅의 기본 원리인데, 여기서 말하는 쇼퍼는 분명한 목적을 갖고 제품을 구매할 의사가 있는 사람들을 일컫는다. 면도기를 남성 용품 코너에 비치하지 않고 여성 용품 코너에 비치해 주부가 이를 구입하도록 하거나, 기저귀 판매대 옆에 맥주를 두어 기저귀를 사기 위해 마트를 찾은 아버지들이 맥주도 함께 사도록 하는 식이다.[50]

　『쇼퍼 마케팅』의 저자 마르쿠스 스탈버그 페노메나그룹 회장은 "쇼퍼 마케팅은 구매 의사가 있는 쇼퍼들을 대상으로 하는 마케팅 기법인 만큼, 쇼핑 경험, 구매 과정, 최종 구매 결정에 이르기까지의 일련의 모든 과정에 가치를 더해 쇼퍼들이 최대한 많은 제품을 사도록 이끄는 것이 목적"이라면서 "쇼퍼 마케팅은 매장에 고객이 얼마나 오는지Store traffic, 고객이 한 번 매장을 방문할 때 얼마나 구매하는지Basket size, 고객이 어떤 제품을 고르는지Production Selection 등의 데이터를 기반으로 분석하기 때문에 브랜드 마케팅보다 훨씬 더 결과가 뚜렷하게 나오는 경향이 있다"고 했다.[51]

쇼퍼의 구매 결정은 순식간에 이루어지기 때문에 제품을 인지시키기 위해 매장에 최대한 오래 머물도록 만드는 것도 쇼퍼 마케팅이다. 이런 식으로 성공한 대표적인 기업이 바로 세계적인 가구 전문점 이케아다. 이케아는 방대한 규모의 오프라인 매장에 종류별로 다양한 가구를 전시해 매장을 찾은 고객들에게 특별한 경험을 제공하는 쇼퍼 마케팅을 통해, 세계적인 불황 속에서도 2010~2011회계연도에 29억 7,000만 유로(약 4조 4,000억 원)의 순이익을 낸 것으로 알려져 있다. 이는 이케아 사상 최대 규모였다.

쇼퍼 마케팅은 쇼퍼의 즉각적 행동에 긍정적 영향력을 미쳐야 하고, 한 번 매장을 방문할 때 되도록 많은 구매를 유도해야 하기 때문에 단순히 매장을 방문한 쇼퍼들을 대상으로 한 마케팅은 쇼퍼 마케팅이 아니라는 시각도 있다. 최인아는 "쇼퍼 마케팅이라고 하면 언뜻 매장 안에서 제품을 진열하는 방법 등을 떠올릴지 모르겠다. 하지만 쇼퍼 마케팅은 그와 많이 다르다"면서 이렇게 말한다. "구매자의 수요와 심리를 고려해 점포에서 판매하는 방법 이외에도 옥외광고나 팝업 스토어, 온라인 마케팅과 같은 점포 바깥과의 연계까지도 통합해 발상한다. 마케팅의 대상이 '점포'에서 '쇼퍼'로 이동한 셈이고, 마케팅의 범위도 훨씬 넓다는 점에서 차이가 있다."[52]

HMR Home Meal Replacement

전자레인지에 돌리거나 가볍게 끓여 먹을 수 있는 음식을 말한다. 가정 간편식이라고 한다. 2009년 7,100억 원 수준이었던 가정 간편식 시장은 2013년 1조 3,000억 원 수준으로 성장했는데, 이는 1인 가구와 핵가족의 급증, 그리고 원재료를 구입해 직접 조리하기보다는 합리적 소비를 선호하는 이들의 소비 경향과 밀접한 관련이 있다. 가정 간편식이 효자 상품으로 떠오르면서 유통업계는 이를 취급하는 매장·코너를 확대하고 식단을 다양화하고 있다.[53]

시장이 확대되면서 취향에 맞는 '맞춤형', 질을 높인 '고급형' 등으로 가정 간편식은 진화하고 있다. '인스턴트는 몸에 해롭다', '맛이 없다'는 고정관념에서 탈피하기 위한 움직임도 활발하다. 고은경은 "과거 냉동 기술을 활용한 삼계탕, 갈비탕 등 탕이나 국, 찌개요리 등에 국한되었던 가정 간편식은 전문 요리사나 패밀리 레스토랑과 손잡고 좋은 원재료는 물론 냉장, 냉동 기술 등을 확보하며 맛과 건강을 잡는 간편식으로 진화하고 있다"면서, 맛·과학·건강 삼중주를 바탕으로 국제선 기내식까지 진출했다고 말한다.[54] 식품업계가 전체적인 불황에 빠진 가운데 가정 간편식 시장만 나 홀로 성장세를 지속하자 2015년 대형 마트는 가정 간편식 전용 브랜드PB 제품을 출시하는 등 가정 간편식 시장에 본격적으로 뛰어들었다.

에잇 포켓Eight Pocket

8개의 주머니라는 뜻으로, 한 아이를 위해 부모·친조부모·외조부모·삼촌(외삼촌)·고모(이모) 등 8명이 주머니를 여는 소비 현상을 말한다. 부모·친조부모·외조부모 등을 일컬었던 식스 포켓six pocket에 만혼晚婚의 영향으로 결혼 시기가 늦어진 30~40대의 삼촌·고모가 합류하면서 등장한 말이다. 이렇게 8명에게 용돈을 받는 아이들을 일러 에잇 포켓 세대라 한다. 식스 포켓은 1990년대 일본에서 만들어진 말이다.

에잇 포켓에서 삼촌·고모가 차지하는 비중은 갈수록 커지고 있다. 높은 구매력을 갖고 있으면서 결혼을 하지 않아 자녀가 없는 관계로 조카를 위해 지출을 아끼지 않기 때문이다. 이들은 실용성을 따지는 부모와 달리 고가의 최신 제품 구매도 서슴지 않는데, 이들의 가세로 인해 키즈kids 산업은 불황을 모르고 성장하고 있다.[55] 2003년 10조 원이었던 시장 규모는 2011년 30조 원으로 성장했으며, 갈수록 시장 규모는 커질 것으로 예측되고 있다. 시장도 다양화하고 있다. 한진희는 어린이 관련 산업인 엔젤 비즈니스가 과거에는 "의류와 완구 등 제조업 등에 초점이 맞춰졌다면, 최근의 엔젤 비즈니스는 금융과 교육 콘텐츠 등 서비스 산업으로 확장했다"고 말한다.[56]

역쇼루밍Reverse-Showrooming

온라인에서 제품을 선택한 뒤 오프라인 매장에서 구입하는 소비 행위를 이르는 말이다. 온라인에서 각종 후기나 검색 등을 통해 맘에 드는 제품을 결정한 뒤 오프라인 매장에서 구입하는 사람들을 일러 역逆쇼루밍족이라 한다. 상품 선택은 매장에서 하고 실제 구매는 인터넷 쇼핑몰에서 하는 소비문화를 가리키는 쇼루밍Showrooming의 반대말이다. 역쇼루밍 트렌드는 안전에 민감한 화장품이나 유아 용품, 해외 고가 브랜드, 온라인 전용이던 길거리 패션 브랜드 등에서 두드러지게 나타나고 있는 것으로 알려져 있다.

핀터레스트 등 사진 공유 전문 SNS가 역쇼루밍 소비 트렌드를 이끌고 있다는 해석도 있다. 예컨대 하버드대학 경영대학원이 발행하는 『하버드 비즈니스 리뷰HBR』는 2013년 7월호에서 핀터레스트 등 사진 공유 전문 SNS가 소비자에게 상품 구매 정보를 확산시키는 역할을 하고 있다면서 역쇼루밍 현상이 크게 증가하고 있다고 했다.[57]

쇼루밍족의 등장으로 인해 위기감을 느낀 오프라인 매장이 차별화 전략을 통해 역쇼루밍 트렌드를 이끌고 있다는 견해도 있다. 실제 백화점을 비롯한 화장품, 의류 업체들은 역쇼루밍족을 잡기 위해 오프라인 단독 상품을 비롯해 전문화된 서비스, 체험형 매장 설계 등으로 온라인과 차별화에 나서고 있으며, SNS를 적극적으로 활용해 제품에 대한 다양한 정보를 제공하고 있다. 허경옥은 "역쇼루밍은 스마트폰으로 언제 어디서나 SNS 후기를 확인할 수 있게 되면서 생겨난 '견물생심見物生心'과 같은 소비문화"라며 "오프라인 소비의 경쟁자로 여겨지던 온라인 소비가 오프라인 소비의 촉매제가 되고 있다"고 했다.[58]

쇼루밍족과 역쇼루밍족의 등장으로 온·오프라인의 경계가 무너지면서 유통업계는 옴니채널omni-channel 구축에 적극 나서고 있다.

O2O 마케팅

정보통신기술ICT을 기반으로 온라인과 오프라인이 결합된 마케팅이나 비즈니스를 말한다. O2O는 '오프라인을 위한 온라인Onlie to Offline'이라는 뜻이다. O2O 마케팅이 주목받는 이유는 크게 두 가지다. 첫째, 모바일 쇼핑 시대의 개막으로 온·오프라인의 경계가 허물어졌다. 둘째, 온라인에서 오프라인으로 연결할 수 있는 NFCNear Field Communication(근거리 무선 통신), LBSLocation based Service(위치 기반 서비스) 등 기술의 진화다. 근거리 무선 센서의 일종으로 스마트폰 사용자의 위치를 인식해 상호간 데이터를 주고받을 수 있게 한 기기를 말하는 비콘의 등장도 O2O 마케팅을 활성화시키는 요인으로 작용하고 있다. 즉, O2O 마케팅은 NFC, LBS, 비콘 등을 활용해 오프라인 매장 주변의 소비자에게 할인 쿠폰을 발송해 잠재 고객을 오프라인 매장으로 유치하는 마케팅이라 할 수 있다.[59] 배달 음식 서비스가 대표적인 O2O 서비스다. 세계적인 논란을 불러일으키고 있는 우버Uber도 O2O 서비스다.

    O2O 마케팅은 실제 매장 근처에 있는 사람들을 대상으로 홍보를 진행하기 때문에 기존의 마케팅보다는 효과가 훨씬 좋아 인터넷 업체부터 이동통신사, 전자 업체 등 IT 업체들이 O2O 관련 서비스를 속속 출시하며 시장에 진출하고 있다. KT경제경영연구소의

한 관계자는 "IT 기업들의 최종 종착지는 결국 O2O가 될 것"이라며 "미국 역시 아마존 등 거대 IT 기업들이 진출을 준비하고 있다"고 말했다.[60] O2O 마케팅은 유통업계에 파란을 불러올 것으로 예측되고 있지만 프라이버시에 대한 논란 또한 불러오고 있다. O2O 기업들이 수집할 수 있는 소비자들의 소비 패턴, 위치 정보 등 사적인 정보를 토대로 개인의 취향이나, 예상 동선 등 새로운 정보를 임의로 만들어낸다면 프라이버시 침해 문제를 일으킬 수도 있기 때문이다.[61]

옴니채널 Omni-Channel

'모든'이라는 뜻의 단어 omni와 '경로'를 뜻하는 channel의 합성어로, 기존 온·오프라인 유통 채널에 IT·모바일 기술을 융합한 유통 전략을 의미한다. 온라인과 오프라인 유통 채널을 통합해 온·오프라인 매장에 관계없이 고객에게 최선의 선택을 제공하는 게 특징이다. 이재헌은 "옴니채널은 단순히 오프라인 매장에 진열된 물건을 온라인에서 파는 모습에 그치지 않는다. 스마트폰을 통해 애플리케이션을 내려받은 고객에게 해당 브랜드나 매장에서 할인 또는 특별 서비스를 제공하는 것은 물론 고객의 정보를 자동으로 인식해 오프라인 매장 내에서 상품을 추천해주거나 특징을 설명하는 기능까지 선보이고 있다"면서 "온라인이나 모바일에서 오프라인 매장의 모습을 있는 그대로 확인한다든지, 애플리케이션에 이미 입력된 고객 정보를 통해 오프라인 매장과 연결되는 등 상호작용이 활발한 상황도 옴니채널을 통해 구현할 수 있다"고 말한다.[62]

옴니채널의 부상은 스마트폰의 대중화로 인해 온라인과 오프라인을 자유롭게 넘나들며 쇼핑을 즐기는 크로스 쇼퍼cross shopper, 그러니까 쇼루밍족, 역쇼루밍족, 모루밍족들의 증가와 밀접한 관련이 있다.[63] 쇼루밍Showrooming족은 매장에서 제품을 꼼꼼하게 살펴본 뒤, 실제 구매는 온라인 등의 경로를 통해 최저가로 구매하는 알뜰 쇼핑족을 의미하고, 반대로 온라인에서 제품에 관한 정보를 꼼꼼하게 파악하고 오프라인을 통해 제품을 구매하는 쇼핑족을 일러 역쇼루밍Reverse-Showrooming족이라 한다. 모루밍은 모바일과 쇼루밍의 합성어로, 매장에서 물건을 고르고, 모바일로 구매하는 사람들을 일러 모루밍족이라 한다. 소비자들의 이런 구매 행태가 시사하듯, 옴니채널에서는 온라인과 오프라인의 경계가 무의미하다.[64]

세계적인 유통 기업들은 옴니채널 전략에 박차를 가하고 있다. 2013년 영국에서 온라인으로만 주문을 받아 배송을 전담하는 매장인 닷컴 온리 스토어의 여섯 번째 매장을 연 세계 3위의 유통 그룹 테스코는, 온·오프라인의 장점을 결합시키며 연평균 40퍼센트가 넘는 성장률을 기록한 것으로 알려져 있다. 온라인에서 출발한 미국의 '아마존닷컴'은 '아마존 프레시'라는 신선 식품 배송 서비스로 온·오프 융합 시장에 진출해 사업을 확장하고 있다. 한국 유통 기업들도 옴니채널 전략을 강화하고 있다. 외국의 은행들 역시 옴니채널 전략을 본격화하고 있다. 적은 점포수의 한계를 극복하기 위해 영업점, 콜센터, 웹사이트를 융합한 'Video Call Service'를 제공하고 있는 스페인의 'Bankinter 은행', 인터넷 혹은 스마트폰을 활용한 영업점 상담 예약 제도 운영을 통해 고객의 편의성을 증진하고 있는 미국의 'Wells Fargo 은행' 등이 그런 경우다. 이들 은행들은 옴니채널을 도입해 은행 혁신과 고객과의 관계 강화에 성공했다는 평가를 받는다.[65]

한국 IBM 사장 셜리 위추이는 통합된 온 · 오프라인 채널 전략 하에 일관된 고객 경험과 개별 맞춤형 서비스를 제공하는 업체만이 생존 가능한 시대가 되었다면서, 옴니채널 시대에 살아남기 위한 방법으로 세 가지를 제시했다. 첫째 오프라인 매장을 신기술로 무장해 온 · 오프라인을 연결하는 디지털 쇼룸으로 바꾼다면 온 · 오프라인 매장 동반 성장이 가능하기 때문에 모든 채널을 온 · 오프라인으로 통합해야 한다. 둘째 소비자들이 옴니채널에 기대하는 것은 일관성과 간결성이기 때문에 모든 채널에서 일관된 고객 경험을 제공해야 한다. 셋째, 매장 중심 디자인을 소비자 중심 디자인으로, 매장 중심의 스토리텔링을 멀티채널 중심의 제품 스토리텔링으로 바꾸는 등 조직 중심에서 고객 중심으로 모든 것을 혁신해 고객의 기대를 신속히 채택할 수 있도록 해야 한다.[66] 대한상공회의소는 옴니채널을 2015년 주요 소비 키워드 가운데 으뜸으로 꼽았다.

자기 보상 소비

장기 불황과 경기 침체 속에서 열심히 산 자신에게 보상 형식으로 선물을 주어 삶의 만족감을 끌어올리려는 소비 경향을 이를 말이다. 이른바 '셀프 기프팅Self Gifting'이라 할 수 있겠다. 자기 자신에 대한 보상과 격려 차원의 소비라는 점에서 충동적인 구매나 일반 소비와는 다르다. 롯데백화점이 2014년 11월 22~23일 양일간, 20~60대 방문 고객 1,000명을 대상으로 진행한 '자신을 위한 연말 선물을 준비하겠느냐'라는 질문에 '그렇다'고 답한 고객이 95퍼센트에 달했는데, 이는 2013년(96퍼센트)과 비슷한 수준이다. 이 결과가 시사하듯 자기 보상 소비는 연말의 새로운 소비문화로 자리 잡고 있다.[67]

자기 보상 소비는 나홀로족의 급증과 밀접한 관련을 맺고 있다. 2013년 10월 17일 대한상공회의소가 1인 가구 250가구를 대상으로 한 조사에서 이들은 주로 '나를 위한 소비'에 집중하고 있는 것으로 나타났는데, 이들 1인 가구는 향후 지출을 늘릴 항목으로 여행(41.6퍼센트), 자기 계발(36.0퍼센트), 레저·여가(32.8퍼센트), 건강(32.0퍼센트), 취미(26.0퍼센트) 등을 꼽았다.[68] 이렇듯 자기 보상 소비를 하는 사람들이 증가하면서 이들을 겨냥한 마케팅도 진화하고 있다. 예컨대 여행업계는 자기 보상 차원에서 휴가철마다 국내 · 외로 혼자서 여행을 떠나는 젊은 층을 겨냥해 숙박과 이동 수단만 제공하는 단체 배낭여행 상품을 대폭 늘리고 있다.[69] 자기 보상 소비족이 상품 자체에 의미를 부여한다는 점에서 이들의 감성을 공략하는 마케팅도 등장했다. 예컨대 롯데백화점이 2014년 12월 최우수 고객에게 발송한 특별 DM은 문학작품의 문구를 인용해 '자신을 더욱 소중히 여기자'는 메시지를 담는 등 유명인들과 고객들이 선택한 '나를 위한 선물'에 대한 간략한 스토리텔링을 담기도 했다.[70]

음식을 비롯한 생필품에서는 알뜰 소비를 하지만 허리띠를 졸라 모은 돈으로 자신이 관심 있는 특정 상품에서는 고급 소비를 하는 이른바 로케팅rocketing족 역시 자기 보상 소비족의 한 사례. 일상에서는 저렴한 것을 찾으면서 자신이 가치를 두는 특정 품목이나 서비스에는 큰돈을 아끼지 않는다는 점에서 자기 보상 소비는 일종의 '불황형 소비'라 할 수 있다. 자기만족을 중시하는 가치 지향적 소비는 자신에게 가장 중요하다고 생각하는 상품에 대한 지출을 제일 마지막에 줄이려는 소비 심리와 관련이 있기 때문이다.[71]

바로 그런 이유 때문에 자기 보상 소비 현상은 갈수록 더욱 활성화될 가능성이 높다는 게 일반적인 분석이다. 불황이 장기화되면서 사회적 피로도와 개인적 스트레스는 높아지고 있지만 이를 마땅히 풀 수 있는 돌파구가 보이지 않는 상황 속에서, 자기 보상 소비가 일상 속에서 힐링을 할 수 있는 유력한 아이템으로 부상하고 있기 때문이다.

컴플레인 마케팅Complain Marketing

호텔이나 백화점 등 서비스업계에서 고객 불만을 데이터화해 문제를 해결하면서 동시에 고객 불만 사항을 경쟁력을 키우기 위한 수단으로 활용하는 마케팅을 말한다. 고객의 불만을 적극적으로 청취하고 바로 시정에 나서거나 이를 데이터로 만들어 판매나 서비스전략으로 구축하는 식이다. 문수아는 "컴플레인 마케팅은 고객평가단 위주로 운영하던 기존 '프로슈머prosumer 마케팅'에서 한 단계 진화한 것으로 특정 평가단이 아닌 불특정 다수의 의견을 듣는다는게 특징"이라고 말한다.[72] 이혜운은 이른바 라면 상무 사건을 거론하며 "기업 입장에서는 너무 무례하지만 않다면 라면 상무 같은 사람이 되레 고마운 사람일 수 있다. 서비스 어느 부분이 부족한지 현장에서 바로 알려주는 사람이기도 하고, 문제를 잘 해결하면 이들이 단골손님이 될 확률도 높기 때문이라고 한다"고 했다.[73]

컴플레인 마케팅은 인터넷의 대중화와 SNS 혁명 속에서 기업이 살아남기 위해 선택한 생존전략이기도 하다. 소비자들은 자신의 마음에 차지 않으면 인터넷과 SNS를 통해 컴플레인을 쏟아내고 있기 때문이다. 세계적인 IT 강국답게 한국인들은 불만을 표시하는데도 적극적이다. 2014년 글로벌 컨설팅 업체 액센츄어가 발표한 '2013 글로벌 소비자 조사'에 따르면 조사에 참여한 32개국 1만

2,860여 명의 소비자 중 한국 소비자의 불만 표시 수준이 가장 높은 것으로 나타났다. 한국 소비자 거의 대부분(92퍼센트)은 가족, 친구, 직장 동료 등 주변인에게 제품에 대한 불만을 토로했는데, 이는 미국(64퍼센트), 영국(63퍼센트), 일본(52퍼센트) 등에 비하면 현격히 높은 수치다. 한국인들은 말로만 그치는 게 아니라 행동도 한다. 소비자 둘 중 한 명(46퍼센트)은 블로그나 페이스북, 트위터에 제품의 불만족스러운 부분에 대해 부정적인 견해를 쏟아내는 것으로 조사되었는데, 이는 중국 소비자(59퍼센트)에 비해서는 낮은 수준이지만 미국 · 일본 · 독일 소비자에 비해서는 매우 높은 것이다.[74]

데이브 커펜은 "인터넷은 무한한 세계다. 어떤 회사에서 부당한 대우를 받았다거나 자신의 의견이 묵살되었다고 느낀 사람은 얼마든지 다른 곳으로 가서 불만을 토로하며 감정을 발산할 더 큰 에너지를 얻을 수 있다"면서 이렇게 말한다.

"세상에 완벽한 인간은 없다. 그러므로 완벽한 조직도 없다. 당신의 회사도 분명 실수를 저지를 것이며, 소셜네트워크 덕분에 전 세계에 그 사실이 순식간에 퍼져나갈 수도 있다. 하지만 당신은 세상에 당신이 얼마나 신속히 고객에게 응답하는지 보여줄 능력도 있다. 사과의 뜻과 해결책을 신속하고 진실하게 응답한다면 당신의 평판에는 아무런 흠집도 생기지 않을 것이다. 이에 더해 고객의 문제를 해결하며 추가적 보상까지 제공한다면 응답 및 고객 서비스를 마케팅 자산으로 탈바꿈시킬 수도 있을 것이다."[75]

컴플레인 마케팅이 '블랙 컨슈머'를 양산한다는 우려도 있지만, 인터넷과 SNS를 통해 빠르게 전파되는 정보가 통제할 수 없는 거대한 파도가 되는 그라운드스웰 시대에 '평판 관리'가 기업의 경쟁력으로 부각되고 있다는 점에서 컴플레인 마케팅은 대세가 되어 가고 있다.

콘텐츠 마케팅Contents Marketing

불특정 다수를 대상으로 텔레비전이나 신문과 같은 전통적인 미디어에 광고를 하는 게 아니라, 특정 고객에게 가치 있고 일관되면서 연관성이 높은 콘텐츠를 만들어 확산시키는 마케팅 기법을 이르는 말이다. 수익성 있는 소비자 행동을 유발하는 게 목적이다.[76] 콘텐츠 마케팅이 부각되는 이유는 크게 네 가지다. 첫째, 갈수록 신문과 텔레비전 등 전통 매체를 보는 사람들이 줄어들고 있다. 둘째, 광고에 대한 거부감이 심해지고 있다. 셋째, 엄청난 돈을 들여 누가 볼지도 모르는 미디어에 광고를 하는 것보다 광고비가 상대적으로 적게 든다. 넷째, 자유로운 형식과 내용으로 고객과 소통할 수 있고 SNS를 통해 반응을 바로 확인할 수 있다. 유튜브, 블로그, 페이스북, 트위터 등 모든 소셜 미디어가 기업이 만든 콘텐츠를 공유하고 확산시키는 매개체로 활용되는데, 미국 기업의 90퍼센트가 콘텐츠 마케팅을 하고 있다.[77]

예컨대 맥도날드는 2014년 브라질 월드컵 때, 리우데자네이루의 도심과 해변을 배경으로 축구공으로 묘기를 부리는 남녀노소가 등장하는 1분 50초짜리 동영상 광고를 제작해 두 달 만에 조회 수 460만을 기록하는 대박을 쳤는데, 당시 맥도날드는 영상 제작비 외에 매체 광고비를 한 푼도 들이지 않았다. 2013년 4월 15일, 유니레

버의 브랜드 도브Dove는 도브 비누의 주 사용자인 여성들이 자신의 외모를 낮게 평가하고 만족하지 못하는 심리를 시각적인 실험을 통해 3분짜리 CF 동영상으로 제작해서 유튜브에 올렸는데, 1년 3개월 만에 이 동영상의 조회 수는 6,400만 건에 달했다. 다른 동영상 플랫폼의 조회 수까지 합치면 1억 7,000만 건이 넘었다. 홍콩을 대표하는 금융기관 HSBC는 홈페이지를 통해 회사 고객들이 흥미를 가질 만한 전 세계 금융시장에 관한 콘텐츠를 지속적으로 공급하고 있으며, 오스트리아의 음료 회사인 레드불 유한회사는 레드불은 스포츠 음료라는 인식을 소비자에게 심어주기 위해, 각종 익스트림 스포츠를 후원하고 관련 이야기를 소셜네트워크를 통해 유통시키고 있다.[78] 세계적인 기업의 콘텐츠 마케팅 성공담이 알려지면서 한국에서도 콘텐츠 마케팅은 유행이다.

이주현은 "현재 광고 시장은 광고 수요는 넘치지만 소비자 신뢰는 바닥"이라며 "신뢰 회복이라는 부분에 초점을 맞추면 콘텐츠 마케팅이 그 대안이 될 수 있다"고 말했다. "콘텐츠 마케팅은 고객에게 아무런 대가도 요구하지 않으면서 가치 있는 콘텐츠를 제공하기 때문에 장기적으로 신뢰를 쌓을 수 있다"고 했다.[79] SNS와 유튜브를 통한 콘텐츠 마케팅으로 기업들은 신문, 잡지, 텔레비전 같은 전통 매체에 지출하는 광고비 비중도 점점 줄이고 있는데, 이 때문에 전통 매체들은 두려움에 떨고 있다. 예컨대 손현철은 2014년 8월 "기업들은 텔레비전을 거치지 않아도 소비자, 사용자와 만날 수 있다"며 앞으로 그런 경향은 더 심해질 것이다. 유료 광고에 수입 대부분을 의존하는 지상파 텔레비전에 이것이 의미하는 바는 너무나 끔찍한 현실"이라고 했다.[80]

패키징 Packageing

상품 포장을 뜻하는 말이다. 과거 패키징은 상품을 보호하고 보존하는 역할에 그쳤지만 상품의 가치를 높이고 물류비용을 절감할 수 있는 방향으로 진화하고 있다. 예컨대 한국의 포장재 전문 업체 보스팩이 개발한 '수분 흡수 기능성 필름'은 자체적으로 수분을 빨아들이는 기능을 갖고 있어 조리된 김이나 건조식품에 들어가는 방습제 '실리카겔'을 대체하고 있다. 삼성전자는 2010년부터 세탁기를 수축 필름으로 감싼 뒤 필름을 가열해 물품에 압착시켜 포장하는 방식으로, 물류비용을 줄였을 뿐 아니라 일회성 포장에 사용되던 종이와 스티로폼의 낭비를 없앴다.

1인 가구의 급속한 증가는 패키징 산업 발달의 촉매가 되고 있다. 패키징 산업은 새로운 수출 산업이자 성장 동력으로 각광받고 있기도 하다. 평균 355달러에 달하는 미국 · 독일 · 일본 · 이탈리아 등에 비해, 중국과 인도의 1인당 패키징 소비량은 각각 32달러, 8달러 수준에 불과해 한국 기업의 해외시장 진출 전망이 밝다는 게 이유다.[81]

패키징 산업이 지속 가능한 발전을 가능하게 하는 환경보호 산업이라는 해석도 있다. 박상희는 "지속 가능성이라는 테마에 맞춰 쓰레기를 줄이고 포장재를 열적 에너지로 재사용할 수 있도록 기술 개발이 이루어지고 있다"면서 "환경보호에 많은 기여를 하는 사업"이라고 말했다.[82] 실제 패키징을 활용해 친환경 마케팅을 하는 IT 기업들도 있다. 2014년 삼성전자는 UHD TV를 출시하면서 리모컨, 텔레비전 케이블 등 텔레비전용 액세서리가 담긴 포장재를 일반 비닐이 아니라 사탕수수로 만들었으며, LG전자는 LED TV 포장 박스를 조립하는 방식으로 바꿔 포장재에 접착제를 사용하지 않았다.[83]

애플의 패키징은 유명하다. 켄 시걸은 "애플 제품을 구입하는 사람들이 이따금씩 '개봉 경험unboxing experience'을 이야기할 때가 있다. 유튜브에도 애플의 제품 상자를 하나하나 개봉하는 장면을 찍은 영상들이 수없이 많다"면서 이렇게 말했다.

"애플에서의 상자는 '그냥 상자'가 아니다. 애플은 고객들에게 최고의 경험을 선물하기 위해 믿기지 않을 정도로 신경을 쓴다. 그리고 첫 순간, 즉 고객이 제품 포장을 뜯는 순간이야말로 그 경험에서 매우 중요한 부분이다. 애플이 패키지에 신경을 많이 쓴다는 표현 정도로는 부족하다. 애플에서 패키지 디자인을 담당하는 부서는 커다란 크리에이티브 본부에서도 출입이 통제된 사무실에 위치한다. 엔지니어들이 내부의 기밀 장소에서 일하듯 그들도 이곳에서 보안에 각별히 신경을 쓰며 일한다. 그도 그럴 것이, 제품 자체를 훑어보는 것보다 패키지를 어떻게 디자인하고 구성하느냐에 따라 제품의 성능을 한눈에 파악할 수 있기 때문이다."[84]

펫 네임_{Pet Name}

아파트 브랜드 뒤에 추가로 붙이는 명칭을 이르는 말이다. Pet name은 애칭이라는 뜻으로, 펫 네임 마케팅은 닉네임 마케팅의 일종이라 할 수 있겠다. 펫 네임은 2000년대 중반 서울 강남 지역을 중심으로 고급 아파트라는 이미지를 부각시키기 위해 등장했는데, 브랜드 아파트의 대중화로 인해 브랜드 자체보다 개별 펫 네임을 사용함으로써 소비자들에게 신선한 느낌을 주고 주목도를 높이려는 의도가 개입되어 있다. 펫 네임이 머더 네임mother name이라고 할 수 있는 아파트 브랜드 이미지를 훼손할 수도 있다는 생각에 펫 네임을 쓰지 않는 건설사들도 있긴 하지만 펫 네임은 대세가 되고 있다. 아파트 이름만으로 입지와 교통 여건, 주변 환경 등의 단지의 특징을 파악할 수 있고, 택지 지구나 대규모 재건축·재개발 사업지의 경우 건설사 간 컨소시엄을 구성하는 경우가 많아 아파트 이름이 길어지고 있기 때문이다.[85]

전태훤은 2013년 11월 "건설사 브랜드와 함께 붙는 이른바 '펫 네임'은 아파트의 속성을 단번에 알아챌 수 있는 키워드가 되기도 하지만, 때론 소비자를 현혹하는 '포장의 기술'로 쓰이기도 한다"고 했다.

"단지 이름을 말뜻대로 믿을 수 없는 경우들도 있다. 택지 지구 이름 앞에 '신新'을 넣어 만든 경우가 대표적인 사례다. '신동탄 ○○ 아파트'나 '신동백 ○○ 1차' 이런 단지들은 해당 신도시나 택지 지구와는 관계 없는 단지들이다. 2차 택지 지구에 지어진 아파트도 아니며 그냥 동탄 신도시나 동백 지구 주변에 있다는 뜻 정도로 파악하면 된다. '파크', '레이크' 등이 붙은 단지는 공원이나 호수 등이 단지와 가까워 주거 환경이 쾌적한 점을 내세우는 경우다. 하지만 뒤집어본다면, 지하철 역세권 입지를 기대하기 어려울 수 있으며, 자연과 근접한 경우라면 문화 · 상업 · 업무 등과 관련된 기반 시설이 부족할 수도 있음을 감안해야 한다."[86]

펫 네임 마케팅으로 아파트 이름은 길어지고 더 복잡해지고 있다. 부동산114가 2014년 전국 1만 6,342곳의 아파트 단지를 대상으로 준공 시기별 아파트명의 평균 글자 수를 살펴본 결과, 1979년 이전에 지어진 아파트는 평균 3자에 불과했으나 1980년대 이후부터 점차 길어진 것으로 나타났다. 특히 건설업계에 아파트 브랜드가 본격적으로 도입된 2000년대에는 6.1자로 늘었고 2010년 이후 준공된 아파트는 평균 8자였다.[87]

한정판 마케팅Limited-Edition Marketing

대량생산할 수 있는 제품을 소수만 만들어 제품의 희소성을 강조하는 마케팅이다. "이번 기회가 아니면 더 이상 구입할 수 없다"는 메시지를 소비자에게 던져 소비자의 안달을 불러일으킨다는 점에서 '안달 마케팅'이라고 할 수도 있다. 이통사들이 스마트폰 판매를 촉진하기 위해 일정 기간에만 판매하는 이른바 프로모션 요금제가 한정판 마케팅의 전형적인 사례라 할 수 있다.[88]

그간 주로 명품 시장에서 사용되어온 한정판 마케팅은 2013년경부터 빠른 속도로 확산하며 이른바 '한정판 신드롬'까지 낳았는데, 이는 작지만 특별함을 찾는 사람들의 '작은 사치'에 대한 욕구에서 비롯된 것으로 분석되고 있다. 사소한 차이라도 자신의 개성을 드러낼 수 있다면 지갑에서 돈을 꺼내겠다는 소비 심리를 일컬어 작은 사치라 한다.[89] 자신의 개성을 드러내고 다른 사람들에게서 인정을 받기 위한 수단으로 한정판 제품 구입에 빠져들고 있다는 해석도 있다. 인터넷에 "값은 정상가의 몇 배라도 상관없어요. 구하기 어려운 물건을 득템(확보)하고 SNS에 사진까지 올릴 수 있다면"이라는 식의 글이 자주 올라오는 것이나, SNS에 한정판 상품을 얻게 된 방법과 사연 등을 해당 제품의 사진과 함께 올리고 다른 사람의 반응을 즐기는 사람들이 증가하고 있는 것도 이런 이유 때문이다.[90] 그런 점에서 보자면 한정판 마케팅은 이른바 '속물 효과snob effect'를 겨냥한 마케팅이라 할 수 있다. 남들이 사용하지 않는 물건, 즉 희소성이 있는 재화를 소비함으로써 더욱 만족하고 그 상품이 대중적으로 유행하기 시작하면 소비를 줄이거나 외면하는 행위를 일러 속물 효과라 한다.[91]

한정판 마케팅이 지금 당장은 이익을 가져다줄지 몰라도 장기적으로는 소비자의 불신을 키울 수 있다는 지적도 있다. 허경옥은 "한정판이라고 하면서 과도하게 비싸게 판매하는 것은 문제"라며 "한정판이라는 게 정말 한정판인지 모르겠다. 소비자들에게 정보 공개가 투명하게 되는 것이 아닌 상황에서 너도나도 한정판이라고 마케팅을 하면 소비자들의 신뢰도 떨어질 수밖에 없다"고 했다.[92] 한정판 상품이 폭발적 인기를 얻으면서 중고 시장 등에서는 해당 물건의 몸값이 크게 치솟는 현상도 나타나고 있으며, 그런 현상에 기대어 한정판을 가지고 재테크를 하는 사람도 등장했다.

7

Society Section

Trend Keyword

기아바이

기아机餓와 바이Buy를 합친 합성어로, 지하철 객차 안에서 물건을 파는 상인을 일컫는다. 기아바이는 잡상인으로 불리지만 이들 간에도 나름의 규칙이 있다. 이들은 지하철역의 '유통 업체'라 불리는 곳에서 물건을 받아와 정해진 구역에서 정해진 시간에 활동하는데, 진입 장벽도 만만치 않다. 유통 업체 관계자는 이렇게 말한다. "오전 10시부터 오후 5시까지는 장사를 하는 기아바이가 정해져 있어서 장사하고 싶어도 못해요. 상인들끼리 모임을 만들어서 회비도 걷고, 구역도 정해서 장사하고 있어요. 기존에 장사하는 사람들이 다른 사람이 들어오면 자기가 그만큼 못 파니까. 다른 사람은 아예 못 들어오게 하는 거죠."[1]

기아바이를 향한 한국인의 시선은 차가운 편이다. 신문에는 기아바이를 단속해야 한다는 주장이 담긴 독자 투고가 심심치 않게 게재된다. 지하철역 직원들과 공익근무요원은 적극적으로 기아바이 단속에 나서고 있다. 지하철은 "불법으로 판매하는 물건은 사지 말고 신고하라"는 안내 방송을 내보내기도 한다. 승객의 민원 신고를 받고 출동한 단속반과 기아바이 사이에 실랑이가 벌어지는 일도 흔하다. 이런 이유 때문에 기아바이들은 볼멘소리를 내놓지만 기아바이 단속을 하는 사람들도 곤혹스럽긴 마찬가지다. 한 단속 요원은 이렇게 말한다. "단속이 원칙이지만 사실상 곤란하다. 발견하면 조치를 취하지만 눈에 띄지 않게 승차하면 운행 중에 칸 내에서 어떤 일이 벌어지는지 일일이 파악할 수가 없다. 그러다 신고가 들어오면 차내 안내 방송을 하는데 그 방송이 시끄럽다고 또 민원이 들어온다. 승객들의 민원에 대처하기가 어렵다."[2]

스마트폰이 대중화되면서 기아바이가 큰 타격을 받고 있다는 분석도 있다. 스마트폰과 태블릿PC, 패블릿 등 스마트 기기에 푹 빠져 고립된 섬Island처럼 행동하는 사람들인 스마트 아일랜드Smart Island족의 등장 때문이다. 기아바이들은 "사람들과 눈을 마주칠 수 없으니 뭘 해보려고 해도 할 수가 없다"고 말한다. 예컨대 지하철에서 휴대용 랜턴을 파는 김 모 씨는 "예전에는 멍하게 앉아 있는 아주머니, 아저씨들에게 다가가 물건을 팔곤 했는데, 요즘엔 남녀노소 모두 다 휴대폰만 보고 있어서 여간 속상한 게 아니다"라며 "눈이 마주쳐야 인정에 호소를 할 텐데 도대체 고개를 들지 않으니 '영업'을 할 방법이 없다"고 한숨을 쉬었다. 서울메트로의 한 직원은 2012년 지하철보안관이 생기면서 잡상인과 걸인 단속을 강화하기도 했지만 "스마트폰이 전동차 안의 광고와 잡상인을 쫓아내고 있다"고 말했다. 그래서 기아바이들은 스마트폰이 매출 저하의 원흉元兇이라고 토로한다.[3]

꾸밈비

결혼을 앞둔 신부의 친정에서 시댁에 보낸 예단비에서 봉채封采비로
돌려주는 돈 외에 "옷, 가방, 화장품으로 예쁘게 꾸미고 시집오라"
며 시댁에서 주는 돈으로, 결혼을 앞둔 신랑 집안이 신부에게 꾸밀
수 있도록 주는 비용을 말한다. 신부 측이 시댁에 예단을 보내면 신
랑 측에서는 신부가 옷이나 화장품을 구입할 수 있게끔 일정한 금
액을 다시 돌려보내는데, 이를 봉채비라 한다.

　　이광호는 꾸밈비는 과거 화류계 직업여성들이 주로 쓰던 용어
라고 말한다. 화류계 직업여성들이 새로운 업소로 들어갈 때 업소
측에서 치장하라고 선불로 돈을 주었는데, 이게 꾸밈비의 어원이라
는 것이다.

　　"처음 화류계에 발을 딛는 여성의 경우, 옷, 화장품, 향수, 미용
실 비용 등 수백만 원 이상이 들어가는 꾸밈 비용을 감당하기 힘들
다. 그래서 업주들은 선불금으로 수백만 원 정도 쥐어준다. 어느 순
간부터 새로 들어온 직업여성에게 의무적으로 주는 돈이 되었다.
이것이 바로 '꾸밈비'다. 업주 입장에서는 '예쁘게 꾸미고 우리 업
소에서 오래 일하라'는 의미로 주는 돈이 된 것이다. 이후 화류계 여
성들이 결혼 적령기가 되면서 과거를 숨기고 결혼을 하려 할 때,
'남자에게 가는데 당연히 꾸밈비를 받아야 되지 않겠냐'며 남성들

에게 꾸밈비를 요구하면서 잘못된 문화가 일반인들에게까지 퍼지게 되었다고 전해진다."[4]

　유인경은 한국이 명품 업체의 이른바 '봉'으로 전락한 것도 꾸밈비와 관련이 깊다고 말한다. 신부들이 꾸밈비로 평소 꼭 갖고 싶었으나 형편상 사지 못했던 명품 핸드백과 고가의 화장품을 사들이기 때문이라는 게 그 이유다.[5] 꾸밈비를 둘러싼 논란은 갈수록 커지고 있지만 남편과 시댁 쪽이 자신을 얼마나 사랑하는지, 또 다른 여성들에게 자신의 가치를 입증하는 척도로 자리 잡았다는 점에서 결혼 문화가 바뀌지 않는 한 꾸밈비는 사라지지 않을 것이라는 분석이 우세하다.

노블레스 말라드 Noblesse Malade

'병들고 부패한 귀족'을 일컫는 말로, 사회적으로 모범을 보여야 할 부유층과 사회 고위층이 거꾸로 비도덕적 행위를 일삼는 행위를 비꼬는 단어다. 높은 사회적 신분에 상응하는 도덕적 의무를 뜻하는 '노블레스 오블리주noblesse oblige'의 반대말이다. 흔히 "있는 사람이 더 한다"는 말을 하는데, 이와 비슷한 뜻이라 생각하면 되겠다. 노블레스 말라드족이라는 말이 등장할 만큼 이런 행태를 보이는 사람들이 적지 않은데, 이들은 세금 체납과 관련해 자주 언론에 오르내린다.[6] 서울대 사회발전연구소가 2009년 7월 발표한 「노블레스 오블리주 지표 개발을 위한 연구 용역」 보고서에 따르면 우리나라의 '노블레스 오블리주 지수'는 100점 만점에 26.48점으로 매우 낮았는데, 그 가운데서도 정치인, 고위 공무원들이 병역·납세 의무를 가장 잘 지키지 않는 것으로 드러났다.[7]

2013년 송정복은 "최근 몇 년 만을 살펴보더라도 굵직한 사건들은 노블레스 오블리주보다는 '노블레스 말라드'의 면모를 보여주고 있다고 볼 수 있다"면서 이렇게 말했다.

"막대한 상속세 부담을 회피하기 위한 대기업의 일감 몰아주기 사례, 『뉴스타파』에 의해 공개된 수많은 사회 지도층의 조세 피난처 페이퍼 컴퍼니 소유를 통한 역외 탈세 사례 등은 헌법에 규정된 납세의 의무를 저버린 행동의 전형으로서 타의 모범이 되어야할 사회 지도층의 비도덕적인 행태라고 할 수 있다. 그들이 가진 정보력, 자산 등 다양한 능력을 바탕으로 마땅히 내야할 세금을 적게 냄으로써 국가 운영 능력 및 공공 영역을 축소시키고, 이로 인해 국가가 다양한 정책을 통해 수행해나간 자금의 선순환 구조를 다소 불가능하게 만든 것이다."[8]

2013년경부터 한국 사회의 주요 문제로 떠오른 부유층과 권력자들의 '갑질' 논란 역시 노블레스 말라드의 한 유형이라 할 수 있겠다. 김상홍은 "생선은 꼬리부터 썩지 않는다. 반드시 머리부터 썩는다. 노블레스 말라드가 만연한 나라는 희망이 없다"고 했다.[9]

덕밍아웃

덕후과 커밍아웃의 합성어로, 자신이 덕후라는 것을 드러내는 행위를 말한다. 덕후는 마니아를 뜻하는 일본 단어 오타쿠의 한국식 표현 '오덕후'의 준말로, 한국에서는 남들과는 다른 문화, 취미에 과한 몰입을 하는 이들을 칭한다.[10] 덕밍아웃과 비슷한 말로 '일코 해제'가 있다. 일코는 일반인 코스프레를 의미하는 말로, 일상생활에서 특정한 스타의 팬임을 적극적으로 드러내지 않고 감추는 팬들을 이르는 말이다. 일코 해제는 일반인 코스프레를 해제하고 자신이 덕후임을 많은 사람들에게 알리게 되는 사건이란 뜻이다.[11] 한국에서 덕후는 주로 부정적인 의미를 갖고 있기 때문에 덕밍아웃은 적잖은 용기를 필요로 한다. 예컨대 2014년 『시사인』에 실린 기사 「'오빠'들은 계속 태어난다」는 "세상은 여전히 '덕밍아웃'을 철딱서니 없이 바라본다"며 "덕후에 대한 '시선의 폭력'은 아이돌 덕후에만 한정되지 않는다"고 했다.[12]

하지만 덕밍아웃을 예찬하는 사람들도 적지 않다. 박인하는 "오덕이 나쁜가? 당연히 나쁘지 않다. 오덕이 누구에게 해를 주었다는 이야기를 듣지 못했다"면서 이렇게 말한다.

"창조란 없는 걸 만드는 것이 아니라 존재하는 걸 새로운 시각으로 바라보고 재조합하는 것이다. 그러기 위해서는 무언가에 미친듯 몰입하는 이들이 필요하다. 샹폴리옹Jean-François Champollion처럼 단지 언어를 배우는 게 좋아 수없이 언어를 익히던가, 데즈카 오사무처럼 디즈니 애니메이션이 좋아 130번을 보게 되면, 자신이 좋아하는 그것을 뛰어넘어 새로운 창조를 할 수 있다. 창조 산업의 시대, 문화 융성의 시대라고 한다. 그러기 위해 우리는 먼저 우리 곁의 오덕을 존중해야 한다. 오덕이 세상을 바꾼다." [13]

모델테이너

모델과 엔터테이너의 합성어로, 모델 출신 엔터테이너를 의미한다. 2014년 모델 출신 엔터테이너들이 영화, 드라마, 예능, 라디오, 음악 프로그램, CF 등에서 종횡무진 활약하면서 등장한 말이다. 구가인은 2014년 12월 "이들은 한때 영화와 드라마계의 '미운 오리 새끼'였다. 익숙한 얼굴의 아이돌 가수 혹은 모델이 연기자로 영역을 넓히는 것에 대해 대중의 시선은 곱지 않았다. 연기력 논란이 따라다녔고 어김없이 출신 성분(?)이 부각되곤 했다. 그러나 현재 연기돌(연기하는 아이돌)과 모델테이너(모델 출신 엔터테이너)는 영화와 드라마계의 주류다. 지상파 방송사의 연기자 공채가 사라지고, 정극 연기 대신 자연스러운 생활 연기가 인기를 끌면서 이들이 설 자리는 더 넓어지고 있다"고 했다.[14]

모델테이너가 엔터테인먼트 산업의 블루칩으로 등장한 데는 몇 가지 이유가 있다. 첫째, 1990년대 중후반 이후 엔터테이너 시장에 등장한 모델 출신 연기자들의 성공적인 안착이다. 둘째, 케이블 채널과 종합편성채널 등 엔터테이너를 수용하는 플랫폼의 확장과 모델테이너에 대한 선입견의 감소다. 셋째, 대중문화산업의 주요 수요자라 할 수 있는 10~20대 여성들 사이에서의 높은 인기다. 업계의 관계자는 모델에 대한 10~20대 여성층의 열광은 남자 아이돌 그룹에 쏟는 애정의 방식과 크게 다르지 않다고 말한다.[15] 넷째, 간접광고의 급증으로 인해 조각 미남보다 개성과 체격을 중시하는 요즘 대중문화계의 분위기에 부합하는 비주얼이 강점이다. 이른바 '옷걸이'가 좋다는 것으로, 김형석은 "모델 출신 배우가 입고 나오는 옷이나 사용한 상품은 PPL에도 유리하다"고 말한다.[16]

　　모델테이너의 인기가 상승하면서 엔터테인먼트 업계 관계자들도 모델에 주목하고 있다. 배우 매니지먼트사인 나무액터스와 HB엔터테인먼트는 2014년 모델 에이전시 에스팀과 전략적 제휴를 맺었으며 엔터테인먼트 업계의 '3대 기획사' 중 하나로 손꼽히는 YG엔터테인먼트도 모델 에이전시 케이플러스와 전략적 제휴를 맺었다. 2014년 12월 서울문예전문학교는 수능 시험이 끝나고 고3 학생들이 입시를 준비하는 현재, 서울문예전문학교 모델학과에 지원하는 학생들이 급증가하고 있다고 밝혔다.[17]

미포머족 Meformer族

트위터, 미니홈피, 페이스북 등 SNS나 블로그에 자신의 사생활과 즉흥적인 감정 등 개인적 게시물만 올리는 누리꾼을 지칭하는 말이다. 영어로 '나'를 의미하는 미Me와 정보 제공자라는 뜻의 인포머Informer를 합친 말이다. 2010년 미국 러트거스대학 연구진이 트위터 유저 350명을 대상으로 실시한 조사 결과를 발표하면서 만든 용어다. 당시 연구진은 트위터 게시물을 아홉 가지 유형으로 나눠 분석한 결과, 이용자의 80퍼센트가량이 미포머에 해당하며, 유용한 정보를 제공하고 정보 교류를 충실히 이행하는 이용자는 20퍼센트에 불과하다고 했다.[18] 뉴스 링크나 요리법 등 다른 누리꾼에게 유용한 지식과 정보를 제공하는 '인포머Informer'족과 대조적인 개념으로, 정보 활용 가치가 떨어지는, 자신과 관련된 정보나 감정을 솔직하게 표출하는 일에만 열중한다는 게 이들의 특성이다.[19]

일각에서는 정보교환과 의사소통이 중요한 인터넷상에서 미포머족은 나르시시즘에 빠져 다른 이용자에게 불필요한 자료를 제공한다며 비판적인 시선을 보내고 있지만, 인간관계를 유지하기 위해 인터넷을 적극적으로 이용한다는 점에서는 긍정적으로 평가할 수 있다는 주장도 있다.[20]

'관계에 대한 갈망'이 미포머족 증가의 원인이라는 시각이 있다. 김태형은 "현대인들은 날이 갈수록 파편화되면서 사회적 관계에서 소외되고 있다. 특히 사회의 모든 영역으로까지 승자독식의 경쟁 원리와 그에 따른 배금주의가 확산된 신자유주의 시대에는 이러한 추세가 더욱 심해져 심지어는 가족 사이의 심리적 유대까지 파괴되고 있다"면서 이렇게 말한다.

"'사람들이 나를 지켜보고 있다'는 믿음은 관계에 대한 최소한의 욕구를 충족시켜주며 고독감을 덜어줌으로써 약간의 심리적 안정감도 줄 수 있다. 즉, 모든 미포머족이 그런 건 아니겠지만, 자기를 알리는 데에 열중하는 심리적 노출증은 본질적으로 관심을 받고 싶어 하는, 사랑을 원하는 마음에 뿌리를 두고 있다는 것이다. 그러니 미포머족의 증가는 애정 결핍에 시달리는 사람이 늘어나고 있다는 불행한 의미로 해석될 수 있는 것이다."[21]

바로 그런 이유 때문일까? 2010년경부터 마케팅 업계에서는 소비자들의 눈길을 끄는 무기로 '나'를 내세우기 시작했다. 포스퀘어를 비롯한 이용자 위치 정보 노출 앱이 인기를 끄는 이유도 미포머족과 관련이 깊다는 분석도 있다.[22]

바이슈머Buysumer

수입상을 뜻하는 바이어Buyer와 소비자를 뜻하는 컨슈머Consumer의 합성어로, 인터넷 등 정보 기술의 발전으로 과거엔 수입상, 도매상 등 바이어가 하던 해외 구매, 신제품 수입을 소비자가 직접 담당하면서 생겨난 말이다. 이런 사람들을 일컬어 바이슈머족이라 한다. 한국에서 2013년경부터 트렌드로 떠오른 해외 직구는 바이슈머족의 대표적인 소비 형태. 그래서 해외직구족을 일컬어 바이슈머족이라고도 한다. 바이슈머가 급증하고 있는 것은 가격 때문이다. 인터넷으로 해외 현지 가격과 한국 가격을 비교하면 같은 물건이더라도 한국에서 사는 게 훨씬 비싸기 때문이다.[23]

바이슈머의 등장은 유통시장에 급격한 변화를 가져오고 있다. 그간 블랙프라이데이 기간을 맞아 미국을 중심으로 물건을 구매했던 이들이 일본·중국·유럽 등으로 영역을 넓히고 있기 때문이다. 2012년 5,410억 원이었던 해외 직구 규모는 2013년 1조 950억 원을 돌파했으며, 2014년에는 2조 원을 돌파할 것으로 추정되었는데, 2018년이면 8조 원에 달하고 10조 원을 넘어서는 것도 시간문제라는 분석도 있다.[24]

똑같은 품질은 보다 싼 가격에 살 수 있다는 점에서 바이슈머족은 스마트 소비자로 불리기도 하지만 바이슈머족의 증가에 어두운 면이 있다는 지적도 있다. 내수 경제 위축에 따른 한국 제조업 시장의 위축과 유통업계의 실적 악화에 따른 관련 일자리 감소 등이 대표적인 부작용으로 거론된다. 경기 침체가 장기화할수록 바이슈 머족은 더욱 늘어날 수밖에 없기 때문에 내수시장을 살리기 위해서라도 한국 유통 업체와 수입 업체가 해외시장과의 가격차를 줄이고 서비스를 강화해야 한다는 지적이 나오는 이유다.[25]

셔틀_{Shuttle}

10대 청소년들 사이에서 부당한 심부름을 하는 아이들을 가리키는 말이다. e스포츠의 원조라 할 수 있는 '스타크래프트'에서 병력을 태우고 운송하는 비행기 유닛 셔틀에서 나온 말로, 운송 수단을 의미한다. 부당한 지시를 하는 학교 폭력을 가리키는 은어로 확장되어 사용되고 있다. 2010년 청소년들 사이에서 이른바 '빵 셔틀'이 유행하면서 널리 알려진 말이다. 왕따 당하는 아이들이 매점에서 빵을 사서 바치는 것을 일컬어 빵 셔틀이라 한다.

셔틀의 역사는 깊다. 일진에게 담배를 갖다 바치는 '담배 셔틀', 통화 한도가 다 되어 휴대전화를 쓸 수 없는 일진에게 친구들 휴대전화를 모아 바치는 '핸드폰 셔틀', 망을 봐야 하는 '망 셔틀', 아이팟과 MP3를 매일 빌려줘야 하는 '아이팟 셔틀', 자기 체육복을 빌려주고는 대신 선생님에게 벌을 받는 '체육복 셔틀', 정답을 몰래 적어주는 '시험 셔틀', 숙제를 대신 시키는 '숙제 셔틀', 가방을 들어주는 '가방 셔틀' 등이 널리 알려진 것들이다. 심지어 일진이 시키면 투견처럼 싸워야 하는 이른바 '검투사 셔틀'도 있다.[26]

스마트폰의 대중화로 신종 셔틀도 대거 등장했다. 게임 아이템을 바쳐야 하는 '애니팡 셔틀', 자신의 휴대전화 데이터를 주위 친구들이 공유해서 쓸 수 있도록 '핫스팟 기능'을 켜놓아야 하는 '와

이파이 셔틀', 친구들이 '데이터를 달라'고 하면 자신의 휴대전화 데이터를 넘겨주어야 하는 '데이터 셔틀' 등이 그런 경우다. 카카오톡의 '선물하기' 기능을 이용해 생일 케이크 등을 선물하라고 요구받는 경우도 있다.[27]

셔틀은 학교가 서열 사회이자 계급사회로 변질되었음을 보여주는 징후라는 지적이 있다. 심지어 학교에서의 계급 이동은 중세시대보다 힘들다는 분석마저 있다. 아이들이 자신의 신분을 상징하기 위해 기를 쓰고 등골 브레이커에 집착하는 이유이기도 하다. 계급 논리가 위력을 발휘하면서 스스로 셔틀을 자처하는 학생들도 있으며 서열주의를 내면화 하는 청소년들도 적지 않다.[28] 예컨대 빵 셔틀 학생들이 학교 폭력을 고발하고 서로 의지하고자 만들었다가 폐쇄한 커뮤니티 '대한민국 빵 셔틀 연합회' 창립 기념문은 "세상엔 강자도 있으며 약자도 있다. 서로 그 연쇄의 사슬이 형성되어야, 먹이사슬로서 생물들이 살아가듯 인간의 사회도 성장하고 진화한다"며 "우리 빵 셔틀들은 절대 나약한 생각을 그만하고, 본연의 임무를 무사히 수행함으로써 일진님께 신임을 얻어 평안한 삶을 누리자"라고 했다.[29]

기성세대는 셔틀을 비롯한 학교 현장의 서열주의에 개탄하고 있지만 셔틀을 위계질서와 서열주의에 물들어 있는 한국 사회의 거울로 보는 해석도 있다. 서열과 계급을 중요시하는 어른 세계의 문법이 청소년들에게도 전이되고 있다는 지적인 셈이다.

셜로키언 Sherlockian

코넌 도일의 탐정 시리즈 『셜록 홈즈』의 주인공 셜록 홈즈의 골수 팬을 이르는 말이다. 영국에서는 홈지언Holmesian이라고 한다.[30] 이들은 장편 4편, 단편 56편에 이르는 셜록 홈즈 시리즈를 '정전(성전)'이라 부르고, 홈즈와 왓슨을 실존 인물로 보고 있으며 이들의 삶을 재구성할 수 있다고 가정한다. 셜로키언들은 모임을 꾸려 활발하게 활동하고 있는데, 1934년 1월 6일(홈즈의 생일) 결성된 '베이커가 특공대BSI: The Baker Street Irregulars'가 최초의 셜로키언 모임으로 알려져 있다. 전 미국 대통령인 프랭클린 루스벨트, 해리 트루먼, 작가 엘러리 퀸, 아이작 아시모프 등이 회원으로 참여하고 있다. 베이커가 특공대는 1946년부터 『베이커 스트리트 저널』을 발행하고 있다. 1951년 만들어진 '런던 셜록 홈즈 협회' 역시 자체적으로 『셜록 홈즈 저널』이라는 회지를 발간하고 있으며 매년 라이헨바흐(홈즈가 모리어티와 대결하다 떨어진 폭포가 있는 곳)로 답사를 가는 것으로 유명하다. 셜로키언들은 셜록 홈즈에 관련된 퀴즈를 내는 '셜로키언 놀이'를 즐긴다.[31]

『셜록 홈즈』 마니아로 문학평론가 겸 번역가인 승영조는 셜로키언은 "'셜록학' 또는 '홈즈학'을 창시해 무수한 논문도 냈다. 홈즈와 왓슨, 모리어티 교수 등 소설 속 모든 등장인물을 실존 인물로,

모든 사건을 실제 사건으로 보고 작품을 연구하는 것이다"라고 했다.[32] 이들은 패스티시pastiche(원저자의 스타일대로 창작하려고 노력한 모방 작품)도 발표했는데, 왓슨이 원작에서 언급해놓고 발표하지 않은 사건을 지어내거나, 원래의 모험을 다시 썼다.[33] 한국에도 적잖은 셜로키언들이 있는데, 영국 드라마 〈셜록〉의 시즌 1 · 2가 한국에서 크게 성공을 거두자 2014년 1월 KBS-2TV는 미국보다도 빨리 〈셜록 시즌 3〉을 직수입해 방송했다.

스마트 쇼퍼 Smart Shopper

가치 소비를 지향하는 쇼핑족을 말한다. 장기 불황과 경기 침체로 인해 소비가 급속도로 위축되면서 등장한 쇼핑족으로, 가격이 비싸도 만족도가 높은 상품은 주저 없이 구매한다는 게 이들의 특징이다. 스마트 쇼퍼의 가장 큰 무기는 정보력이다. 이들은 가치 소비를 위해 인터넷, 모바일, 소셜네트워크서비스 등 멀티채널을 통해 갖가지 상품 정보를 체크한다. 『매일경제』 2013년 11월 25일자는 한 스마트 쇼퍼의 일상을 이렇게 전하고 있다.

"할인 폭을 키우려면 다리품이 아니라 '손가락 품'을 많이 팔아야 한다. 영어가 서툰 친구는 국내 블로그와 구매 대행 사이트를, 김 씨는 해외 쇼핑몰 사이트를 맡아 집중 공략한다. 강의 중간 휴식 시간에는 소셜커머스 사이트를 방문해 할인 행사 중인 생활용품을 체크해본다. 퇴근 시간도 허투루 보낼 리 만무하다. 지하철을 타고 가면서 그는 저녁 장을 볼 목록을 휴대전화에 메모한 후 이메일을 체크해 대형 마트에서 보낸 세일 상품 가격을 꼼꼼히 본다. VIP 고객에게 제공하는 할인 쿠폰도 내려받는다. 저녁을 먹고 설거지를 한 후 온전히 휴식 시간이 되면 김 씨는 본격적으로 '미즈넷', '레몬 테라스' 같은 인터넷 카페에서 쇼핑 정보를 얻는다. 주문해놓은 해외 구매 사이트에 들어가 상품 배송 상황을 체크해보는 것도 잊지 않는다."[34]

　스마트 쇼퍼는 '세일 헌터'로 불리기도 한다. 세일 기간을 적극 공략한다는 점에서 언뜻 알뜰족으로 보이기도 하지만 브랜드 로열티가 높고, 유행과 트렌드에 민감하다는 점에서 알뜰족과는 다르다. 스마트 쇼퍼는 20대 젊은 층과 20~30대 중반 젊은 엄마들이 주류를 이루는 것으로 알려져 있는데, 이들은 새벽에 줄 서는 것쯤의 수고도 마다하지 않는다. 추위도 개의치 않는다. 예컨대 한국에서 유니클로를 운영하는 에프알엘코리아가 2013년 11월 22일 새벽 6시 113호점인 강남 역삼점을 새로 열면서 500명을 대상으로 진행한 히트텍 50퍼센트 할인 이벤트에는, 개장 직전부터 목도리와 패딩을 두른 300여 명의 사람들이 초겨울 추위를 견디며 줄을 섰다.[35]

　스마트 쇼퍼는 고가의 해외 브랜드나 한국에는 유통되지 않는 제품을 비교적 싼값에 구매하기 위해 전 세계를 대상으로 쇼핑을 하는데, 그런 점에서 2013년부터 핫 트렌드로 떠오른 해외직구족도 스마트 쇼퍼의 한 유형으로 볼 수 있겠다.[36] 스마트 쇼퍼를 향한 유통업계의 구애도 진화하고 있다. 특정 아이템별로 초특가 세일을 하거나 도깨비 세일(스폿 세일)을 하는 식이다. 도깨비 세일은 하루 2~3시간 정도만 특정 상품을 초특가로 깜짝 할인하는 방식이다.[37]

신 스틸러|Scene Stealer

직역하면 '장면을 훔치는 사람'인데, 영화나 드라마에서 맛깔나는 연기로 주연 이상의 주목을 받는 조역을 이르는 말이다. 영화나 드라마에 몇 번 등장하지 않지만 등장하는 장면마다 엄청난 존재감을 내뿜는 사람들이라 할 수 있겠다. 우리나라에서는 2009년경에 등장한 말로, 갈수록 이들의 가치는 커지고 있다. 최현미는 2013년 12월 "주연보다 더 뛰어난 조연은 언제나 존재해왔지만 요즘의 '신 스틸러'는 기존의 주연을 받쳐주는 조연과는 완전히 다르다"면서 신 스틸러가 주목받는 이유에 대해 이렇게 말했다.

"관객의 취향이 다양해지고, 멀티캐스팅 영화가 트렌드의 중심이 되면서 원톱 주인공이 아니라 주연급이 대거 포진하는 구조로 바뀌었기 때문이다. 또 개성적 인물에 대한 열광도가 높아지면서 인상적 연기를 펼치면 역할의 크고 작음에 관계없이 관객의 마음을 얻고 있다. 게다가 폭발력 있는 개성적 캐릭터는 주연보다는 주조연이나 조연이 주로 담당하는 악당, 비틀린 인물, 주변부적 인물 등을 통해 보다 매력적으로 구현될 수 있다는 점도 신 스틸러에 대한 환호를 낳고 있다."[38]

신 스틸러가 주목받으면서 2014년에는 리얼 버라이어티나 관찰 예능 프로그램에서 프로그램을 살리며 깨알 같은 웃음을 선사한 역할을 한 연예인이나 스포츠 스타, 촬영 스태프, 지역 주민 등에게도 신 스틸러라는 타이틀이 붙었다.[39] 신 스틸러의 매력을 '적은 미디어 노출'에서 찾는 해석도 있다. 정덕현은 2014년 4월 "요즘 대중들은 콘텐츠 소비 속도가 매우 빠르기 때문에 언제나 새로운 얼굴을 원한다. 아무리 유명한 예능인이라 하더라도 대중들에게 많이 노출된 연예인은 매력이 떨어지기 마련이다. 대중들도 이미 그들의 레퍼토리를 알고 있기 때문에 식상함을 느낀다"면서 "미디어에 대한 노출이 적고 캐릭터를 예상할 수 없는 이들이 시청자들의 눈길을 사로잡는 건 당연하다"고 했다.[40] 국립국어원은 2014년 12월 1일, 신 스틸러의 우리말 순화어로 '명품 조연'을 선정했다고 밝혔다.

아이 여성_{Child-Women}

패션 잡지를 읽으며 화장하는 것을 좋아하는 10대 여자아이를 말한
다. 영국의 사회단체 '아동사회the Children's Society'의 최고 책임자인 밥
라이트마이어가 시행한 '영국 아동기에 관한 종단적 연구longitudinal
study'에 의하면 영국에서 아이 여성은 크게 늘고 있는 것으로 나타났
다. 이 조사에서는 보통 20퍼센트도 안 되는 아이들만이 정기적으
로 밖에 나가서 놀고 대다수의 10대 소녀들은 헤어스타일이나 패
션, 화장에 사로잡혀 있는 것으로 나타났는데, 이 소녀들 중 26퍼센
트는 자신들의 원하는 만큼 날씬하지 않다고 느끼면서 몸무게 때문
에 고민하고 있었다. 라이트마이어는 점차 어린 소녀들이 "자신들
이 날씬하지도 않고, 충분히 아름답지도 않다"고 느끼면서 "자기 자
신들의 모습을 예쁘게 수정해서 잡지 속에 인쇄된 자기 우상들의
그 불가능한 이미지와 비교한다"고 했다.[41]

　　아이 여성은 한국에서도 흔하게 발견된다. 식약처의 한 조사에
서는 초등학생의 99퍼센트가 화장품을 사용해본 적이 있다고 밝혔
으며, 중저가 화장품 브랜드숍을 찾는 10대 소비자도 꾸준히 증가
하는 추세다. 실제 한 화장품 회사의 10대 회원은 2010년 23만 명에
서 2011년 31만 명, 2012년 49만 명으로 꾸준히 늘었으며, 이 브랜
드의 전체 회원 중 10대 비율은 약 10퍼센트에 이른다. 이런 이유 때

문에 10대 소비층을 공략하기 위해 아예 10대 전용 화장품을 출시하는 업체도 적지 않다. 심지어 문구점에서도 검증되지 않은 색조 화장품이 판매되고 있다.[42]

화장을 하는 청소년이 증가하면서 화장품도 '등골 브레이커'에 합류하고 있다. 2013년 여중생과 여고생 사이에서 서울 강남 일대를 중심으로 수입 화장품을 쓰는 게 유행처럼 번졌다. 친구들은 다 쓰는데 자기만 안 쓰면 '쪽팔려서' 공부에 집중도 못할 것 같다며, 10만 원이 훌쩍 넘는 화장품을 사달라고 매일 조르는 딸이 있다고 밝힌 한 가정주부는 "강남에 산다지만 소득은 중산층이다. 맞벌이도 아니다. 그런데 안 사주자니 아이 기가 죽을 것 같고 사주자니 뱁새가 황새 따라가는 것 같아 마음이 무겁다"며 한숨을 쉬었다.[43]

EBS〈하나뿐인 지구〉는 2014년 5월 2일 방영한 '아이들의 위험한 놀이 화장' 편에서, "일부 화장품에 포함된 프탈레이트phthalate는 호르몬 흉내를 내는 내분비계 교란 물질로 성장기의 여자아이에게 성조숙증, 생리 불순, 불임까지 불러올 수 있다"며, "화장품 판매 전에 독성 실험을 거치지만 이는 성인을 기준으로 한 것이기 때문에 성장기의 아이들에게는 화장품 속 화학물질이 악영향을 줄 수 있다"고 말했다.[44]

아트테이너Arttainer

아트art와 엔터테이너entertainer의 합성어로, 이른바 예술하는 연예인
이다. 팝아티스트인 강영민은 '아트테이너'라는 용어를 '소셜테이
너'에 빗대 "사회적으로 자신의 목소리를 내는 게 소셜테이너라면,
내면으로 자기 목소리를 갖는 게 아트테이너"라고 말했다. 이어 강
영민은 "연예인은 누군가를 즐겁게 해줘야 하지만, 미술가를 비롯
한 작가는 자의식에 따라 스스로 즐거워하는 일을 생산하는 사람이
라는 측면이 강하다"면서 "소셜테이너가 사회적인 발언으로 물의
를 일으킬 위험이 있는 반면 아트테이너는 그런 위험이 없으면서도
대중적으로 자의식이 있는 사람처럼 보일 수 있다"고 했다.[45] 아트
테이너의 활동이 가장 활발한 분야는 미술 시장으로, 2013년경부터
아트테이너는 한국 미술계의 블루칩으로 떠올랐다. 미술계가 불황
에 빠진 가운데서도 아트테이너의 작품이 수천만 원에 팔렸다는 소
문이 돌 만큼 이들의 전성시대가 열렸기 때문이다. 이향휘는 2013년
1월 "국내 아트페어에서 연예인 그룹 전시는 이제 '약방에 감초'처
럼 빠지지 않고 등장한다. 연예인들이 참여하지 않으면 관람객 흥
행에 비상이 걸린다"고 했다.[46]

한국에서 아트테이너의 원조는 조영남이다. 스스로를 화가 겸
가수, 화수畫手라고 부르는 조영남은 40여 년 전 서울 인사동에서 첫

개인전을 연 이후 40여 차례나 개인·단체전을 열었으며 작품 가격은 호당 40만 원대, 한 점에 수천만 원짜리도 있을 만큼 대접받고 있다. 톱스타 하정우, 구혜선은 이러저러한 아트페어에 빠지지 않고 초대받는 대표적인 스타이며, 배우 조재현과 유준상, 김혜수, 심은하, 가수 나얼과 솔비, 개그맨 임혁필 등도 자신의 이름을 내걸고 전시회를 개최하는 등 아트테이너에 이름을 올렸다. 2013년 9월 청주 국제 공예비엔날레는 조영남, 하정우, 구혜선, 최민수, 유준상 등 연예인 21명의 작품을 전시하는 '스타크라프트' 전을 포함시켰다.

아트테이너의 등장 배경으로는 크게 네 가지가 꼽힌다. 첫째, 미술을 전공하는 연예인의 증가다. 둘째, '만능 엔터테이너'를 원하는 시대적 흐름이다. 셋째, 사회적 시선에 익숙한 연예인들이 자신만의 시간을 갖고 내면을 바라보는 추세의 증가에 따른 현상이다. 인기 부침에 대한 불안감을 그림을 그리거나 사진을 찍는 식으로 해소한다는 것이다.[47] 넷째, 예술가로서의 권위를 획득해 자신의 문화 자본 가치를 높이려는 의도다. 영국의 미술비평가인 존 워커는 저서 『유명한 스타와 예술가는 왜 서로를 탐하는가Art and celebrity』에서 "스타와 예술가는 공생 관계를 통해 명성을 얻는다"며 유명인은 예술가가 가진 문화적 자본을, 예술가는 유명인의 사회적 자본을 필요로 한다고 말했는데, 아트테이너가 이 경우에 해당한다는 것이다.[48]

아트테이너에 대한 평가는 엇갈린다. 갤러리 운영자들은 "복잡한 현대미술에 흥미를 못 느끼던 일반인들도 스타의 작품에는 호기심을 갖는다"면서 "미술 시장 저변 확대라는 긍정적 효과가 있다"고 강조했다. 하지만 기성 화단에서는 부정적적으로 바라본다. 연예인 화가에 대한 과도한 관심이 오랜 세월 예술 작업에 매달려온 기성 작가들을 상대적으로 소외시키고 있다는 이유 때문이다. 한 30대 신진 화가는 "연예인들이 취미로 그린 그림의 작품성이 과대평가되고 작가 호칭이 쉽게 주어지는 모습을 지켜보며 (내 처지가) 초라하다는 생각이 든다"고 토로했다. 아트테이너에 대한 평가는 엇갈리지만 미술계에 진출하는 엔터테이너는 더욱 증가할 것으로 예측되고 있다. 앞서 거론한 이유와 함께 침체에 빠진 미술 시장 돌파구의 한 수단으로 미술계가 스타 마케팅을 적극 활용되고 있기 때문이다.[49]

애교 예단

전통적 예단 품목인 반상기飯床器·은수저·이불 대신 보석함에 손
거울·귀이개·동전 주머니 등을 넣어 시댁에 보내는 예단을 말한
다. 손거울·귀이개·동전 주머니가 애교 예단 3종 세트로 불리는
데, 손거울은 '예쁘게 봐 주세요', 귀이개는 '(저에 대해) 좋은 말만
들어주세요', 동전 주머니는 '알뜰하게 살게요'라는 의미를 담고 있
다. '자신을 돌보겠다'는 의미의 경대鏡臺, '나쁜 기운을 떨쳐낸다'는
뜻의 팥, '찰떡궁합으로 잘 살겠다'는 뜻의 찹쌀을 넣은 청색·홍색
주머니를 애교 예단에 추가하는 사람들도 있다.[50]

애초 애교 예단은 값비싼 예단 대신, 예단에 들어가는 비용을
혼수 장만이나 전세금 마련에 사용하자는 허례허식 방지 취지에서
시작되었지만 몇몇 유명 결혼 준비 인터넷 블로그 등에서 입소문을
탄 후, 필수 예단으로 자리매김해 오히려 예비 신부들의 부담만 늘
리고 있다는 지적도 있다. 결혼을 앞두고 있다는 한 회사원은 "먼저
결혼한 예비 동서가 전통 예단에 애교 예단까지 뭐 하나 빠지지 않
고 고급으로만 해왔다는 소리를 들었다"며 "친정 엄마도 괜히 책잡
히지 말고 할 수 있는 건 다 하라고 해서서 울며 겨자 먹기로 준비했
다"고 말했다. 애교 예단이 유행하면서 관련 업체들은 호황을 누리
고 있다.[51]

HIV 낙인

AIDSAcquired Immune Deficiency Syndrome(후천성면역결핍증)를 유발하는 인간면역결핍바이러스HIV · Human Immunodeficiency Virus에 감염되었다는 이유만으로 사회적 차별과 편견을 받는 등 사회에서 배제되는 현상을 말한다. HIV 감염자는 관리만 잘 받으면 전염 위험이 거의 없지만, 이들은 직장과 학교는 물론 치료를 해야 할 의료 기관에서조차 따가운 눈초리를 받고 있다. 『미디어오늘』 2014년 12월 24일자는 "에이즈 환자들은 에이즈와 관련 없는 사소한 부상이나 병에도 쉽게 치료받지 못한다. 예를 들어 에이즈 환자가 배가 아프거나 다리를 다쳐도 내과나 정형외과에서 환자를 거부해 협진이 잘 이루어지지 않는다"고 했다.[52]

보건복지부는 2011년 에이즈에 대해 입원 거부 사유가 아니라는 유권해석을 내렸지만 요양병원도 HIV 감염인들을 기피한다. 2014년 현재 한국에는 약 1,300개의 요양병원이 있지만 요양병원은 전염 질환이 있는 환자를 입원시키지 않도록 한 의료법 시행 규칙 조항을 이유로 HIV 감염자 입원을 거부하고 있다.[53] 한국 HIV · AIDS 감염인연합회와 인권운동사랑방 등 10여 개 시민단체는 보건복지부와 질병관리본부, 각 지방자치단체를 상대로 국가인권위원회에 차별 진정을 제기하는 등 에이즈 환자들의 치료권을 보장하기 위한 움직임을 벌이고 있다. 에이즈 환자들을 위한 국립요양병원을 세워야 한다는 주장도 있다. 권미란 HIV · AIDS인권연대나누리플러스 활동가는 "국가가 직접 요양병원을 운영해 에이즈 환자들이 치료를 받을 수 있어야 한다"며 "에이즈 환자들이 차별 없이 갈 수 있는 국립요양병원을 세워야 한다"고 했다.[54]

　2014년 10월 20일부터 10월 21일까지 이틀간 에이즈 감염자들이 차별받는 실상을 파악하려고 한국을 다녀간 '유엔에이즈' 관계자들은, 한국의 에이즈 감염자들이 겪는 심각한 차별을 반기문 유엔 사무총장을 비롯해 관련 네트워크에 널리 알리겠다고 말했다.[55] HIV에 대한 사회적 낙인 때문에 우울증과 자살 생각을 하는 HIV 감염자들도 적지 않은 것으로 알려지고 있다.[56]

에코 세대Echo-Boom Generation

1979년에서 1992년 사이에 태어난 세대로, 베이비붐 세대(1955~1963년)의 자녀 세대를 말한다. 한국전쟁 이후 태어난 베이비붐 세대가 메아리echo처럼 다시 출생 붐을 일으켜 태어났다는 의미에서 에코 세대라 부른다. 2013년 10월 통계청 기준으로 에코 세대는 1,008만 명에 달하는데, 이는 전체 인구의 20퍼센트를 넘는 수치다. 에코 세대는 풍족한 환경에서 자라 유행에 민감하고, 쇼핑을 좋아하며, 컴퓨터와 IT에 능하지만 학자금 대출이나 취업난 등으로 인해 사회 진입에는 어려움을 겪고 있기도 하다.

에코 세대는 '삼포세대三抛世代'로 불리기도 하는데, 이는 취업난으로 인해 취업·결혼·출산을 포기했기 때문이다. 그래서 에코 세대가 절망의 끝으로 내몰리고 있다는 지적도 있다. 메킨리글로벌연구소는 에코 세대를 '암울한 세대'라고 했다. 아무리 노력해도 취업난과 주거 비용, 고공 행진하는 물가, 젊어서 많이 내고 늙어서 적게 받는 연금 구조 등으로 인해 이들의 미래가 암울하기 때문이라는 게 그 이유다.[57]

2013년 5월 한국보건사회연구원이 내놓은 '우리나라 세대별 자살 특성 분석' 보고서에 따르면 에코 세대의 자살률(10만 명당 자살 사망자)은 2001년 4.79명에서 2010년 24.54명으로 급증한 것으로 나타났다. 송태민은 "에코 세대의 자살률 급증은 2007년 이후 학자금 대출에 따른 신용 불량자 증가, 생활고, 취업난, 학업 문제 등이 영향을 미친 것으로 추정된다"고 했다.[58] 에코 세대가 전세값 폭등의 복병으로 등장했다는 해석도 있다. 이들은 베이비부머와 달리 집을 소유하려 하기보다는 단순하게 주거하는 공간으로 생각하는 경향이 강한데, 결혼과 사회 진출 본격화로 인해 주택임차시장의 유효수요가 크게 늘면서 전셋값 상승을 이끌고 있다는 것이다. 전문가들은 에코 세대의 신규 주택 수요가 본격화하고 있는 만큼 에코 세대의 임차 수요 증가와 이에 따른 전세난 가중에 대비하기 위해 범정부 차원에서 대안을 고민할 때라고 지적한다.[59]

워터쿨러 효과|Water Cooler Effect

사무실 한 편이나 복도에 음료수를 마실 수 있는 공간이 있으면 사람들이 이 장소에서 편안하게 대화를 할 수 있어 사내 의사소통이 활발해지는 효과를 말한다. 워터쿨러는 음료수 냉각기다.[60] 인터넷과 소셜 미디어가 워터쿨러 역할을 하고 있다는 분석이 있다. 2010년 『뉴욕타임스』는 "인터넷이 처음 등장하면서 이제 텔레비전은 곧 사라질 것이라는 예측이 나왔지만, 사람들이 텔레비전을 보는 한편으로 인터넷을 통해 편안하게 의사소통을 하는 생활 습관을 갖게 되면서 텔레비전과 인터넷이 친구가 되는 경향을 보이고 있는데, 이는 워터쿨러 효과에서 비롯된 것"이라고 했다. 블로그나 페이스북, 트위터와 같은 매체가 온라인상에서 편안하게 대화를 할 수 있는 환경을 만들어서 사람들이 텔레비전을 보면서 인터넷을 통해 의견을 교환하고 잡담도 할 수 있게 되었고, 결국 상호 보완적인 관계가 되었다는 말이다.[61]

이마케터의 조사에 따르면 미국 인터넷 이용자의 43퍼센트가 텔레비전 프로그램에 참여하기 위해 소셜 미디어를 이용한다고 응답했으며, 영국의 디지털클래리티가 25세 이하 모바일 인터넷 사용자 1,300명을 조사한 결과에서는 응답자의 80퍼센트 이상이 텔레비전을 보면서 소셜네트워크 서비스에 접속해 친구들과 수다 떨기

를 즐긴다고 대답했다.[62]

　온라인 워터쿨러 효과는 스포츠나 선거와 같은 빅이벤트에서 자주 일어난다. 예컨대 미국의 시청률 조사 기관 닐슨은 슈퍼볼과 2010년 밴쿠버 동계 올림픽 개막식의 높은 시청률을 워터쿨러 효과로 해석했다. 슈퍼볼과 2010년 밴쿠버 동계 올림픽을 시청한 7명 중 1명은 웹 서핑을 하면서 동시에 주변 사람들과 이야기를 나누는 모습을 보였다는 것이다. 이와 관련해 NBC 유니버설리서치의 대표 앨런 우첼은 "사람들은 무언가를 공유하길 원한다"며 온라인 대화의 효과가 "모든 대형 이벤트 프로그램에 중요해졌고 앞으로 모든 텔레비전 프로그램에서도 그럴 것"이라고 말한다. 김은미 등은 "이제 소셜네트워크의 발달로 굳이 같은 공간에 있지 않더라도 서로 다른 공간의 사람들이 동시에 같은 프로그램을 보면서 실시간으로 대화를 할 수 있게 된다. 이러한 의미에서 호프집의 경쟁 상대가 소셜 미디어인 것이다"라며 "소셜네트워크를 통한 워터쿨러 효과는 텔레비전 시청에서 나타날 뿐만 아니라 개봉 영화, 정치의 지지도 등 대중의 관심을 끄는 모든 분야에서 일어날 수 있다"고 했다.[63]

　온라인 워터쿨러 효과는 뉴스 소비 방식에서도 나타나고 있다. 2010년 미국의 퓨리서치센터는 점점 더 많은 미국인이 소셜 미디어를 통해 뉴스를 걸러 내고, 평가하고, 반응한다면서 미국인 뉴스 이용자 가운데 72퍼센트가 세상에서 일어나고 있는 일을 다른 사람들과 같이 이야기하기 위해 뉴스를 보고, 뉴스 이용자 중 50퍼센트는 자신에게 필요한 뉴스를 알려주는 주변 사람에게 어느 정도 의존하고 있다고 말했다.[64] 방송사가 일방적으로 중요하다고 전달해주는 뉴스를 중요하게 생각하기보다는, 시청자들이 트위터와 모바일, 인터넷을 이용해 코멘트를 달며 적극적인 뉴스 참여자로 등장하고 있다는 것이다.[65]

워터쿨러 효과

코피스족 Coffice族

코피스는 커피coffee와 오피스office의 합성어로, 커피숍에서 노트북이나 스마트폰으로 일하는 직장인을 일컬어 코피스족이라 한다. 카페 브러리(카페+라이브러리)족으로도 불리며 커피숍을 도서관처럼 활용하는 대학생들도 코피스족으로 볼 수 있겠다. 2012년 한 조사에 의하면 일과 공부를 위해 커피숍을 찾는 고객은 전체 고객 중 40퍼센트에 달했는데, 커피 한 잔 시켜놓고 다른 사람의 방해를 받지 않은 채 일에 몰두할 수 있다는 게 코피스족 증가의 이유로 거론된다.[66]

커피숍은 창의성을 발휘하기에 위해 아주 적당한 장소라면서 코피스를 예찬하는 사람들도 적지 않다. 실제 2013년 미국의『소비자 연구 저널The Journal of Consumer Research』에 실린 미국 일리노이주립대학 연구진의 보고서는 커피숍에서 일하는 게 사무실이나 집처럼 조용한 곳에서 일하는 것보다 더 능률적이라고 했다. 창의성은 적당한 주변 소음이 있는 곳에서 더 많이 발휘되는데, 커피숍에서 발생하는 소음이 딱 그 정도 수준이라는 것이다.[67]

경기 침체와 불황 속에서도 커피숍이 승승장구하는 배경에 코피스족이 있는 것으로 알려지면서 이들을 겨냥한 대형 커피 프랜차이즈들의 마케팅 경쟁도 치열하다. 휴대폰 충전기, 노트북 충전을 위한 콘센트, 무료 와이파이 제공 등은 기본이고 매장 내에 PC · 노트북을 구비해놓은 곳도 있다. 오래 앉아 있는 이들을 위해 딱딱한 의자를 푹신한 소파로 교체하는 등 코피스족의 편의를 위해 실내 인테리어에도 상당한 공을 들이고 있다. 아예 이들을 위해 '미팅룸'이나 '비즈니스룸' 등 독립된 공간을 만든 곳도 있다.[68] 스마트폰 대비 상대적으로 큰 화면을 제공하는 대형 모니터를 갖추고 코피스족이 원하는 장르의 광고를 어플이나 인터넷 서칭을 통해 쉽게 찾아볼 수 있도록 한 테이블인 터치탁도 등장했다. 터치탁은 테이블에 삼성 태블릿 갤럭시 노트 10.1을 결합한 신개념 IT 옴니채널 미디어다.[69]

코피스족의 증가로 울상을 짓는 사람들도 있다. 유명 프랜차이즈와의 경쟁 속에서 생존의 방편으로 박리다매 전략을 구사하는 동네 카페들이 그렇다. 경제적으로 넉넉지 않은 학생과 취업 준비생들이 조금이라도 값싼 커피를 찾아 동네 카페에서 장시간 버티기에 나서면서 발생한 현상이다. 한 카페 사장은 "손님은 북적이지만 실속이 없다. 내쫓을 수도, 반길 수도 없는 곤란한 상황"이라고 토로했다.[70]

킨포크족 Kinfolk族

맛있는 음식을 함께 나눠 먹고 즐기는 사람들을 뜻하는 말이다. 킨포크의 사전적 정의는 친척, 친족으로, '가까운 사람들'이란 뜻으로 쓰인다. 킨포크 트렌드는 2011년 미국에서 작가·화가·농부·사진작가 등 40여 명이 모여 텃밭에서 직접 식재료를 가꾸고 재배해 요리를 만들고 함께 나누어 먹는 모임에서 출발했는데, 이들이 펴낸 잡지 『킨포크』가 세계적인 인기를 얻으면서 알려졌다. 이후 이들을 따라 하는 사람들이 크게 증가하자 이런 사람들을 일컬어 '킨포크족'이라 하기 시작했다.[71]

킨포크족은 한국에서도 빠르게 확산했다. 킨포크족은 음식을 함께 먹지만 맛있는 것을 먹는 게 목적은 아니라고 말한다. 자신을 킨포크족이라고 밝힌 이원진은 킨포크는 "음식의 맛에만 너무 집착하지 않고, 먹는 행위보다는 함께 나누는 것을 즐길 줄 알아야 하며, 자연스럽고 소박한 시간을 보내는 데 의미를 두는 것이 중요하다"고 말한다. 킨포크족은 "자연스러운 식탁과 일상을 지향한다"고 말하고 있는데, "자연스러움을 일부러 연출한다"고 비판하는 사람들도 있다.[72] 소셜 다이닝Social Dining도 킨포크의 한 사례라 할 수 있다. SNS를 통해 관심사가 비슷한 사람끼리 만나 식사를 즐기며 인간관계를 맺는 것을 일컬어 소셜 다이닝이라 한다.

타이거 맘Tiger Mom

자녀를 엄격하게 훈육하는 엄마를 이르는 말이다. 중국계 미국인인 에이미 추아 예일대학 로스쿨 교수가 2011년 출간한 『타이거 마더』에서 제시한 개념이다. 엄격한 중국식 통제와 규율로 두 딸을 '조련'한 경험을 담은 이 책에서, 추아는 자율성을 살려주는 서구식 교육법은 "아이들에겐 벌"이라고 단언했다.[73] 추아의 주장은 뜨거운 찬사와 격렬한 비난을 동시에 받았는데, 2012년 같은 중국계인 데지레 바올리안 진 미시간주립대학 조교수는 타이거 맘이 자녀를 망친다고 주장했다. 진은 중국계 미국인 학생 500명을 대상으로 조사한 결과 백인 학생들에 비해 학교 성적이 높을수록 우울감에 빠지기 쉽고, 불안감에 시달리고 있으며, 유럽계 학생들에 비해서도 학업과 관련해 부모에게 훨씬 시달림을 당한다고 여기는 것으로 조사되었다고 했다. 진은 "조사 대상자 가족의 절반 이상이 교육 문제를 가장 중요한 가정사로 여기고 있으며, 부모들은 자녀의 성적이 나쁠 경우 소리를 지르거나 화를 내는 등 감정적으로 매우 격렬하게 반응한다는 응답이 나왔다"면서 "부모들은 경쟁심 유발과 동기부여를 위해 자녀를 남들과 비교하지만 이로 인해 오히려 자부심이 떨어지고, 쓸모없는 사람으로 느끼는 등 정신 건강에 악영향을 미치고 있다"고 말했다.[74]

세계적인 바이올리니스트 바네사 메이는 2014년 4월 19일자 영국 『데일리메일』과의 인터뷰에서 "어린 시절부터 바이올린을 완벽하게 연주하지 못하면 어머니에게 얼굴을 맞았으며, 어머니와 의절하고 지낸 지 10년이 넘었다"며 자신은 타이거 맘의 희생양이라고 말했다.[75] 2014년 로스앤젤레스 캘리포니아주립대학 저우민 교수와 어바인 캘리포니아주립대학 제니퍼 리 교수는 학술지 『인종과 사회문제Race and Social Problems』에 실은 논문에서 아시아인들은 낮은 소득에도 좋은 학교를 찾아 거주지를 선택하는 것은 물론, 개인 교습 같은 교육 지원도 자녀에게 최대한 해주려 노력한다면서 타이거 맘은 미국 내 아시아인들의 성공 공식이 아니라고 주장했다. 아시아계 미국인의 성공은 단순한 강압적 양육이 아니라 가족 차원의 노력과 자녀의 호응이 결합할 때 나오는 성과라는 게 이들의 주장이었다. 『워싱턴포스트』는 로스엔젤레스 지역에서 비교적 낮은 소득으로 살아가는 중국계와 베트남계 이민들을 연구 대상으로 삼은 이 논문의 주장이 아시아계의 성공 원인에 더 가까울 수 있다고 해석했다. 에이미 추아의 연구는 사회경제적 지위가 높은 가정을 대상으로 했기 때문에 일반화하기 힘들다는 것이다.[76]

타이거 맘에 대한 예찬론도 만만치 않다. 2013년 아이비리그에 낙방한 수지 리 웨이스는 『월스트리트 저널』에 기고한 「나를 거절한 (모든) 대학들에게」라는 글에서, 아이비리그에 합격하려면 정규 교과 이외 9개 과목을 이수하고, 동아리 여섯 곳의 리더로 활약하며, 3개 스포츠 종목에서 학교 대표로 뛰고, 엄청난 대입자격시험 성적을 거두어야 하는데, 이는 "두 명의 엄마가 있을 때 가능한 이야기"라고 꼬집으면서 "타이거 맘을 두었다면 도움이 되었을 것"이라고 말했다.[77] 아시아 유학생이 줄자 호주 대학들은 2013년 중국의 타이거 맘 유치 마케팅에 나섰다. 밤 10시 기숙사 점호 및 통금, 기숙사 내 음주 금지, 학부모와 핫라인(비상 직통전화) 개설을 핵심으로 하는 스파르타식 기숙사를 강조하며 아시아계 타이거 맘의 마음 잡기에 나선 것이다.[78]

타이거 맘

피멘 FEMEN

종교적 여성 억압과 강요된 매춘 반대, 독재자에 대한 저항, 여성의 권리 향상과 기회균등을 주요 목표로 삼고 있는 페미니스트 단체다. 성매매, 섹스 산업, 인신매매, 국제결혼 알선 업체와 독재·부패·교회 등을 반대하고 동성 결혼과 좌파적 경제정책에 찬성하는 입장을 가지고 있다. 2008년 4월 우크라이나에서 설립되었으며, 독일·프랑스·스위스·이탈리아 등 유럽과 미국·캐나다·브라질 등 미주 지역에도 피멘 해외 지부가 속속 결성될 만큼 빠른 속도로 글로벌 단체로 발돋움하고 있다. 유럽에서는 의회 진출을 목표로 삼고 있다.

피멘의 무기는 섹스트리미즘 Sextremism(성 극단주의)이다. Sex와 extremism(극단주의)을 합친 말인데, 피멘이 가슴을 드러내는 등 극단적 행동을 통해 여성의 몸을 운동의 도구로 삼고 있기 때문이다. 피멘은 "성性을 자동차나 쿠키를 팔기 위한 수단으로 삼는 것처럼, 사회적·정치적 프로젝트를 위해서도 성을 도구로 삼지 말아야 할 이유가 없다"며 섹스트리미즘이 여성의 권리를 추구하는 데 필수적이라고 주장한다. 이들은 이를 공개적으로 표방하는 데도 적극적이다. 예컨대 시위에 나선 피멘 활동가들의 가슴엔 '도덕 따위는 던져라' 같은 메시지가 적혀 있으며, 양손으로는 "왔노라, 벗었노라, 정복했노라" 같은 구호의 배너를 하늘을 향해 치켜든다. 그러니까 섹스트리미즘을 통해 가부장제의 통제 대상인 여성의 몸을 오히려 정치적 시위에 활용해서 '남성 지배 시스템'에 타격을 가하겠다는 게 피멘의 전략인 셈이다.[79]

섹스트리미즘 전략을 구사하면서 피멘에 대한 논란도 적지 않게 발생하고 있다. 우선 피멘이 서구 중심주의와 신新식민주의 시각에 물들어 있다는 지적이 있다. 피멘은 이슬람 여성들을 향해서도 "무슬림들이여, 같이 벗자!", "우리의 신神은 여성이다", "우리의 젖통은 당신네들의 돌보다 더 치명적이다"라며 함께 행동할 것을 요구하고 있는데, 이런 운동 방식에는 문화상대주의를 고려하지 않은 오만함이 담겨 있다는 것이다. 그래서 피멘의 활동을 새로운 형태의 문화제국주의로 해석하는 사람들도 있다. 온건한 페미니스트들도 곱지 않은 시선을 보내고 있다. 이들은 피멘이 상황과 환경을 고려하지 않은 채 벗는 데만 너무 집착하고 있는 것 아니냐고 우려한다.[80] 물론 이런 시각에 대해 피멘은 개의치 않는다는 입장이다. 피멘의 창시자 안나 헛솔은 "부당한 것을 제대로 말할 수 있는 사회라면 우리는 벗을 필요가 없을 것이다. 우리는 사람들이 처한 부당한 상황에 대해 몸으로 저항하는 것뿐이다"라고 말했다.[81]

피멘을 둘러싼 논란은 뜨겁지만, 반라 시위를 중심으로 한 피멘의 섹스트리미즘이 대중의 관심에서 멀어졌던 페미니즘에 대한 관심을 고조시키는 역할을 하고 있다는 해석도 있다. 주목 투쟁에 성공함으로써 언론의 스포트라이트를 집중적으로 받기 때문이다. 프랑스의 한 사진 기자는 톱뉴스가 되기 때문에 "피멘이 시위한다는 소식을 들으면 국내외 통신사는 물론이고 아마추어 사진가들까지 총출동한다"고 말한다.[82]

피멘이 던지는 질문을 한국 사회가 되새겨보아야 한다는 주장도 있다. 양선희는 "여러 비난을 떠나 눈여겨보게 되는 건 이렇게 옷까지 벗고 나설 정도의 극단적 페미니즘이 19~20세기도 아닌 21세기에도 존재하는 현실이다"라며 한국 사회의 뿌리 깊은 가부장 문화를 해결하지 않으면 "우리 딸들도 웃통 벗고 '여성 생존권'을 외치며 투쟁 대열에 나서게 될지도 모른다"고 했다.[83]

할빠 · 할마

자녀를 대신해 손주 육아를 전담하는 할아버지와 할머니를 일컫는다. 할빠는 할아버지의 '할'과 아빠의 '빠'를 합성한 것이고, 할마는 할머니의 '할'과 엄마의 '마'를 합성한 말이다. 맞벌이 부부의 증가로 조부모가 손주의 육아를 맡는 현상이 일반화하면서 등장한 말이다. '황혼육아족'이라고도 한다. 2012년 통계청 자료를 보면, 젊은 맞벌이 부부 510만 가구 중 250만 가구가 육아를 조부모에게 맡기는 것으로 조사되었다. 할빠 · 할마의 가장 큰 특징은 막강한 구매력이다. 이들은 안정된 경제력을 갖추고 있기 때문에 손주들에게 좋은 물건과 자신이 쓰기 편한 육아 용품에 돈 쓰는 걸 아끼지 않는 경향이 있다. 2013년 롯데백화점은 "50대 이상의 육아 용품 구매가 전체 매출의 절반 수준인 40~50퍼센트를 차지했는데, 이 비중은 매년 5~10퍼센트씩 증가하고 있다"고 밝혔다.[84]

할빠 · 할마는 명품 구입도 서슴지 않는다. 육아 용품업계는 아기 침대, 수입 유모차 등 수백만 원을 호가하는 상품들은 조부모가 손주를 위해 선물하는 경우가 많은 것으로 파악하고 있다. 임신 · 출산 · 육아 용품 박람회인 베이비페어 관계자는 "손주를 위해 베이비페어에 들르는 조부모들은 육아업계의 새로운 큰손"이라며 "한 번에 수백만 원, 수천만 원을 결제하는 VIP 고객들은 대개 중장년층"

이라고 했다. 할빠·할마가 유통 업체의 블루칩으로 부상하면서 이들을 겨냥해 조작이 편리한 육아 용품들도 속속 출시되고 있다. 반자동 유모차, 용량 눈금이 표기된 이유식 냄비, 적정 수유 온도를 확인해주는 스마트 젖병 등이 그런 것들이다. 아이를 등에 업을 때 사용하는 포대기와 면 기저귀도 화려하게 부활하고 있다. 과거 육아에 익숙한 할머니들은 여전히 포대기와 면 기저귀를 선호하기 때문이다.[85]

　할빠·할마의 등장으로 새로운 사회적 질병도 등장하고 있다. 바로 손주병이다. 맞벌이하는 자녀를 대신해 손자·손녀를 돌보는 조부모의 정신적·육체적 스트레스를 일컫는 말인데, 황혼육아족 사이에서는 이른바 '직업병'으로 불리기도 한다.

핫딜 노마드족 Hotdeal Nomad族

온라인·모바일 쇼핑업계가 특정 시간대에만 싸게 파는 마케팅 전략을 일컬어 핫딜이라 하는데, 바로 그런 핫딜을 좇아다니는 실속파 소비자를 일컬어 핫딜 노마드족이라 한다. 한국에 핫딜족이 등장한 것은 2000년대 중반 무렵이다. 미국 쇼핑몰들이 블랙프라이데이나 크리스마스, 독립기념일을 전후해 큰 폭으로 할인을 한다는 사실을 알게 되면서 해외 쇼핑에 눈을 뜬 주부들을 주축으로 인터넷에 핫딜에 대한 정보를 교환하는 커뮤니티가 만들어졌다.[86] 이런 점에서 보자면 이 시기 등장한 핫딜족은 해외직구족의 원조라 할 수 있겠다.

『아크로팬』 2014년 12월 16일자는 핫딜 노마드족은 "모바일 쇼핑 앱을 설치해두고 '핫딜' 푸시 알람 서비스를 받기도 하지만 하루 종일 '띵동' 거리며 알리는 '핫딜' 알림 메시지에 피로를 느끼기도 한다. 짧은 시간만 특별한 조건에 판매하는 '핫딜'의 특성상 수시로 검색해야 하는 불편함도 있다"고 말했는데,[87] 핫딜 노마드족은 최저가에 목숨을 걸기 때문에 그런 불편함과 피로감은 마땅히 견뎌야 하는 것으로 간주하는 경향이 있다고 보아야 할 것이다. 서진우는 핫딜 노마드족은 "핫딜 정보를 최대한 수집할 뿐 아니라 이를 온라인·소셜네트워크서비스에서 공유하며 핫딜을 좇아다닌다"면서 "이들에게 '일편단심'이란 없다. 다른 쇼핑몰에 없는 상품이라면 혹은 여기서만 더 저렴한 상품이라면 오픈마켓·소셜커머스·모바일앱 가리지 않고 옮겨 다니며 '순례'를 즐긴다"고 했다.[88]

이런 소비 경향 때문에 핫딜 노마드족에게서는 이른바 쇼핑몰에 대한 충성심을 발견하기 어려운데, 그래서 온라인몰업계는 이들을 붙잡기 위해 갖은 묘안을 내놓고 있다. 핫딜 노마드족이 증가하면서 핫딜 정보만 모아 실시한 검색할 수 있는 모바일 쇼핑 앱도 등장했다.

혼밥족

혼자 밥을 먹는 사람들을 뜻한다. 혼자 밥을 해결하는 모습을 숨기기 위해 화장실이나 빈 강의실 등 눈에 띄지 않는 장소를 찾아 헤매는 사람들이 크게 증가하면서 2014년에 등장한 말이다. 한국 사회의 개인화가 빠른 속도로 진행되고 있기 때문에 혼밥족의 증가는 자연스러운 일이며, 따라서 혼자 밥을 먹는 것은 부끄러운 일이 아니라고 보는 시각도 있지만 여전히 '혼밥' 때문에 스트레스를 받는 사람들은 적지 않다. 이른바 '변소밥(화장실에서 혼자 먹는 밥)'을 먹는 사람들도 있으며, 일부 대학가에는 '밥터디'도 등장했다. 식사때만 모여 함께 식사하고 헤어지는 모임으로, '밥+스터디(그룹)'라는 뜻이다.[89]

혼밥 스트레스는 '식사는 여럿이 해야 한다'는 전통적인 인식 때문에 발생하고 있는데, 진화심리학적 관점에서 해석하는 시각도 있다. 곽금주는 "진화심리학 관점에서 보면, 식재료 보관이 어려워 여럿이 함께 밥을 먹었던 과거 습관이 뿌리 깊게 남아 있어 혼자 식사하는 것을 부끄럽게 여기는 경향이 있다"고 했다.[90]

혼밥 스트레스족 맞은편에는 '자발적 혼밥족'도 있다. 취업 준비와 아르바이트 탓에 주변 사람과의 관계를 스스로 단절하고 혼자 밥 먹는 사람들로, 이들은 혼밥을 부끄럽게 생각하지 않는다. 오히려 이들은 밥을 혼자 먹으면 식사 약속을 잡거나 식당을 찾는 데 허비되는 시간을 아낄 수 있고, 원하는 메뉴를 선택할 수 있으며, 불필요한 인간관계를 맺을 필요가 없다는 점을 장점으로 꼽는다. 아예 혼밥을 유희의 대상으로 생각하는 사람들도 있다. 자신의 생활을 공유하는 인터넷 커뮤니티에서 혼밥을 '인증 놀이'와 결합해 '혼밥 인증'이라고 표현하는 사람들이 그런 경우로, 이들은 인터넷 커뮤니티에 화장실과 벤치 등에서 도시락을 먹는 모습을 사진으로 찍어 올린다.[91] 혼밥과 먹방(먹는 방송)의 결합이라 할 수 있겠다.

혼밥족이 증가하면서 이들을 겨냥한 메뉴와 자리 배치에 신경을 쓰는 음식점도 부쩍 늘어났다.

홈퍼니|Homepany

가정Home과 기업Company의 합성어로, 가정과 일을 조화시킬 수 있도록 배려하는 회사를 일컫는 말이다. 가정 같은 분위기에서 편안하게 일하면서 업무의 능률을 올리는 기업 경영 방식을 일컬어 '홈퍼니 경영'이라 한다. 홈퍼니 경영의 대명사로 거론되는 회사는 구글이다. 구글은 자녀를 둔 직원들을 위해 하루 또는 일주일 단위로 급하게 보모를 신청하는 제도인 '백업 차일드 케어Backup child care'를 운영하고 있으며, 기업 내 어린이집을 운영하거나 세탁·자동차 관리·법률 자문 등 각종 가사 일을 대행해주는 서비스를 제공하고 있다.[92]

LG경제연구소가 2014년 미국 여성 잡지 『워킹 마더』가 선정한 '워킹맘이 일하기 좋은 100대 기업'을 분석한 결과에 따르면, '잘나가는' 기업일수록 홈퍼니 프로그램을 갖고 있는 것으로 나타났다. 『포춘』이 선정하는 '가장 존경받는 기업'에 해마다 선정되는 P&G와 IBM, 120년 역사의 식품 회사 제너럴 밀스 등도 홈퍼니 경영을 실천하고 있다. 홈퍼니가 워킹맘과 회사가 윈-윈 하는 경영 방식이라는 평가가 나오는 이유다.[93]

맞벌이 부부가 늘어나고 있음에도 워킹맘을 내치는 분위기가 팽배해 있는 한국에서도 홈퍼니 경영을 적극적으로 받아들여야 한다는 지적의 목소리가 높다. 경력 단절 여성을 방지할 수 있을 뿐만 아니라 한국 사회의 골칫거리로 떠오른 출산율 문제를 해결할 수 있는 방법 가운데 하나가 홈퍼니라는 게 그 이유다.

　홈퍼니에는 다른 의미도 있다. 취업 준비생들 사이에서 홈퍼니는 '집에서 마치 업무를 하듯 기업 입사 원서를 제출하는 데 매진하고 있다'는 의미로 쓰인다. 그러니까 구직자가 "요즘 나는 홈퍼니에서 근무한다"고 말하면 이는 직장에 출근하는 게 아니라 집에서 취업 원서를 접수하는 일에 몰두하고 있다는 의미인 셈이다.[94] 2010년 구직자들은 홈퍼니를 가장 공감하는 취업 관련 유행어로 꼽은 바 있다.

8

Life Section

Trend Keyword

게이트웨이 드러그Gateway Drug

자체 중독성과 함께 다양한 중독을 유발하는 약물을 말한다. 가벼운 중독이 향후 심각한 중독에 빠지게 되는 통로 역할을 하게 된다는 의미로 쓰이며, 게이트웨이 이론 또는 게이트웨이 효과라고도 한다.[1] 사용자가 한 네트워크에서 다른 네트워크로 들어가기 위해 거쳐야 하는 입구를 일컬어 게이트웨이라 한다. 게이트웨이 드러그의 대표적 사례로는 대마초가 꼽힌다. 필로폰이나 엑스터시 등 다른 마약에 쉽게 손댈 수 있는 전前 단계 약물이라는 게 그 이유다.[2]

2013년 10월 국회 보건복지위원회 소속 일부 의원들이 인터넷 게임을 마약, 도박, 술과 함께 '4대 중독'으로 규정하고, 이에 대한 범정부 차원의 통합적 관리체계를 구축하기로 하는 내용의 법률안을 제출하면서 인터넷 게임을 둘러싼 게이트웨이 드러그 논란이 발생했다. 게임 업계는 "게임이 어떻게 흉악한 범죄인 마약과 같냐"며 게임 중독이 과연 의학적 치료가 필요한지 인과관계가 증명되지 않은 상황에서 게임을 마약, 도박, 알코올과 묶어 관리하는 것은 말이 되지 않는다고 주장했다.

이에 민태원은 인터넷 게임 중독이 알코올, 마약 등 다른 중독에 빠지는 게이트웨이 드러그가 될 수 있음을 보여주는 연구 자료가 있다면서 "인터넷 게임 중독 문제를 다른 중독과 전혀 동떨어진 것처럼 말하는 것은 어폐가 있다"고 했다. 중앙대 의대 연구팀이 2013년 청소년의 인터넷 중독 수준에 따른 알코올과 흡연, 약물 이용률을 조사한 결과에 따르면, 일반 인터넷 이용자의 음주율은 20.8퍼센트였지만 인터넷 중독 잠재적 위험군은 23.1퍼센트, 고위험군은 27.4퍼센트로 높아졌다. 약물 이용률도 인터넷 중독 고위험군은 6.5퍼센트로 일반 사용자(1.7퍼센트)보다 높았다.[3]

배한철은 인터넷 게임의 게이트웨이 드러그론에 대해 "그렇다면 역으로 청소년기에 인터넷 게임을 탐닉하지 않았다면 커서도 마약, 도박에 빠져들지 않는다는 말인가"라며 "빈대가 무섭다고 초가삼간까지 태워야 할까"라고 했다.[4]

스마트폰이 새로운 게이트웨이 드러그로 등장했다는 주장도 있다. 미국 피츠버그의과대학의 길보아 박사는 유·아동들이 쉽게 접근할 수 있는 스마트폰의 다양한 어플 중에는 흡연이나 약물 사용 시뮬레이션게임 등이 있어 중독의 위험성을 증가시킬 수 있다고 경고했다. 이해국은 "스마트폰 사용자들이 비사용자에 비해 성인은 1.23배, 청소년은 1.27배 인터넷 중독 위험도가 증가한다"며 "스마트폰이 인터넷 중독은 물론 청소년이 성인으로 성장한 후 또 다른 중독을 유발하는 게이트 약물로 작용할 수 있어 유·아동기에 철저한 관리가 필요하다"고 주장했다.[5] 뉴욕대학의 조나단 짐머먼 교수는 미국 10대 넷 중 셋 이상은 자신들이 활용할 수 있는 대부분의 시간을 페이스북이나 마이스페이스 같은 SNS 웹사이트에 들러

붙어 채팅을 하며 보낸다면서, 웹사이트에서 채팅을 통해 나누는 이야기가 10대들이 중독되는 강력한 새로운 마약이라고 했다.[6]

공개 선언 효과|Public Commitment Effect

자신이 달성하고자 하는 어떤 목표를 세웠을 때 자신의 결심을 공개적으로 선언하면 그 결심을 끝까지 고수하며 실천할 확률이 높아지는 효과를 말한다. 금연이나 금주 계획을 세운 사람들에게 전문가들이 가족이나 친구 등 주변 사람들에게 공개 선언을 하라고 조언하는 것도 바로 이 공개 선언 효과를 염두에 두고 있기 때문이다. 공개 선언 효과는 사람들은 자신의 생각을 공개적으로 밝힘으로써 뱉어낸 말과 행동을 일치시키려는 원초적 본능을 가지고 있다는 점에 기반하고 있는데, 미국의 심리학자 스티븐 헤이스가 이를 증명함으로써 널리 알려졌다. 헤이스가 대학생들을 대상으로 목표하는 시험 점수를 공개한 집단과 그렇지 않은 집단을 비교한 결과에 따르면, 목표 점수를 공개한 집단의 시험 점수가 그렇지 않은 집단에 비해 현저히 높은 것으로 나타난 것이다.[7]

이상섭은 "공개 선언 효과를 극대화하려면 가능한 많은 사람에게, 되도록 반복적으로 공개하고 계획에 실패했을 경우 치러야 할 대가까지 밝히는 것이 좋다"고 조언했다.[8] 공개 선언이 '리플리 증후군Ripley Syndrome'으로 이어지는 것을 경계해야 한다는 지적도 있다.[9] 자신의 현실을 부정하면서 마음속으로 꿈꾸는 허구의 세계를 진실이라 믿고 거짓된 말과 행동을 반복하게 되는 현상을 일컬어

리플리 증후군이라 하는데, 실천이 없는 공개 선언만 남발할 경우 이른바 '지질이'로 전락할 수도 있음을 우려한 것이라 할 수 있겠다.

공개 선언은 실언으로 이어지는 경우가 많은데, 이는 계획 오류 때문이다. 계획 오류는 어떤 일의 예측이나 계획 단계에서 낙관적으로 치우치는 현상으로, 심리학자이자 행동경제학자인 에이머스 티버스키Amos Tversky와 대니얼 카너먼Daniel Kahneman이 1979년에 발표한 「직관적 예측Intuitive Prediction: Biases and Corrective Procedures」이라는 논문에서 제시한 것이다.[10]

기본 소득

국가나 모든 사회 구성원에게 어떠한 조건 없이, 개별적으로 지급하는 현금 소득을 말한다. 재산이나 건강, 취업 여부 혹은 장차 일할 의사가 있는지 없는지 등, 일절 자격 심사를 하지 않고 일률적으로 모든 사회 구성원에게 일정한 돈을 주기적으로 평생 지급한다는 점에서 기존의 사회복지 프로그램들과 근본적으로 다르다. 모든 사람에게 기초적인 생활권을 보장해야 한다는 정신에서 나온 개념이다. 기본소득제는 20세기 들어 버트런드 러셀, 에리히 프롬, 마틴 루서 킹, 앙드레 고르 등에 의해 본격적으로 논의되기 시작했는데, 예수님을 기본소득제의 원조로 보는 시각이 있다. 이계삼은 "일거리가 없어 놀다가 저물녘 맨 나중에 온 일꾼에게도 먼저 와서 일한 자와 똑같이 한 데나리온의 품삯을 주었다는 포도원 주인의 비유야말로 기본소득제의 핵심적인 논리를 꿰뚫고 있다. 누구나 삶의 기본적 필요를 충당하는 데 들어가는 비용을 제공받을 당당한 권리가 있는 것이다"라고 했다.[11]

미국 독립전쟁의 사상적 원동력이었던 『상식』을 쓴 18세기 정치사상가 토머스 페인이 만년에 쓴 『토지분배의 정의』 속에 기본 소득의 핵심 논리가 들어 있다는 분석도 있다. 『녹색평론』 발행인 김종철은 "페인은 이 책에서 이른바 '국민 기금'이라는 것을 구상했는

데,바로 이 '국민 기금'이 기본소득제와 일맥상통한다"는 것이다.[12]

기본 소득 도입 논의는 2008년 금융 위기 이후 전 세계적으로 소득불평등이 심화하면서 유럽 각국을 중심으로 활발하게 일었는 데, 이는 비정규직과 시간제 노동 등 불안정 노동이 늘고 기업들의 고용이 줄어드는 현실을 정규직 노동자, 임금 노동자 중심으로 짜인 기존 복지제도의 틀로는 극복하기 어렵다는 문제의식 때문이었다. 기본 소득은 여러 경제학자의 지지를 받고 있기도 하다. 제임스 미드, 제임스 토빈 같은 진보적 경제학자뿐만 아니라 밀턴 프리드먼, 제임스 뷰캐넌 같은 보수적 경제학자들도 기본 소득을 지지하고 있으며, 70여 명의 노벨경제학상 수상자 가운데 이를 지지하는 사람이 10명이 넘는 것으로 알려져 있다.[13]

브라질·쿠바 등 일부 국가가 최저임금의 5퍼센트 남짓한 수준의 기본소득제를 제한적으로 도입하고 있긴 하지만 세계적으로 기본 소득제를 시행하고 있는 나라는 없다. 2013년 10월 스위스에서 사상 최초로 국민 모두에게 한 달 2,500스위스프랑(약 297만원)의 기본 소득을 보장하는 방안을 뼈대로 한 국민 발의 법안이 의회에 제출되어 국민투표에 부쳐졌지만 반대 65.3퍼센트 대 찬성 35.5퍼센트로 부결되었다.

기본 소득 도입 논의에서 가장 쟁점이 되는 부분은 아무래도 재원 마련이다. 예컨대 기본 소득 도입론자들은 토지세, 환경세, 금융거래세, 자본이득세, 부자 증세 등 세금을 통해서 재원 마련을 할 수 있다고 말하지만, 사회적 공감대가 선행되어야 한다는 점에서 현실화되기 어렵다는 지적도 적지 않다. 김종철은 재원 마련보다 "일하지 않는 자, 먹지도 말라"는 전통적인 노동 윤리에 오랫동안 길들여져 있는 사람들의 고정관념이 더 큰 난관이라고 말한다. 그는 "확실한 것은, '기본 소득'이 꼭 필요하다고 합의만 된다면 그것은 어떻게든 해결된다"면서 이렇게 말한다. "기본 소득 도입을 가로막는 최대 장벽은 역시 '일하지 않는 자, 먹지도 말라'는 고정관념이다. 이것만 극복한다면 오늘날 사실상 노예노동을 강요당하고 있는 우리들 대다수의 인생이 크게 달라질 것이다."[14]

　　기본 소득제를 둘러싸고 의견은 첨예하게 대립하고 있지만 세계적으로 심각해져만 가는 소득 불평등에 대한 대중적 분노 때문에 기본 소득 도입을 요구하는 목소리는 더욱 커질 것으로 예측되고 있다. 유럽에서는 1986년 기본 소득 도입을 위한 시민단체인 기본 소득 유럽 네트워크가 만들어졌고, 2004년 기본 소득 지구 네트워크로 확장되었다. 한국에서는 2009년 기본 소득 한국 네트워크가 만들어졌으며 2014년 3월 발생한 이른바 '세 모녀 자살 사건' 이후 기본 소득이 진보진영 안에서도 대안 담론으로 떠오르고 있다.

놀 권리

유엔아동권리협약 제31조가 명시한 권리로, '모든 어린이는 충분히 쉬고 놀 권리가 있다'는 게 이 조항의 내용이다. 아동들이 안전한 환경에서 유년을 충분히 누릴 수 있는 놀이의 시간을 가져야 한다는 의미로 이해하면 되겠다. 유엔아동권리협약은 18세 미만 아동의 소중한 권리를 지켜주기 위한 국제사회의 약속이다. '놀 권리'를 보장한 유엔아동권리협약 제31조는 1989년에 채택되었는데, 휴식과 여가를 즐기고, 연령에 적합한 놀이와 오락 활동에 참여할 수 있는 아동의 권리를 인정할 것을 촉구하며, 적절하고 균등한 놀이 기회를 제공할 것을 규정했다.[15]

유럽은 아이들의 놀 권리 보장을 위해 아동의 놀이와 여가를 위한 정책을 적극적으로 펼치고 있다. 예컨대 영국 정부는 '교육 기회'와 마찬가지로 아동기의 '놀이 기회' 역시 모든 아동에게 공평하게 제공되어야 한다는 인식하에 국가적인 놀이 정책을 실행하고 있으며, 덴마크·스위스·독일 등도 자연환경에서 아동의 바깥 놀이를 중요시하고 세대가 함께 놀이할 수 있는 바깥 놀이터를 조성하는 데 열심이다.[16]

하지만 한국 아동들에게 놀 권리는 '잊힌 권리'다. 2014년 유니세프 한국위원회와 한국아동권리학회가 서울·경기 지역 초중고

학생 564명을 대상으로 실시한 설문조사 결과에 따르면, 한국 어린이의 절반가량은 놀이가 자신의 권리라는 사실을 모르는 것으로 나타났다.[17] 한국아동권리학회장 황옥경은 "모든 아동들은 놀 권리를 가지고 있다. 아동들은 매일 즐겁게 놀 수 있는 자유를 향유해야 한다"면서 "아이들의 건강한 놀이가 사라지면 우리 사회의 미래도 어둡다는 것을 깨달아야 한다. 선진국들처럼 아동 놀이에 장애가 되는 문제를 진단하며 실태를 정확하게 파악해 장기적 안목으로 국가 차원의 놀이 정책을 수립해야 한다"고 말했다.[18]

뒷담화

일반적으로 남을 헐뜯거나, 듣기 좋게 꾸며 말한 뒤, 뒤에서 하는 대화를 이르는 말이다. 영국의 진화생물학자 로빈 던바를 비롯한 일부 연구자들은 사회적 정보의 가치가 언어 진화의 원동력으로 작용했다면서 인류가 뒷담화를 하기 위해서 대화를 시작했다고 말한다.[19] 뒷담화를 한국의 문화적 특성으로 보는 시각도 있다. 서양은 프라이버시를 중시하기 때문에 다른 사람의 뒷담화를 즐기지 않는다는 것이다.[20]

2012년 11월 LG경제연구원이 내놓은 「직장 내 가십, 가볍게 넘길 대상 아니다」라는 보고서를 보면, 직장인의 41퍼센트는 회사에서 뒷담화가 갈수록 늘어난다고 생각하고 있다. 뒷담화의 주 메뉴는 직장 상사였다. 직장 내 뒷담화에 참여하는 이유로는 응답자의 31퍼센트가 '회사·타인 관련 정보 확보'를 들었다. '뒷담화를 통한 감정 분출·스트레스 해소'(24퍼센트)는 그다음이었다. '동료 간 친밀감 형성'과 '나의 불만을 타인이 알아주길 원함'도 각각 16퍼센트를 차지했다.[21]

2014년 영국 맨체스터대학 심리학 연구진은 실험을 통해 "유명인을 대상으로 한 험담과 뒷담화가 계속되는 이유는 해당 행위가 일반 사람들의 사회적 지위를 유지시켜주는 주요 수단이 되기 때문"이라고 했다. 기본적으로 뒷담화는 일정 단체의 구성원들이 특정 대상에 대한 비판을 함께 하면서 친목과 단합을 유지하려는 사회적 욕구에 기반하는데, 특히 유명인들을 대상으로 한 뒷담화가 많은 이유는 그만큼 자신이 사회적인 관심과 폭넓은 공감대를 소유하고 있다는 것을 알릴 수 있는 수단으로 생각하고 있기 때문이라는 것이다.[22]

뒷담화를 하는 중에는 더러 무의식적으로 다른 사람의 평판을 왜곡하기도 한다. 왜 이런 일이 발생하는 것일까? 존 휘트필드는 대화하는 순간에는 대개 뒷담화의 주인공을 정확하게 묘사하는 것보다 현재 자신과 대화를 나누고 있는 상대와 친해지는 것이 더 중요하다고 생각하기 때문이라고 말한다. "타인에 대한 재미있고 유용한 정보를 친구에게 전해주는 것은 충성심의 표현이다. 뒷담화 대상과의 관계를 위태롭게 하는 것은 현재의 대화 상대를 더 소중하게 여긴다는 것을 보여주는 셈이다."[23]

롤링 주빌리|Rolling Jubilee

미국의 유명 시민단체인 '월가를 점령하라OWS: Occupy Wall Street'가 진행하고 있는, 부실채권을 사들여 서민의 빚을 탕감하는 프로젝트다. 2011년 9월 시작된 월가 점령 시위 1주년을 기념해 2012년 11월부터 시작했다.

OWS는 홈페이지를 통해 "교육과 의료, 주거와 같은 삶의 기본적 요소 때문에 서민들이 빚으로 내몰려선 안 된다고 생각한다"며 "우리는 이익을 보려고 이 시장에 뛰어드는 것이 아니라, 사람들을 서로 돕게 하고 약탈적 채무 시스템이 우리 가정과 사회에 미치는 영향을 알리고자 뛰어드는 것"이라고 취지를 밝혔다. 이들은 롤링 주빌리는 "99퍼센트를 위한, 99퍼센트에 의한 구제"라고 말한다.

OWS는 금융기관이 부실채권NPL 시장에서 개인 채무자들의 채권이 헐값에 거래되고 있다는 점에 착안해 시민들에게 성금을 모아 채권을 사들인 뒤 무상 소각하고 있는데, 이 프로젝트를 시작한 후 2014년까지 시민들에게 67만 7,552달러(약 7억 1,481만 원)를 모아 부실채권 1,473만 4,569달러(약 155억 4,497만 원)어치를 매입해 파기했다. 이런 식으로 부채를 탕감 받은 채무자는 2013년 11월 기준으로 2,693명에 달한다.[24]

2014년 4월 3일 사단법인 희망살림, 사회적 기업 에듀머니 등 금융·경제 분야 시민단체와 우원식·이인영 의원은 한국판 롤링 주빌리 프로젝트를 시작했다. 제윤경은 "채무자들이 불법적인 채권 추심에서 스스로를 지킬 수 있는 방법과 빚을 지지 않고 살 수 있는 건전한 재무 관리 등 금융에 대한 종합적인 교육 운동도 병행할 예정"이라고 했다.[25] 오랜 기간 채권 추심을 당한 이들의 고통을 덜어주자는 취지지만 부작용을 우려하는 시선도 있다. 소각 대상 채권 대부분이 악성 채무자들의 것인데, 이들이 빚을 갚을 필요가 없다고 느껴 도덕적 해이를 부추길 수 있고, 성실하게 빚을 갚아가는 사람들에게 상대적 박탈감을 줄 수도 있다는 것이다.[26]

주빌리Jubilee는 일정한 기간마다 죄를 사하거나 부채를 탕감해 주는 기독교 전통에서 유래한 말로, 성경에서 50년마다 한 번씩 돌아오는 '희년禧年'을 뜻한다. 남기업은 "희년에는 빚을 완전히 탕감해주고 노예를 해방해주고 토지를 평등하게 분배한다"면서 "성서에서는 예수가 바로 희년을 선포하러 왔다고 되어 있어 예수를 믿고 따르는 기독교인과 교회라면 희년을 선포하고 실천하려고 애써야 한다"고 말했다.[27] 한국에서 많은 기독교 단체들이 '빚 탕감 운동'에 동참하고 있는 이유다.

밀당

밀고 당기기의 준말로 남녀 관계에서 '밀고 당기는 연애의 기술'을 가리키는 말이다. 남녀 간의 미묘한 심리 싸움을 의미하는 말로 보면 되겠다. 언뜻 보면 '썸'과 비슷한 것 같지만 '밀당'은 연애 기술 같은 행위에 초점을 두고 있다는 점에서, 서로 호감은 갖고 있지만 정식으로 교제를 하고 있지는 않은 상태를 일컫는 썸과는 차이가 있다. 팔란티리 2020은 인간관계는 항상 다른 사람과의 거리를 유지하려는 욕망과 친밀감을 가지려는 욕망 사이를 오가기 마련으로, 애인 사이에서 밀당이 계속되는 것은 바로 상대와의 거리를 좁히려다가도, 부담스럽게 친밀한 것은 피하고 개인의 공간을 확보하려는 반대의 힘이 작용하기 때문이라고 했다.[28]

한국에서는 2000년대 후반부터 젊은 층을 중심으로 이 말이 사용되기 시작했는데, 2010년 소셜 데이팅 사이트 이츄(www.echu.co.kr)가 20세 이상 미혼 남녀 269명(남성 136명, 여성 133명)을 대상으로 진행한 '이성의 마음을 얻기 위해 밀고 당기기를 해본 적이 있는가'라는 설문조사에서 전체 응답자 중 67.3퍼센트가 '시도해본 적이 있다'고 답했다. 남성은 '항상 챙겨주던 것을 빼먹는' 무심 전략을, 여성은 '다른 이성과의 친분을 드러내는' 질투심 작전을 밀당의 가장 효과적인 기술로 꼽았다.[29] 밀당의 방법은 다르지만 남성과 여성 모두 밀당을 포함한 각종 연애 기술이 실제 연애에 도움이 된다는 데 동의한 것으로 나타났는데, 왜 그렇게 생각할까? 강인희는 "연애에서 밀고 당기기가 필요한 이유는 이성 간에 설렘을 오래 유지하기 위한 것임에 틀림없다. 마음에 드는 이성에게 나라는 사람을 속속들이 다 알려주기보다는 언제나 새롭고 상대를 안달복달하게 만드는, 그렇게 해서라도 마음에 드는 이성에게 오랫동안 사랑받고 싶은 인간의 원초적 본능이 바로 '밀당'일 것이다"라고 했다.[30]

권혁웅은 "사랑은 도무지 알 수 없는 경지 하나를 숨겨두고 있다. 밀당은 이 불가지, 불가해의 다른 이름이다"라고 했는데[31] 바로 그런 '불가지', '불가해' 때문일까? 포털사이트에는 '여자 밀당하는 법', '연애 밀당', '남자 밀당하는 법', '연애 초기', '카톡 밀당', '카톡 밀당하는 법', '연애 초기 밀당', '연애 초기 데이트', '밀당의 법칙' 등을 묻는 검색어가 적지 않다.

2014년, 76년을 함께 산 노부부의 사랑을 담은 다큐멘터리 〈님아, 그 강을 건너지 마오〉가 한국 독립영화 사상 최고 관객수를 기록했는데, 밀당에 지친 20대 관객들이 노부부의 진정한 사랑에 감동을 받았기 때문이라는 분석이 나왔다. 진모영 감독은 "영화를 만들 때 40~50대를 주관객으로 예상했는데, 관객 인사를 다녀보니 젊은 층이 많아서 놀랐다"면서 자신이 한 20대 관객에게 물었더니 "우리 세대는 연애 주기가 짧다. '밀당의 시대'가 너무 힘들다. 우리도 진정한 사랑에 대한 갈증이 있다"는 답이 돌아왔다고 말했다.[32]

베이비 박스_{Baby Box}

버려진 아기의 생존이 가능하도록 온도, 습도 등 이른바 '생명 보호 장치'가 달린 상자를 말한다. 한국에서 베이비 박스는 공식적으로 허가받지 않은 불법 시설물이지만 외국에서는 적잖은 국가가 베이비 박스를 운영하고 있다. 예컨대 독일은 100개, 체코는 47개, 폴란드는 45개 등을 운영하고 있고, 미국, 헝가리, 프랑스, 캐나다, 벨기에, 스위스 러시아, 중국 등 18개 국가에서 운영 중인 것으로 알려져 있다. 한국에서는 아기들이 화장실이나 쓰레기통 등에 대책 없이 버려졌다가 숨지는 사건이 발생하는 것을 보다 못한 주 사랑 공동체 교회가 2009년 12월부터 '축복 받지 못하고 태어난 아기들'을 보호하기 위한 차원에서 운영하고 있다. 아기를 넣은 후 벨을 누르면 보호 담당자가 즉시 달려와 아기를 보살필 수 있도록 되어 있는데, 이곳에 버려진 아기는 2~3일간 응급 처치 · 보호를 받은 후 관할 구청의 확인, 건강진단 등을 거쳐 일시 보호 시설에 보내지고, 추후 입양 · 시설 입소 · 가정 위탁 등의 보호를 받게 된다.

베이비 박스에 버려지는 영아는 급증하고 있다. 예컨대 2013년 베이비 박스에 버려진 영아는 250명으로, 1년 전에 비해 3배 늘어난 수치다. 베이비 박스에 버려지는 영아는 2012년 8월 개정 입양특례법 시행 후 급증한 것으로 알려졌는데, 이 때문에 이른바 입양숙려제를 규정하고 있는 입양특례법이 영아 유기를 부추기고 있다는 지적도 있다. 입양에 필요한 출생신고를 피하려고 영아를 유기하는 미혼모가 증가하고 있다는 것이다.[33]

베이비박스를 둘러싼 논란도 치열하다. 찬성론자들은 신생아의 생명권 보장 차원에서 꼭 필요하다는 입장을 보이고 있다. 이들은 베이비 박스가 화장실·쓰레기통·지하철 사물함 등에 함부로 버려져 결국 저체온증 등으로 사망하는 유기 아동들을 각종 위험에서 보호할 수 있는 유일한 장치라며, 전국적으로 확대 설치해야 한다는 입장이다. 하지만 반론도 만만치 않다. 반대론자들은 베이비 박스가 오히려 아동 유기를 조장한다고 말한다.[34]

2013년 3월 스웨덴 입양 담당 공무원 일행이 한국 정부가 해법을 찾지 못하고 있는 베이비박스의 실태를 파악하기 위해 한국을 다녀갔다는 사실이 알려지면서, 베이비 박스 제도에 대한 대책을 세워야 한다는 주장이 제기되었다. 축복받지 못한 신생아의 생명을 지키는 안전장치를 만들어 아기의 생명과 육아를 제도적으로 보장하는 외국처럼, 정부가 나서서 영아의 생명과 인권을 보호할 제도적 수단을 강구해야 한다는 것이다.[35]

빛 공해 Light Pollution

상가 건물의 간판을 비롯한 과도한 인공조명으로 밤에도 낮처럼 밝은 상태가 유지되는 현상을 말한다. 법률적으로는 인공조명의 부적절한 사용으로 인해 과도한 빛이 생기거나 정해진 영역 밖으로 누출되는 빛이 건강하고 쾌적한 생활을 방해하는 상태를 지칭한다. 빛 공해로 밤이 사라지고 잠을 도둑맞고 있다는 주장이 있다. 빛 공해가 층간 소음만큼이나 이웃 간 '생활 갈등'을 불러오자 한국에서는 2013년 1월부터 '인공조명에 의한 빛 공해 방지법'이 시행되었다. 빛 공해 방지법은 광역자치단체별로 빛 공해 방지 계획을 수립하고 시·도지사는 빛 공해가 발생하거나 발생할 우려가 있는 지역을 정도에 따라 1~4종 조명환경관리구역으로 지정해 관리하도록 하고 있다. 2014년 10월 23일 국회 환경노동위원회 소속 새누리당 이자스민 의원은 환경부가 제출한 빛 공해 민원 사례 조사를 분석한 결과, 2000년부터 2013년까지 접수된 빛 공해 민원 9,199건 중 8,453건(92퍼센트)이 2010년 이후에 접수되었다고 밝혔다. 2000년 1건에 불과했던 빛 공해 민원은 2010년 1,030건으로 급증했고 2012~2013년엔 6,326건으로 치솟았다.[36]

임동욱은 빛 공해는 크게 다섯 가지의 피해를 준다고 말한다. 첫째, '하늘 밝아짐' 현상으로, 어린 시절에 쉽게 보던 은하수를 더 이상 관측할 수 없게 된 것도 빛 공해와 관련이 있다. 둘째, '눈부심' 현상으로, 빛이 너무 밝으면 순간적으로 시각이 마비되기 때문에 안전사고의 위험이 높아진다. 셋째 '빛 뭉침' 현상으로, 조명이나 광고물이 밀집되어 강한 빛을 내면 시선을 분산시키고, 판단력을 저하시켜 사고 위험을 높인다. 넷째 '빛 침투' 현상으로, 애초 의도한 범위를 벗어나 빛이 넓게 퍼지면 동물 생태계를 교란시키고 주택 거주자의 취침을 방해한다. 다섯째 '과도한 빛으로 인한 부작용'으로, 필요 이상의 조명을 사용하게 되면 그만큼 많은 에너지를 소모할 수밖에 없으며, 인간의 건강에도 악영향을 미친다.[37]

빛 공해는 암도 유발하는 것으로 알려져 있다. 이스라엘의 조사에서는 빛 공해가 심한 지역에 사는 여성은 유방암 발생률이 일반인보다 73퍼센트나 높은 것으로 나타났는데, 우리나라의 상황도 비슷하다. 고려대 의대가 전국 각 지역 유방암 유병률과 빛 공해 수준을 조사해 2014년 5월 한국조명학회 춘계학술대회에서 발표한 '빛 공해 건강 영향 연구'에 따르면, 야간 조명이 유방암 증가 요인으로 지목되었다. 이은일은 "지나치게 밝은 빛이 생체리듬을 교란해 호르몬 변화를 일으키고, 이 때문에 유방암이 늘어난다는 기존 이스라엘의 선행 연구 결과가 우리나라에서도 확인된 것"이라고 했다.[38]

사단법인 빛환경연구센터 관계자는 "선진국은 이미 수년 전부터 빛 공해를 심각한 공해로 인식하고 건물 간판 조명 등의 구체적인 기준을 제시하고 있다"면서 "우리는 아직 빛 공해의 심각성과 개선에 대한 인식이 부족한 만큼 지자체 등이 구체적인 가이드라인을 제시해야 한다"고 지적했다.[39]

VIP 신드롬

잘하려는 마음이 몸을 경직시켜 예상하지 못한 결과를 만들어내고 나아가 최악의 결과를 만들어내는 현상을 이르는 말이다. 'VIP 승객 신드롬'이라고도 한다. 2010년 4월 폴란드 대통령을 태운 비행기가 러시아로 향하다 추락하는 사고가 발생했는데, 블랙박스를 판독한 러시아 당국은 추락 원인이 VIP 승객 신드롬에 따른 조종사 실수일 가능성이 높다고 해석했다.[40]

  의사들이 혈연이나 연인 관계, 사회적으로 유명한 사람을 포함한 특수 환자들을 진료할 때 큰 부담을 느끼는 것 역시 VIP 신드롬으로 볼 수 있다. 수술 과정에서 지나치게 잘해야 한다는 강박으로 철저하게 진행해야 할 수술 과정에 혼란을 겪은 나머지 치명적인 결함이나 합병증, 후유증 등이 발생하는 것이다.[41] 바로 그런 이유 때문에 의료진들이 가장 두려워하는 것 중 하나가 VIP 신드롬이며, 환자와 의사의 관계를 연구하는 사람들에게는 오래전부터 중요한 관심의 대상이 되고 있다.[42]

  VIP 신드롬은 권력과 밀접한 관계를 맺고 있다. 김수종은 순수하게 중요한 판단을 해야 할 실무자들이, 국가 또는 정부 조직의 수장이나 사기업 조직 CEO의 위력 앞에 주눅이 들어 실상이나 위험을 숨기며 적당히 넘어가고 마는 일들이 있는데, 이는 VIP 신드롬 때문에 발생하는 것이라고 했다. 이어 그는 어느 조직이든 VIP 신드롬에 물들게 되면 조직이 위기에 직면하거나 장기적으로 골병이 들 수밖에 없다며, VIP 신드롬을 예방하기 위해서는 하향식 지시가 아닌 쌍방향 소통이 필요하다고 했다.[43]

빵과 장미

유엔이 지정한 국제기념일인 세계 여성의 날(매년 3월 8일)을 상징하는 구호다. 빵은 '생존', 장미는 '인권'을 의미한다. 1908년 3월 8일 미국 뉴욕에서 비인간적인 노동에 시달리던 섬유산업 여성 노동자 1만 5,000명은 "생계를 위해 일할 권리(빵)를 원하지만 인간답게 살 권리(장미) 또한 포기할 수 없다"며 10시간 노동제, 임금 인상, 참정권 보장을 요구하는 시위를 벌였는데, 이를 계기로 오늘날과 같은 의미를 갖게 되었다.[44]

여성 노동자가 직접적으로 '빵과 장미'라는 구호를 사용한 것은 1912년 미국 매사추세츠주 로렌스 직물 공장 여성 노동자 파업이다. 당시 로렌스 섬유 파업에서 여성 노동자들은 "우리는 빵을 원한다, 그리고 장미도 원한다"라는 손 팻말을 활용했는데, 이 때문에 로렌스 파업은 '빵과 장미 파업'이라고 불리기도 한다.[45] '빵과 장미'는 미국 시인 제임스 오펜하임이 여성 노동운동가를 위해 쓴 시구절 "몸과 함께 마음도 굶주린다네/우리에게 빵을 달라. 그러나 장미도 달라"에서 비롯된 것으로 알려져 있다.[46] '빵과 장미'라는 말을 널리 알린 사람은 영국의 좌파 영화감독 켄 로치로, 그가 2002년 제작한 영화 제목이 바로 '빵과 장미'였다.

살처분 홀로코스트

가축 전염병 가운데 특히 심한 전염성 질병의 확산을 방지하기 위해 감염 동물과 그 동물과 접촉한 동물, 동일 축사의 동물 등을 죽여서 처분하는 것을 일컬어 살처분이라고 한다. 구제역에 걸린 돼지나 고병원성 조류인플루엔자AI에 걸린 닭·오리 등을 죽여 매장하는 식이다. 가축전염예방법은 구제역이나 AI에 걸렸거나 의심할 만한 증상이 있으면 전염병이 퍼질 우려가 있는 지역의 동물에 대해 살처분을 명령할 수 있도록 하고 있다. 동물보호법과 가축전염예방법은 감염 동물을 가스나 전기로 죽여 매몰하도록 되어 있지만 한국은 이른바 '생매장·살처분' 방식을 고수하고 있는데, 이 때문에 살처분을 '동물판 홀로코스트'라고 지적하는 사람들도 적지 않다.

2014년 2월 6일 환경운동연합, 동물보호시민단체 등 동물·환경단체 회원들은 공동 기자회견을 열고 살처분 과정에서 동물을 산 채로 매장하는 등 동물 복지가 전혀 고려되지 않았다고 주장했다. 한국 등 전 세계 178개국이 가입한 세계동물보건기구OIE 규약에 따르면 동물 전염병 발생 시 살처분 과정에서 동물 복지는 중요 고려 대상이지만 국내 동물보호법 및 AI 긴급행동지침은 도살 시 고통을 최소화하라는 내용만 다루고 있을 뿐, 살처분 과정에서 야기될 수 있는 동물 복지 저해 요인은 언급하지 않고 있다는 것이다.[47]

'동물사랑실천협회' 박소연 대표는 "이제까지 내가 본 가금류와 돼지들의 살처분 방식은 99퍼센트가 생매장이었다"며 정부는 "시간과 비용을 절약한다며 생매장을 하지만, 동물들이 버둥거리면서 나오는 타액·배설물·혈액 이런 것들이 바이러스를 오히려 확산시킬 것"이라고 했다. 생매장 살처분 대신 비용을 더해 가스사로 처리하면 시간을 더 절약할 수 있고, 방역 효과도 높일 수 있다는 것이다.[48]

예방적 살처분도 논란거리다. 영국 등 유럽연합에서는 AI가 발생하면 해당 농가의 가금류나 오염지역 500미터 내에서 선택적 살처분을 하고 있지만, 한국은 예방 차원에서 3킬로미터 내의 가금류를 살처분하고 있기 때문이다. 이른바 '묻지마식 살처분'인데, 이원복은 그런 식의 예방적 살처분으로 인해 2003년 한국에서 AI가 처음 발생한 이후 약 2,500만 마리의 가금류가 예방적 살처분이라는 이름으로 죽임을 당했다고 말한다. 고병원성 AI에 감염된 것으로 확인된 닭과 오리의 숫자는 121마리에 불과했지만 건강한 닭과 오리의 99.99퍼센트가 예방적 살처분이라는 이름으로 대량 학살되었다는 것이다.[49] 그래서 품종이나 산과 계곡, 하천 등 지형과 물리적인 환경을 고려한 살처분이 필요하다는 지적도 나오고 있다.

살처분을 담당한 공무원이나 군인 등에게 발생하는 2차 피해에 대한 고민이 없다는 지적도 있다. 실제 소방방재청이 2011년 전국 가축 살처분 참여자 100여 명을 대상으로 주최한 '힐링캠프'에서 참가자들은 심각한 수준의 외상후스트레스장애PTSD 증상을 호소했다. 당시 캠프에 참여한 배정이는 "상담을 받은 참여자들은 돼지만 봐도 살처분 현장이 떠오르고 불안감과 불면증, 대인 기피 등에 시달린다고 호소했다"면서 "PTSD 증상이 오래가면 자괴, 우울 증상이 나타나 자살로 이어지기도 하기 때문에 더 큰 사회 간접 비용이 발생한다"고 말했다.[50] 축산위생연구소의 한 수의직 공무원은 이렇게 증언했다. "한 동료는 새끼 돼지가 포클레인에 몸이 잘려 두 동강 나는 모습이 지금까지도 눈앞에 아른거린다고 합니다. 동물의 비명이 환청으로 들리는 일이 비일비재합니다. 벌레 한 마리도 못 죽여봤을 법한 사람들이 살처분에 동원된 뒤 식음을 전폐한 일도 숱하게 봤습니다."[51]

2014년 2월 농림축산식품부는 살처분 대상 동물에게 생매장 등 불필요한 고통과 스트레스를 주지 않기 위한 구체적인 지침을 만들겠다고 밝혔다.

색깔띠 속설

'갑을병정무기경신임계' 십천간+天干과 띠를 나타내는 '자축인묘진 사오미신유술해' 십이지지+二地支를 결합해 그해에 태어난 사람의 기운이나 운명 등을 예측하는 것으로, 색깔띠 속설은 사주풀이를 할 때 쓰이는 음양오행에서 비롯되었다.[52] 색깔띠 속설은 출산과 관련해 가장 큰 위력을 발휘한다. 색깔띠 속설의 파괴력을 가장 드라마틱하게 보여준 해는 '황금 돼지의 해'로 불렸던 2007년 '정해년丁亥年'이다. '정해년에 태어난 아이들은 재물 운을 타고난다'는 속설이 퍼지면서 이 해에 태어난 아이는 전년보다 4만 5,000명(10퍼센트) 많은 49만 3,000명에 달했다. 부모들은 색깔띠 속설에 의지해서라도 자식들 인생에 도움이 되고자 하는 부모의 뜻에서 비롯된 현상이라 할 수 있는데, 오히려 아이들이 겪는 고통은 적지 않다. 색깔띠 속설에 의해 출산율이 껑충 뛰면서 치러야 할 비용이 적지 않기 때문이다.[53]

예컨대 2007년 정해년 출산율이 뛰면서 기저귀는 품귀 현상을 빚었다. 이들이 만 5세가 되어 유치원 진학을 앞두고 있던 2011년 말에는, 평판 좋은 영어유치원에 등록하려고 부모들이 접수 전날부터 밤새 줄을 서 기다리는 '입학 전쟁'이 벌어졌으며, 2014년에는 교실이 모자라 초등학교에 비상이 발생하기도 했다. 또래 아이 수가 많은 탓에 벌써부터 진학과 대학입시, 취업 등에서 치열한 경쟁을 우려하는 학부모들도 적지 않다. 학부모들이 겪는 고통은 적지 않았지만 초등학생 관련 시장은 유례없는 호황에 즐거운 비명을 질렀다.[54]

색깔띠 속설에 따른 출산율 상승 효과는 2010년 경인庚寅년에도 나타났다. '백호의 해'로 알려진 경인년에 자식을 낳으면 운명이 길하다는 말이 퍼지자 황금 돼지해 이후 2년 연속 하락(2008년 1.19명, 2009년 1.15명)하던 출산율이 2010년 1.22명으로 다시 상승한 것이다. '흑룡의 해'였던 2012년 임진壬辰년에는 출산율이 1.3명으로 더 올라갔다. '흑룡띠에 태어난 아이가 팔자가 좋다는 속설 덕분이었다.[55]

색깔띠 속설은 말 그대로 속설일 뿐 믿을 게 전혀 없다고 말하는 사람들이 많지만, 색깔띠 속설에 따른 출산이 새로운 출산 트렌드를 보여준다는 해석도 있다. 류석춘은 "과거에는 전쟁 후나 호황기 때 아이를 많이 낳아 '베이비붐 세대'가 출현했지만 지금은 자녀를 한두 명밖에 안 낳기 때문에 언제 출산할지가 이슈가 되었다"며 "띠가 좋다는 해나 월드컵 때처럼 이벤트성 베이비붐 현상이 나타나고 있다"고 해석했다.[56]

생존자 죄책감 Survivor's Guilt

전쟁, 자연재해, 사고 등에서 살아남은 사람들이 겪는 고통과 자책
감을 의미한다. 주디스 허먼은 『트라우마』에서 생존자 죄책감에 대
해 이렇게 말한다.

"생존자는 분노를 통제하려고 다른 사람을 더욱더 피하게 되
고, 결과적으로 생존자의 고립은 영속된다. 결국 생존자는 분노와
혐오의 화살을 스스로에게 돌린다. 여러 연구는 살인, 자살, 의문의
사고로 인해 생존자들의 사망률이 증가했다는 일관된 기록을 남겼
다." [57]

생존자 죄책감이라는 말은 제2차 세계대전 당시 나치의 수용
소에서 구출된 생존자의 심리에 대한 연구 결과가 나오기 시작한
1960년대부터 쓰이기 시작했다. 당시 이들의 심리 치료를 맡았던
전문가들은 홀로코스트 생존자들이 자신만 살아남았다고 책망하고
죄책감을 느끼면서 우울증과 악몽, 대인 기피 등의 정신적 고통에
시달리고 있다고 했다. 생존자 죄책감은 대형 사고의 생존자는 물
론이고 비상시에 투입되었던 구조대원, 의료진에게도 발견된다. [58]

2014년 4월 세월호 침몰 당시 살아남은 안산 단원고 학생들도
생존자 죄책감에 시달리고 있는 것으로 나타났다. 2014년 5월부터
안산 단원고 생존 학생들의 심리 치료를 도운 한 소아청소년정신과

전문의는 이들의 심리 상태가 "2차 세계대전 당시 포로수용소 생존자들과 비슷하다"며 "이런 죄책감은 진짜 책임자보다 가까이 있는 사람들에게 더 나타난다"고 했다.[59]

생태 발자국 Ecological Footprint

인류가 매일 소비하는 자원과 배출되는 폐기물을 처리하는 데 필요한 모든 비용을 토지 면적으로 환산한 수치를 말한다. 개발의 한계를 결정하는 수치로 활용되고 있다. 1996년 캐나다의 마티스 웨커네이걸과 윌리엄 리스가 만든 지표로 이들은 한 사람이 밟고 선 땅의 넓이라는 뜻에서 생태 발자국이라는 이름을 붙였다.[60] 생태 발자국 수치가 높을수록 생태계 훼손이 많다는 것을 의미한다.

지구가 감당할 수 있는 생태 용량은 1인당 1.78헥타르(1헥타르는 10,000제곱미터)인데 생태 발자국 수치는 갈수록 높아지고 있다. 2012년 현재 전 세계 생태 발자국은 1966년에 비해 약 두 배 정도 증가했는데, 2014년 10월 1일 세계자연기금wwF이 발표한 「지구 생명 보고서 2014」에 따르면 중국·미국·인도·브라질·러시아에서 사용하는 생태 발자국 사용 수치가 전 세계 생태 발자국 사용 수치의 47.2퍼센트를 차지하고 있다. 우리나라는 조사 대상국 152개국 가운데 31위였다. 한국의 1인당 생태 발자국은 4.41헥타르로, 이는 전 세계 생태 발자국 평균(2.6헥타르)보다 1.7배가량 높은 편이다.[61]

생태 발자국 수치의 증가로 전 세계 생물 개체 수도 급격하게 줄어들고 있다. '지구 생명 보고서 2014'를 보면, 지난 40년 사이에 인류와 함께 공존하는 포유류 · 조류 · 파충류 · 어류의 수가 52퍼센트나 감소했다. 담수생물이 76퍼센트로 감소폭이 가장 컸으며 육상 생물과 바다 생물은 각각 39퍼센트씩 줄었다. 특히 가장 크게 감소한 동물 중 하나는 아프리카 사자로, 지난 40년 동안 가나의 국립공원에 서식하는 아프리카 사자의 90퍼센트가 사라진 것으로 나타났다. WWF 보고서는 "미국의 소비 속도를 감당할 수 있으려면 4개의 지구가 필요하며, 한국은 2.5개가 필요하다"고 말했다.[62]

썸

서로 호감은 갖고 있지만 정식으로 교제를 하고 있지는 않은 남녀 간의 상태를 일컫는 말이다. 영어 Something에서 파생된 말로, 서로 좋아하고, 자주 연락하고, 데이트는 하지만 사귀지는 않는 애매모호한 관계를 지칭하는 말이라 할 수 있다. 일종의 '간 보기'라 할 수 있겠다. 관심 가는 이성과 진전이 있을 때 '썸을 타다'라는 표현으로 사용하며, 사귈 것 같은 남성과 여성은 '썸남', '썸녀'라고 부른다.[63]

한국 사회의 썸 열풍에 불을 지핀 것은 개그 프로그램이다. 예컨대 서로 좋아하는 마음도 있고 자주 연락하고 만나는 사이지만 아직 사귀지 않는 커플을 등장시킨 KBS 2TV 〈개그콘서트〉의 인기 코너 '두근두근'이나 tvN 〈코미디빅리그〉의 '썸앤썸'이 그런 경우다. 썸 열풍은 가요계까지 강타했다. 2014년 2월 음원 1위는 물론 음악 순위 프로그램까지 석권한 소유와 정기고의 〈썸〉은 썸을 타는 남녀의 미묘한 불안함을 사실적으로 묘사해 공감을 얻었다. "연인인 듯 연인 아닌 연인 같은 너 나만 볼 듯 애매하게 날 대하는 너/때로는 친구 같다는 말이 괜히 요즘 난 듣기 싫어졌어." 케이윌과 마마무, 휘성이 뭉친 〈썸남썸녀〉도 썸을 소재로 가사를 쓰며 썸 행렬에 동참했다.[64] 2014년 썸은 대중문화계를 접수했다. 최현미는 "텔레비전 드라마부터 가요, 웹툰, 광고까지 대중문화 속 청춘 남녀들은 요즘 '썸타는 중'이다. 젊은 세대 사이에서 만들어진 신조어 '썸', '썸타다'가 대중문화 전체를 강타하면서 말 그대로 '썸 타는 시대'가 되었다"고 했다.[65]

전문가들은 '썸타기'에는 젊은 세대의 자기방어 심리가 깔려 있다고 해석한다. 곽금주는 "정식 교제를 미루고 '썸'을 즐기는 데는 사랑을 하고 싶지만 이별이나 상처로 피해 보지 않으려는 자기방어 심리가 자리 잡고 있다"고 했으며, 노명우는 "불확실한 연애에 대한 두려움을 '연애가 깨졌다'보다는 얕은 단계인 '썸타다 엎어졌다' 같은 가벼운 표현으로 해소하려 한다"고 했다.[66]

자기방어 심리가 미시적 차원에서 작용하는 것이라면 거시적 차원의 요인도 작용하고 있다. 젊은 세대의 썸타기 열풍의 배후에는 취업을 위해 스펙을 쌓느라 사랑도 마음 놓고 하지 못하는 신세가 된 슬픈 청춘의 현실이 자리 잡고 있다는 것이다. 김지은은 썸은 20대가 연애에 본격적으로 뛰어들기 전 시간을 세분화해 부르는 말로, 이는 연애가 계산 영역으로 들어왔다는 것을 의미한다면서 이렇게 말한다. "썸은 이성이 시간과 돈을 들여 만날 만한 가치가 있는지 탐색하는 연애의 전초전이다. 탐색이나 전초의 단계는 늘 연애에서 있어왔지만 이것이 명확한 하나의 기간으로 떨어져 정의되었다는 건 그만큼 이 개념의 비중이 늘었다는 의미다"[67]

썸은 토크 프로그램의 주요 아이템으로도 성장했다. 인터넷에

는 이른바 '썸 상담'을 해달라는 글들이 심심치 않게 올라오는데,
젊은 층을 대상으로 하는 토크 프로그램은 이른바 연애 고수들을
호출해 '썸 여부'를 가려주고 있다.

소셜 믹스 Social Mix

분양 아파트와 임대 아파트를 한 단지에 섞어 짓는 것을 말한다. 저소득층만 모여 사는 곳이 슬럼가로 몰락해 사회 불안 요소가 되는 문제를 예방하기 위해 사회 통합 차원에서 경제·사회 수준이 다른 계층이 한데 어울려 살아야 한다는 인식에서 나온 개념이다. 사회 계층 간 반목이 심한 영국 사회의 병을 치유하기 위해 19세기 중반 영국의 제임스 실크 버킹엄이 직업과 소득수준이 다양한 주민 1만 명이 모여 살도록 제안한 빅토리아 모델타운이 최초의 소셜 믹스로 알려져 있다.[68]

한국에서는 2005년 서울시가 사회계층 간 갈등 치유와 함께 개발이익을 저소득층에게 분배한다는 취지로 공공주택을 분양하면서 소셜 믹스 개념을 본격 도입했다. 박원순 서울시장은 2012년 임대주택 8만 가구 공급 계획을 발표하면서 임대주택을 분양주택과 차별하는 것을 원천적으로 막겠다고 밝혔으며, 2013년 12월 서울시 도시계획위원회 심의에서는 강남구 청담동 일대 청담삼익아파트와 구로구 고척 4구역 재개발, 도봉구 쌍문 2구역 재건축 등 논의 안건 모두에 소셜 믹스를 주문했다. 2013년 박근혜 정부가 내놓은 '행복주택'도 소셜 믹스에 바탕을 두고 있다.[69]

하지만 소셜 믹스가 기대만큼의 성공을 거두고 있지 못하다는 지적도 적지 않다. 같은 동에 살아도 엘리베이터를 따로 이용하거나 같은 단지에 살아도 두 개의 입주자 모임이 별도로 운영되는 등, 알게 모르게 임대아파트 주민들에 대한 차별이 생기는 부작용이 발생하고 있다는 것이다. 2013년 SH공사가 서울 시내 공공임대주택 입주민 332명을 대상으로 설문조사를 실시한 결과에 따르면, 단지 내 소득, 연령, 배경 등 다른 계층과의 혼합으로 갈등을 경험해본 적 있다는 답변은 28.4퍼센트(94명)에 달했다.[70]

그래서 소셜 믹스 부작용을 막기 위해서 주민 통합을 위한 프로그램을 마련해야 한다는 지적도 나오고 있다. 소셜 믹스가 애초 기대한 성과를 거두기 위해서는 함께 더불어 사는 문화를 먼저 정착시켜야 한다는 주장도 있다. 문주영은 "어릴 적부터 사는 동네, 아파트 평수에 따라 다니는 유치원과 학교가 달라지고 있는데, 정부는 무작정 한 공간에서 같이 살게 하면 사회적 갈등은 저절로 없어지게 될 것이라고 믿는 것 같다"면서 소셜 믹스도 좋지만 "그보다는 남과 더불어 살아가는 연대 의식의 가치와 협동의 소중함에 대해 어릴 적부터 가르치고 느끼게 해주는 교육에 근본적인 해답이 있을 듯하다"고 했다.[71]

소셜 픽션 Social Fiction

특정한 사회 이슈 또는 공간을 주제로 제약과 조건 없이 이상적인 미래를 그리는 사회 혁신 기획을 말한다. 가난한 사람들에게 무담보로 돈을 빌려줘 자립을 돕는 '그라민 은행'을 설립해 2006년 노벨 평화상을 받은 무함마드 유누스 그라민 은행 총재가 제안한 개념이다. 그는 2013년 4월 스콜월드포럼에서 "공상과학소설이 결국 과학을 움직였다. 먼저 상상해야 변화가 일어난다"면서 "그렇다면 사회를 변화시키려면 소셜 픽션을 써야 하는 것 아닌가?"라고 했다. 19세기 과학소설SF에 등장한 아이디어들이 오늘날 모두 현실이 되었듯이 우리가 상상하면 사회를 변화시킬 수 있다는 것이 유누스의 주장이다.[72] 이게 시사하듯, 소셜 픽션의 핵심은 상상을 통한 사회의 변화다.

한국에 소셜 픽션을 널리 알린 사람은 소셜픽션랩(http://socialfiction. tistory.com) 대표 이원재다. 그는 소셜 픽션에 대해 "사람들은 미래를 생각하는데 최적화되어 있지 않고 당장 눈앞의 일에만 반응하게 되어 있다"면서 "누군가 황당한 상상을 하면 전혀 현실적이지 않다고 비판하는데, 사람들의 염원이야말로 모든 기획의 출발점"이라고 예찬한다.[73] 이원재는 소셜 픽션에서 상상이란 예언자나 공상과학소설가가 하는 일이 아니라, 특정한 사회나 조직의 변화를 원하는 사람들의 마음속 염원을 확인하는 일이라면서, 소셜 픽션에는 네 가지의 가치가 담겨 있다고 강조했다.

첫째, 소셜 픽션의 가치는 제약 조건 없이 먼 미래를 상상한다는 데서 나오는 것으로 이 방법은 어려운 사회문제의 해결을 시작할 수 있는 에너지를 준다. 둘째, 소셜 픽션은 비전과 목표를 중심에 놓고 생각하는데, 이 방법은 일이 방향을 잃지 않고 오래갈 수 있게 해준다. 셋째, 긍정적 상상이다. 사회나 조직에 대해 긍정적 상상을 하는 과정에서, 사람들은 미래가 적극적 구성의 대상이라는 인식을 키우게 되어 사회 구성원들의 비전에 대한 관여도를 높이고 변화를 향한 행동도 더 많아지게 한다. 넷째, 소셜 픽션은 사회 구성원들이 함께 상상하도록 함으로써 공공 정책에서 그 힘을 발휘할 수 있도록 해준다.[74]

2013년 11월 30일 한국에서 처음으로 소셜 픽션 콘퍼런스가 열렸는데, 이 자리에서 참가자들은 여의도 면적 6분의 1 크기인 어린이대공원의 30년 뒤를 상상해보고 대안을 모색했다. 이원재는 먼 미래를 제약 조건 없이 상상하는 데서 에너지가 나오는 소셜 픽션 실험을 하기에는 공간이라는 주제가 추상적인 것보다 구체적이어서 어린이대공원을 택했다고 말했다.[75]

소셜 픽션은 "나 혼자 꿈을 꾸면 그것은 꿈일 뿐이다. 하지만 우리 모두가 함께 꿈을 꾸면 그것은 새로운 현실의 출발이다"라는 초현실주의 화가 르네 마그리트의 명언을 떠올리게 하는데, 천경자

는 "지금 우리가 꿈꾸어야 하는 '소셜 픽션'의 모습은 무엇일까"라
면서 "우리가 실현하기를 원하는 다양한 소셜 픽션을 구체적으로
꿈꾸어보자"라고 제안했다.[76]

스몰 토크 Small Talk

일상적이고 소소한 대화를 말한다. 예컨대 우리가 아침마다 나누는 '안녕'이라는 간단한 인사가 스몰 토크의 대표적인 사례. 일상에서 친구들과 나누는 시시껄렁하거나 한가로운 잡담 등도 전형적인 스몰 토크로 볼 수 있다. 김은미 등은 "인간관계를 유지하는 원동력은 '스몰 토크'에 있다"면서 이렇게 말한다.

"가벼운 대화가 지속적으로 이루어지지 않으면 관계라는 거창한 네트워크도 붕괴의 위험에 처하게 된다. 이는 연인 사이든 친구 사이든 마찬가지다. 만일 연인이나 친구처럼 아주 친밀한 사이라면 좀더 중요한 사건을 함께 경험하고 심각한 이야기를 나누게 되겠지만, 이러한 일들이 날이면 날마다 생기지는 않는다. 이들처럼 아주 가까운 관계도 매일매일 나누는 소소한 대화를 통해 지탱된다."[77]

미니홈피나 블로그는 스몰 토크의 주요한 수단이다. 이 공간들이 사회적 발언을 위한 장場으로 활용되는 경우도 있지만 대부분은 인간관계를 유지하기 위한 수단으로 활용되기 때문이다. 팔란티리 2020은 "미니홈피에 실린 글 중에 무거운 주장이나 심층적 해석이 실리는 경우는 거의 없다. 대신 '잘 있니?', '나 왔다 간다' 하는 식의 스몰 토크가 대부분을 차지한다. 휴대전화 역시 스몰 토크를 진작시키는 중요한 역할을 하고 있다. '너 어디니?'라고 물을 경우, 정말 그 사람이 어디 있는지 궁금해서라기보다는 '네가 어디 있는지 궁금해 하는 내가 있다는 사실을 알아주렴'이라는 함의가 더 중요한 것이다. 즉 친밀성을 형성하고 유지, 확대하기 위한 고유한 코드가 스몰 토크인 것이다"라고 말했다.[78]

카톡, 페이스북, 트위터와 같은 SNS가 인기를 끄는 이유도 스몰 토크적 특성을 반영하고 있기 때문이다.

스몰 토크

애니멀 호딩Animal Hoarding

자신의 능력을 고려하지 않고 비정상적으로 많은 애완동물을 키우는 행위를 말한다. hoard는 저장·비축을 의미한다. 많은 동물을 키우는 사람들을 일컬어 호더hoarder라 한다. 호더들은 동물을 사랑하기 때문에 애니멀 호딩을 한다고 하는데, 이로 인해 발생하는 문제도 적지 않다. 적절한 환경을 조성해주지 못해 키우던 동물이 질병에 걸려 죽거나 굶주리다가 서로 잡아먹는 등의 간접 학대가 그런 대표적인 사례다. 동물들이 울거나 싸울 때 나는 소음이나 배설물에 의한 악취 때문에 주변 이웃이 겪는 피해도 적지 않다.[79]

미국 터프츠대학의 게리 패트라넥 교수는 2007년에 쓴 「애니멀 호딩: 활동가들이 알아야 할 내용」이란 보고서에서 애니멀 호딩은 한 가지 이유만으로 설명하기 어려운 매우 복합적인 성격의 행동이라며 구조자형, 수동형, 착취자형 등 세 가지 유형으로 나누었다. 구조자형Rescuer hoarder은 죽음에 대한 공포를 가지고 있어 자신이 구조하지 않으면 동물이 죽을지도 모른다고 생각하는 유형이고, 수동형overwhelmed caregiver은 적극적으로 동물을 모으진 않았으나 번식을 막지 못한 유형이다. 착취자형exploiter hoarder은 동물을 적극적으로 학대하며 죄책감을 느끼지 못하는 유형이다. 미국 정신의학회는 애니멀 호딩을 강박장애로 보고 있으며, 미국의 일부 주에서는 애니멀 호딩이 적발되면 동물 소유를 평생 금지하도록 하고 있다. 짧은 기간이지만 구금이나 징역형을 선고하기도 한다.[80]

2014년 한국의 동물보호단체들은 애니멀 호딩을 막을 수 있는 법적 근거가 없기 때문에 애니멀 호딩이 발생하고 있다며 동물보호법에 '과다한 사육' 금지 조항을 신설해야 한다고 주장했다.

애니멀 호딩

에코웨딩 Eco-Wedding

환경오염을 막기 위해 저렴한 비용으로 치르는 소박한 결혼식을 말한다. 재활용이 가능한 친환경 소재의 드레스를 입고 청첩장과 부케, 화환, 피로연 음식까지 환경보호에 초점을 맞추는 식이다. 유럽에서 유행하고 있는 이른바 '윤리적 결혼식'이 에코웨딩의 대표적인 사례다. 이 결혼식은 대중교통이 가능한 장소에서 결혼할 것, 재활용이 가능한 물품을 사용할 것 그리고 로컬 푸드를 사용할 것, 그래서 생태에 기여할 것이라는 기준을 가지고 있다.[81] 한국에 에코웨딩을 널리 알린 인물은 2013년 9월 결혼한 가수 이효리·이상순 커플이다. 이들은 친환경 드레스를 입고 일가친지들만 제주도의 작은 별장에 초청해 조촐하게 결혼식을 올렸다. 환경에 대한 관심과 더불어 자기만의 독특한 결혼식을 준비하는 사람들이 증가하면서 에코웨딩에 주목하는 사람들도 적지 않지만 에코웨딩이 자리를 잡기 위해선 넘어야 할 장벽도 적지 않다는 지적도 있다. 예식과 관련된 모든 절차를 친환경으로 준비하더라도 예식을 치를 공간이 없어 어쩔 수 없이 예식 홀을 이용할 수밖에 없기 때문이다. 그래서 에코웨딩 대행업체도 등장하고 있다.[82]

예능화 사회

예능 프로그램이 대중적 인지도를 획득하는 가장 빠른 지름길로 인식되면서, 연예인뿐만 아니라 정치인, 교수, 의사, 변호사, 작가 등 전문직 사람들까지 예능 프로그램에 경쟁적으로 출연하고 있는데, 이런 현상을 설명해주는 용어다. 예능화 사회라는 말은 2013년 정치인들이 무겁고 진지한 이미지에서 벗어나 예능과 다큐 프로그램에 경쟁적으로 출연하면서부터 등장했다. 7인의 정당인이 산악 지역을 트레킹하는 모습을 담은 SBS 창사 특집 다큐멘터리 5부작 〈최후의 권력〉, 여야 국회의원이 한자리에 모여 물가와 민심 등 대한민국 주요 이슈에 대한 퀴즈를 푸는 종합편성채널 JTBC의 정치 예능 퀴즈프로그램 〈적과의 동침〉 등이 그런 경우로, 이런 프로그램에는 '정치 예능'이라는 수식어가 붙었다.[83] 예능화 사회는 '예능 공화국'의 다른 말이기도 하다. 박홍규는 "힐링이니, 교육이니, 건강이니, 교양은 물론 심지어 종교나 예술이나 학문까지도 모든 게 예능에 의하고 여야 정치인들까지 등장해 야단법석이니 바야흐로 한국은 예능 만능국"이라고 했다.[84]

　　예능의 영역이 확장할수록 시청자들의 즐거움은 커진다는 분석도 있지만 이로 인한 부작용도 만만치 않다는 반론도 있다. 한 전문가는 "사회가 자꾸 예능화된 프로그램에 익숙해질수록 사회적 진지함의 수치는 계속 떨어질 것이고, 어떤 문제에 직면했을 때 그 문제를 해결해나가기 위한 공동의 담론을 형성해낼 수 있는 능력들이 저하된다고 보면 된다"고 말했다.[85] 이종혁은 한 사회 내에 예능화가 만연될 때는 진지함이 진부함으로 치부되는 분위기가 형성되고, 현실 문제를 다루는 데 있어 매우 추상적이고 단순화된 접근 방법을 채택하며, 특정 인물들의 내재된 본질적인 능력과 재능이 아닌 그의 대중적 인지도와 말솜씨가 더 중요한 요소로 평가받는 등 세 가지의 부작용이 나타난다면서, 문제의 해법은 결국 국민 개개인의 태도 변화에 있다고 말한다.

"만약 국민 의식이 제자리에 정체된다면 사회 전 영역에 걸친 예능화 현상은 더욱 확산될 것이고 그로 인한 피해는 고스란히 국민 개개인이 짊어지게 될 것이다. 달콤한 현실 인식의 유혹, 즉 예능화 현상이 지나치게 확산되는 것을 경계해야 하는 이유다."[86]

케미

화학작용을 뜻하는 영어 단어 케미스트리Chemistry의 줄임말로, 이성 간에 서로 강하게 끌리는 감정 등을 표현할 때 사용하는 단어다. 두 사람 사이에 느껴지는 분위기나 느낌이 좋을 때 '케미가 좋다', '케미가 폭발한다'는 식으로 쓰인다. 2014년 SBS에서 방영된 〈별에서 온 그대〉의 여주인공 천송이(전지현 분)가 도민준(김수현 분)을 향해 "내 말 잘 들어봐. 사람과 사람 사이엔 '케미'가 존재해"라며 "나는 케미 덩어리다. 모든 남자들이 날 보면 활활 타오른다"고 하면서 대중화되었다.[87] 궁합이 잘 맞는다는 의미로 볼 수 있겠다.

방송가에서는 배우 사이의 어울림을 일컫는 말로 쓰이는데, 일반적으로 남녀 주인공의 외모나 키, 연기력 등이 케미 여부를 결정하는 것으로 인식되고 있다. 현실에서 벗어나 판타지인 드라마, 영화 속으로 들어가길 원하는 시청자와 관객의 심리가 반영되어 있기 때문이라는 게 그 이유다.[88]

박효재는 남녀 주연배우 간의 케미가 드라마 성패에 결정적인 영향을 미친다면서 2013년 방송된 SBS 〈너의 목소리가 들려〉, 2014년 방송된 SBS 수목 드라마 〈별에서 온 그대〉, tvN 〈식샤를 합시다〉, 〈감자별〉 등 시청률이 높고 화제를 모았던 드라마에서는 '공통적인 케미'가 발견된다고 했다. 첫째, 달라진 시대상을 반영하듯 여자주인공이 남자주인공보다 나이가 더 많다. 둘째, 여자주인공이 인간적으로 허술한 구석이 있다. 셋째, 어린 남자들이 연인을 보호하는 능력을 충분히 갖추고 있다.[89]

대중문화 영역에서 케미 열풍이 불자 식음료업계는 이른바 '케미레시피 마케팅'을 전개하기도 했다. 케미레시피는 케미스트리chemistry와 요리Recipe의 합성어로 '서로 궁합이 맞는 식음료를 활용한 새로운 요리법'을 뜻한다.[90]

현피

현실의 앞 글자와 PKplayer kill의 앞 글자를 딴 합성어로, 인터넷상에서 다투다 실제 만나서 싸우는 행동을 뜻한다. 애초 현피는 폭력적인 온라인 게임 이용자 일부에게 통용되는 개인 간의 다툼이었다. 온라인 게임의 한 마니아는 "분신 같은 캐릭터가 다른 플레이어의 공격을 받아 죽는 것은 일부 '폐인'들에게는 실제 죽음만큼이나 충격적인 일"이라며 "PK를 당하면 많은 시간과 돈을 투자해 모아놓은 각종 아이템과 장비를 잃어 현피로 이어지기도 했다"고 말한다.[91]

2000년대 중반 온라인 커뮤니티에서 현피를 인증하는 문화가 생기면서 현피는 구경꾼 앞에서 벌이는 공적 결투로 진화하기 시작했다. 2006년 8월 서울 지하철 강남역 부근에서 고교생 두 명이 군중 앞에서 벌인 싸움은 한국 최초의 현피로 알려져 있는데[92] 이들의 싸움에는 현피를 부추긴 네티즌의 책임도 적지 않다는 주장도 있다. 신용태는 "가상공간에서 자신의 정체성을 확인하는 일부 네티즌에게 이 공간에서 모욕당하는 것은 참을 수 없는 일로 여겨졌다"며 "네티즌들의 부추김까지 겹쳐져 현피 당사자들은 마치 검투사가 된 듯 구경꾼들 앞에서 싸울 수밖에 없었다"고 했다.[93]

2012년에는 현피를 주선하는 이른바 맞짱 카페가 발각되었다.

인터넷 카페 '찐따빵셔틀탈출구', 'FIGHT 클럽', '길거리 싸움' 등이 그런 경우다. 찐따는 '진짜 왕따'를 소리가 나는 대로 줄인 말이고, 빵 셔틀은 힘센 학생 강요로 빵을 사다 주는 약한 학생을 뜻하는 은어다. 찐따빵셔틀탈출구 운영자는 "맞기 싫은 놈, 싸움 잘하고 싶은 놈, 모두 환영이다"라며 "빵 셔틀, 찌질이, 찐따는 내게로 오라"고 홍보했다. 그는 공지문에 "돈을 걸고 싸워도 된다"며 싸움을 부추겼다. 2012년 3월 14일 광주지방경찰청 사이버범죄수사대는 학교 폭력을 조장한다는 이유로 이들 맞짱 카페 7개를 폐쇄하고 싸움을 주선한 청소년 8명을 입건했는데, 맞짱 카페에 가입된 회원은 총 2,483명에 달했다. 전체 회원 가운데 72퍼센트(1,800명) 이상이 청소년으로, 중고생은 1,625명(65퍼센트), 초등학생은 175명(7퍼센트)이었다.[94]

2013년에는 온라인 게임 중 말다툼을 벌이다 친구를 살해하려 한 고등학생도 등장했다. 가해자는 피해자인 학교 친구와 같은 편이 되어 온라인 RPG 게임을 하다 상대팀에게 진 후 말다툼을 한 끝에 인근 초등학교 근처에서 만나자고 해 싸움을 벌였다. 미리 슈퍼마켓에 들러 흉기를 구입한 가해자는 "칼 가지고 왔냐. 찔러봐라"는 친구의 말에 격분해 흉기를 두 차례 휘둘렀고, 같이 나온 다른 친구가 말려 미수에 그쳤다.[95]

한국 사회에 정치적 편 가르기와 진영 논리가 횡행하면서 정치적 이념 대립을 이유로 현피를 벌이려 한 사례도 있다. 2013년 5월

전두환을 '전땅크'라고 모욕했다며 인터넷 커뮤니티 회원끼리 말다툼을 벌이던 와중에 한 회원이 고려대 앞에서 현피를 제안했다가 무산되었다.[96] 현피가 점점 더 증가하고 잔혹해지는 이유에 대해 하지현은 "게임 캐릭터를 죽인다는 마음으로 행동하기 때문에 잔인해지는 것"이라고 진단했다.[97] 인터넷과 SNS로 인해 가상과 현실이 뒤죽박죽 되어버린 세상이 현피를 부추기고 있는 셈이다.

호모헌드레드 Homo-Hundred

2009년 국제연합이 작성한 '세계인구고령화' 보고서에 처음 등장한 말로, 대부분의 사람들이 100세 장수의 삶을 누릴 가능성이 높아졌다는 뜻을 담고 있다. 보고서는 평균수명이 80세를 넘는 국가가 2000년에는 6개국뿐이었지만 2020년엔 31개국으로 급증할 것으로 예상하며 이를 '호모헌드레드 시대'로 정의했다. 인류 조상을 호모 사피엔스로 부르는 것에 비유한 말이다.[98]

　　2013년 UN은 현재 34만 3,000명인 전 세계 100세 이상 인구가 2050년에는 320만 명으로 10배가량 증가할 것이라는 통계자료를 발표했다. 한국은 2012년 2,386명인 100세 이상 인구가 2030년에는 1만 명, 2040년에는 2만 명에 육박할 것으로 예측하고 있다.[99] 한국 정부는 호모헌드레드 시대에 맞춰 생활체육 보급에 온 힘을 기울이고 있다. 2013년 생활체육 생활화를 위해 깃발을 올린 '스마일 100' 프로젝트가 대표적이다. '스포츠를 마음껏 일상적으로 100세까지'를 모토로 하는 '스마일 100'은 '언제나, 어디서나, 누구나, 함께 즐기는' 생활체육 환경 조성을 목표로 하고 있다.[100]

　　호모헌드레드 시대를 겨냥한 마케팅도 치열하다. 이창훈은 "기대 수명이 예상보다 빠른 속도로 늘어난 것은 사회 구조와 개인의 삶을 근본적으로 뒤흔들고 있다. 변화의 소용돌이에는 언제나 혼란과 두려움이 따른다. 그리고 혼란을 이용해 한몫 잡는 상술도 활개를 친다"면서 이렇게 말한다.

"부지불식간에 번져가는 100세 시대 공포를 지렛대 삼아 금융회사들은 소리 없이 주머니를 불리고 있다. 작년 초부터 거의 모든 언론 매체들이 봇물처럼 쏟아내기 시작한 100세 시대 관련 기획 시리즈는 거의 예외 없이 금융회사의 재정적 후원으로 이루어지고 있다. '100세 시대의 도도한 물결은 이제 누구도 피해갈 수 없느니라. 국민연금 등 공적 부조는 당연히 들어야 하거니와 연금형 금융 상품에도 당장 가입해 이중, 삼중의 생활 안전장치를 마련해두어라. 이를 믿고 따르는 자는 100세 천국에 입성할 것이요, 따르지 아니하는 자는 100세 지옥에 떨어질 것이니라.' 이것이 100세 시대 관련 기사의 한결같은 메시지다. 메시지를 전달하는 것은 언론이지만 그 뒤에 숨어서 메시지를 설파하는 선지자는 금융회사다."[101]

호모헌드레드 시대를 강조하는 금융회사의 이런 마케팅은 전형적인 공포 마케팅이라 할 수 있는데, 제약 업체, 성형외과, 건강식품산업 등도 이른바 안티에이징anti aging이라는 캐치프레이즈를 내걸고 원하든 원치 않든 장수 시대를 살아가야 하는 현대인들의 불안감과 강박증을 끊임없이 자극하고 있다는 견해도 있다.

주

1_ Culture Section

1   박소영, 「신·구 작가 400여 명 총출동 '만화 같은 풍경: 만화가협회 회장 뽑던 날」, 『한국일보』, 2014년 2월 8일.

2   이한빛, 「만화, 예술로의 귀환…한 컷속의 스토리텔링」, 『헤럴드경제』, 2014년 1월 14일.

3   박영주, 「프랑켄슈타인·300·스파이더맨…쏟아진다, 그래픽노블 영화들」, 『뉴시스』, 2014년 1월 23일.

4   정상혁, 「만화와 예술 사이 '그래픽노블'」, 『조선일보』, 2014년 2월 24일.

5   박소영, 「신·구 작가 400여 명 총출동 '만화같은 풍경: 만화가협회 회장 뽑던 날」, 『한국일보』, 2014년 2월 8일.

6   박소영, 「신·구 작가 400여 명 총출동 '만화같은 풍경: 만화가협회 회장 뽑던 날」, 『한국일보』, 2014년 2월 8일.

7   서윤경, 「'다운에이징'…나이 마케팅 비밀」, 『국민일보』, 2014년 4월 2일.

8   정희원, 「그랜드성형외과, '안티에이징' 넘어 '다운에이징' 시대」, 『조세일보』, 2014년 4월 18일.

9   김효진, 「"어려 보이시네요" 스마트폰 앱도 '다운에이징'이 대세」, 『한국경제』, 2013년 8월 23일.

10 박한신, 「출판街 점령한 'TV·스크린셀러'…베스트셀러 톱10 중 8권이 겨울왕국·별그대」, 『한국경제』, 2014년 3월 1일.

11 임지선, 「드라마 제작사 "책 홍보해줄 테니 5억 달라"」, 『한겨레』, 2014년 3월 11일.

12 박한신, 「출판街 점령한 'TV·스크린셀러'…베스트셀러 톱10 중 8권이 겨울왕국·별그대」, 『한국경제』, 2014년 3월 1일.

13 김영희, 「박 대표, 5억짜리 책도 꽂으시죠」, 『한겨레』, 2014년 3월 12일.

14 김원겸, 「래퍼들 '디스 혈전'…문화인가? 싸움인가?」, 『동아일보』, 2013년 8월 26일.

15 김원겸, 「래퍼들 '디스 혈전'…문화인가? 싸움인가?」, 『동아일보』, 2013년 8월 26일.

16 강수진, 「힙합 디스戰: 계파 자존심 건 '파워게임'」, 『스포츠경향』, 2013년 9월 1일.

17 김소라, 「꼬리 무는 디스 전쟁…민낯 드러낸 힙합계」, 『서울신문』, 2013년 8월 28일.

18 「멍석 깔아 놓은 '욕설문화'…속이 정말로 후련합니까? 대한민국 판치는 '디스' 열풍」, 『매일신문』, 2013년 9월 14일.

19 이재훈, 「조PD "멘붕될 정도로 씹어야 디스"…더 세게 나가라」, 『뉴시스』, 2013년 9월 9일.

20 정상혁, 「'디스' 하는 대한민국」, 『조선일보』, 2013년 9월 3일.

21 멍석 깔아 놓은 '욕설문화'…속이 정말로 후련합니까? 대한민국 판치는 '디스' 열풍」, 『매일신문』, 2013년

9월 14일.

22 정상혁, 「'디스' 하는 대한민국」, 『조선일보』, 2013년 9월 3일.

23 박효재, 「방송가 '셀프 디스' 바람…솔직한 매력? 잘못 어물쩍 넘어가기?」, 『경향신문』, 2013년 9월 16일.

24 강주일, 「1987년 이후 시사·정치 풍자 봇물…최근 들어 수위 높아지며 정치권과 갈등도」, 『경향신문』, 2013년 9월 13일.

25 심혜리, 「"난 개털" "난 알부자"…후보들의 '반전 마케팅'」, 『경향신문』, 2014년 4월 7일.

26 유윤정, 「로열 베이비 열풍 이어 주방 용품도 로열 열풍」, 『조선일보』, 2013년 8월 20일.

27 엄성원, 「주방 용품도 명품 열풍…"비싸도 잘팔리네"」, 『머니투데이』, 2013년 8월 20일.

28 유영규, 「강남 아줌마들은 왜 '스메그'에 열광하나」, 『서울신문』, 2013년 7월 26일.

29 박상익, 「레고가 장난감?…이젠 5배 수익 재테크!」, 『한국경제』, 2013년 10월 28일.

30 이학선, 「쇼핑하고 돈 벌고 '쇼테크族' 뜬다」, 『이데일리』, 2013년 7월 3일.

31 김범석, 「레고 모으는 프렌디 "아이와 소통하고 재테크도"」, 『동아일보』, 2013년 5월 3일.

32 이선희, 「듣다보면 꼬르륵~ '맛있는 음악': 음식 소재 가요 '먹송' 인기…재치 있는 소재·가사에 관심」, 『매일경제』, 2013년 8월 7일.

33 서찬동, 「'푸드송'으로 입맛 돋워라…식품업계 음악 마케팅」, 『매일경제』, 2013년 6월 6일.

34 이원광, 「'몸캠' 응했다 패가망신, '사이버 꽃뱀' 먹잇감으로」, 『머니투데이』, 2014년 8월 1일.

35 온라인뉴스팀, 「일반 '음란女 화상채팅' 1명에 당한 별꼴男 9,000명, 53억 뺏은 '몸캠 피싱'은?」, 『경향신문』, 2014년 4월 5일.

36 전지현, 「지금 웨스트엔드 대세는 '뮤비컬'」, 『매일경제』, 2014년 2월 28일.

37 최상진, 「창작 드라마컬·뮤비컬은 왜 흥행하지 못하나」, 『유니온프레스』, 2013년 8월 5일.

38 하경헌, 「TV 병맛에 빠지다」, 『경향신문』, 2013년 9월 6일.

39 최현정, 「'병맛 코드'의 대중화, 마니아 전유물에서 '대중문화 대세로'」, 『파이낸셜뉴스』, 2013년 8월 9일.

40 최현정, 「'병맛 코드'의 대중화, 마니아 전유물에서 '대중문화 대세로'」, 『파이낸셜뉴스』, 2013년 8월 9일.

41 하경헌, 「TV 병맛에 빠지다」, 『경향신문』, 2013년 9월 6일.

42 최고야, 「자본주의가 낳은 '병맛 쩐' 잉여세대…그들은 누구인가」, 『동아일보』, 2013년 9월 7일.

43 여지진, 「대표적 B급 정서 '병맛 코드', 'SNL코리아'를 대표하는 이유」, 『티브이데일리』, 2013년 9월 6일.

44 하경헌, 「TV 병맛에 빠지다」, 『경향신문』, 2013년 9월 6일.

45 이명석, 「〈SNL 코리아〉의 병맛」, 『한겨레21』, 제973호(2013년 8월 12일).

46 신소윤, 「"내가 병맛왕!"」, 『한겨레』, 2013년 12월 24일.

47 김지섭, 「사진·얼굴 너무 달라…면접장서 "누구시죠?"」, 『조선일보』, 2013년 6월 13일.

48 박은하, 「포토샵으로 만들어진 미인 광고 막아야」, 『경향신문』, 2014년 8월 5일.

49 장원수, 「美 화장품 광고 금지 이유? '지나친 뽀샵질'」, 『한국일보』, 2011년 12월 19일.

50 류효진·박서강, 「보이는 대로 믿습니까?」, 『한국일보』, 2014년 7월 1일.

51 신소윤, 「'스낵 컬처'의 시대가 온다」, 『한겨레21』, 2014년 1월 24일.

52 오진희, 「2014년 '스낵 컬처'가 뜬다던데…스낵 컬처가 뭐야?」, 『유니온프레스』, 2014년 1월 2일.

53 이경민, 「2014년에는 '스낵 컬처'가 뜬다」, 『전자신문』, 2014년 1월 1일.

54 박찬은, 「스낵 컬처·히스토리텔링 등 2014 문화예술 10대 트렌드…Culture 10 Keyword 2014」, 『매일경제 Citylife』 제412호(2014년 1월 21일).

55 태상준, 「만화는 와이파이(WiFi)를 타고 ―디지털 시대의 만화, 스마툰(SmarToon)」, 「아시아경제」, 2011년 8월 22일.

56 태상준, 「만화는 와이파이(WiFi)를 타고 ―디지털 시대의 만화, 스마툰(SmarToon)」, 「아시아경제」, 2011년 8월 22일.

57 박세정, 「스마툰」, 「디지털타임스」, 2012년 12월 5일.

58 이초희, 「'중소형 아파트의 반란' 주택 시장, 스몰 럭셔리 바람」, 「아시아경제」, 2013년 11월 16일.

59 김태성, 「불황 속 비싼 식품만 팔린다는데」, 「매일경제」, 2014년 3월 17일.

60 서윤경, 「갈수록 진화하는 가정식 대체식품… '스몰 럭셔리' 소비 경향 확산」, 「국민일보」, 2014년 3월 4일.

61 신정인, 「아날로그적 기계 미학에 물들다…스팀펑크가 몰려온다」, 「매일경제」, 2014년 2월 26일

62 신정인, 「아날로그적 기계 미학에 물들다…스팀펑크가 몰려온다」, 「매일경제」, 2014년 2월 26일

63 백승찬, 「주목받는 대중문화 세대 '취향의 전시'」, 「경향신문」, 2014년 7월 27일.

64 정준모, 「증기기관차가 '복고적 미래' 싣고 왔다」, 「시사저널」, 제1274호(2014년 3월 19일).

65 김봉석, 「스팀펑크, 대체 역사물의 하위 장르」, 채널예스, 2014년 11월 10일.

66 임종업, 「괴짜들의 전시회」, 「한겨레」, 2014년 3월 27일.

67 정준모, 「증기기관차가 '복고적 미래' 싣고 왔다」, 「시사저널」, 제1274호(2014년 3월 19일).

68 최호경, 「'게임 속 대신 죽어주기', 불법 어뷰징 활개」, 「동아일보」, 2009년 3월 11일.

69 정진영, 「SM · YG · JYP 등 대형 기획사, 음원 차트 조작 행위 근절 나서」, 「헤럴드경제」, 2013년 8월 7일.

70 김낙호, 「어뷰징 대처에 총력 기울여야」, 「한겨레」, 2014년 2월 2일.

71 정준모, 「증기기관차가 '복고적 미래' 싣고 왔다」, 「시사저널」, 제1274호(2014년 3월 19일).

72 김정, 「쓰레기가 예술이 되다! 휴지심, 단추, 엽서 등 다양한 정크아트의 세계」, 「동아사이언스」, 2014년 6월 2일.

73 박승환, 「정크아트, 자원순환사회의 희망입니다」, 「경향신문」, 2011년 11월 6일.

74 유제훈, 「쓰레기를 예술작품으로 … '정크아트'가 뜬다」, 「아시아경제」, 2014년 4월 1일; 변우열, 「음성군 "품바와 정크아트 함께하는 예술촌 조성"」, 「연합뉴스」, 2014년 4월 27일.

75 함정선, 「인터넷 신조어 '지름신'을 아세요?」, 「아이뉴스24」, 2005년 2월 25일.

76 박지희, 「지름신 숭배하는 '지름교'」, 「경향신문」, 2004년 11월 22일.

77 윤태희, 「'지름신' 강림할 땐 '한 손가락 규칙' 써라 (UCLA연구)」, 「서울신문」, 2014년 4월 6일.

78 황지혜 · 홍장원 · 추동훈, 「진화하는 IoT發 쇼핑 혁명: 언제 어디서든 무엇이든 '원클릭 구매'」, 2014년 4월 9일.

79 오세욱, 「SNS 자주 쓸수록 지름신 온다」, 「매일경제」, 2012년 11월 9일.

80 석승혜, 김문조, 유승호, 정의준, 「유명인 매개 네트워크(Celebrity-Mediated Network)가 사회 자본에 미치는 영향에 대한 연구: SNS(Social Network Service) 이용자를 중심으로」, 「사이버커뮤니케이션학보」, 통권 제30호 1호(2013년 3월), 97~98쪽.

81 노명우, 「유명인의 '인기 트위터'와 셀레브리티 문화」, 「사이버커뮤니케이션학보」, 통권 제29권 4호(2012년 12월), 122쪽에서 재인용.

82 김은미 · 이동후 · 임영호 · 정일권, 「소셜 미디어를 통한 사회관계의 속성」, 「SNS 혁명의 신화와 실제」(나남, 2011), 135쪽.

83 이은주, 「컴퓨터 매개 커뮤니케이션으로서의 트위터, 향후 연구의 방향과 과제」, 「언론정보연구」(48권 1호).

84 김용습, 「미국 타임지 "크레용팝, 삼촌팬 가장 많은 K-pop 가수"」, 「스포츠서울」, 2013년 9월 4일.

85 임종업, 「크레용팝 응원 '팝저씨'들 담았어요」, 「한겨레」, 2014년 3월 11일.

86 정석범, 「「크레용팝 열광한 '팝저씨'…한국 중년 남성의 자화상」, 『한국경제』, 2014년 3월 14일.

87 박미영, 「퍼블리시티권 "연예인 '얼굴·이름'에도 재산권 있어요"」, 『디지털타임스』, 2013년 10월 8일.

88 이신영, 「백지영은 O, 수애는 X…엇갈린 퍼블리시티권 판결」, 『연합뉴스』, 2013년 8월 20일.

89 김성훈, 「연예인 59명 "내 이름 쓰지마" 오픈마켓 상대 집단소송」, 『헤럴드경제』, 2013년 8월 26일.

90 정재호·조아름, 「연예인 사진 무심코 썼다…영세 가게 옥죄는 소송 압박 '퍼블리시티권 돈벌이' 전문 소송
    대행사도 등장」, 『한국일보』, 2013년 9월 5일.

91 이윤형, 「퍼블리시티권…아직도?」, 『파이낸셜뉴스』, 2014년 1월 3일.

92 강민정, 「초상권을 잡아라! ① 초상권? 퍼블리시티권? 제도 마련 시급하다」, 『이데일리』, 2013년 7월 31일.

93 김명희, 「더 맛있게 음식을 먹는 법」, 『전자신문』, 2013년 9월 1일.

94 김민석, 「한국의 '먹방'은 '푸드 포르노'…블룸버그TV "어떻게 먹기만 해서 한 달에 4,000만 원을 버나"」,
    『국민일보』, 2014년 1월 15일.

95 김경화, 「'먹방'에 열광하는 당신, '심리적 허기'를 의심하라」, 『전자신문』, 2013년 11월 17일.

96 손조문, 「'가장 따뜻한 색, 블루': 머리부터 발끝까지 아델을 탐닉하다」, 『미디어스』, 2014년 2월 2일.

97 고명섭, 「독자야, 손글씨에 반했니?」, 『한겨레』, 2007년 2월 8일.

98 김수지·김혜원, 「"제목 안에 힌트 있다"…드라마 손글씨, 캘리그라피 비밀」, 『디스패치』, 2013년 12월 27일.

99 이규성, 「조선 중기의 캘리그라피운동 "잡스도 경악하다"」, 『아시아경제』, 2014년 3월 6일.

100 손유리, 「사이버 불링도 진화…2014년엔 꼭 없애요」, 『매일경제』, 2013년 12월 17일.

101 이귀전, 「유럽 10대들 사이에 "해피 슬래핑(이유없는 폭력, 살해) 확산」, 『세계일보』, 2006년 10월 19일.

102 팔란티리 2020, 『우리는 마이크로 소사이어티로 간다』(웅진윙스, 2008), 168쪽.

103 박영배, 「해피 슬래핑」, 『한국경제』, 2006년 10월 21일.

2_ Media Section

1   박새미, 「"기자들, 객관 저널리즘의 함정을 경계하라"」, 『미디어오늘』, 2012년 2월 23일.

2   박정연, 「출입처 기자, 받아쓰기 보도에서 탈출하라」, 『경남도민일보』, 2014년 1월 24일.

3   강진아, 「독자와의 거리 좁히는 '내러티브 저널리즘'」, 『기자협회보』, 2013년 12월 18일.

4   「기획 기사 단골 '내러티브 저널리즘'」, 『한겨레』, 2012년 11월 5일.

5   강진아, 「독자와의 거리 좁히는 '내러티브 저널리즘'」, 『기자협회보』, 2013년 12월 18일.

6   김현섭, 「더 빨리…더 많이…인터넷 기사 무차별 살포」, 『국민일보』, 2014년 1월 25일.

7   김현섭, 「클릭 수를 늘려라…기사 융단폭격」, 『국민일보』, 2014년 1월 25일.

8   이정환, 「조선·동아, 미란다 커 기사 하루에 144건 쏟아내」, 『미디어오늘』, 2013년 12월 6일.

9   이정환, 「조선·동아의 검색 어뷰징, 네이버는 왜 방치하나」, 『미디어오늘』, 2013년 5월 7일.

10 최원형, 「해도 너무한 조선닷컴의 '성매매' 어뷰징」, 『한겨레』, 2014년 2월 19일.

11 김현섭, 「야후재팬·MSN재팬엔 '실시간 검색어 서비스'가 없다」, 『국민일보』, 2014년 1월 25일.

12 강은영, 「케이블TV '다채널 벌 떼 전략'」, 『한국일보』, 2013년 10월 3일.

13 윤효정, 「해도 너무 한 '빠스껫볼' CJ 채널 5개 동시 방송, '시청자 선택권은?'」, 『티브이데일리』, 2013년
    10월 22일.

14 신민재, 「中 "드라마 경쟁력 높인다"…다채널 중복 편성 금지」, 「연합뉴스」, 2014년 4월 16일.

15 박민주, 「"린백 시청자 잡아라" 유료 방송 HD 늘리고 업데이트 10분내로」, 「서울경제」, 2013년 12월 22일.

16 김지섭, 「너무 많은게 탈…스마트TV, 기능·버튼 단순화」, 「조선일보」, 2014년 3월 27일.

17 고창균, 「마을 미디어와 풀뿌리 민주주의」, 「한라일보」, 2014년 10월 15일.

18 김노경, 「마을 미디어」, 「경기일보」, 2014년 11월 18일.

19 안관옥, 「광주 마을 미디어, 대안 언론 구실 '톡톡'」, 「한겨레」, 2014년 12월 23일.

20 「메이크오버 포맷」, 네이버지식백과.

21 김민아, 「"삶의 고달픔 잠시나마 잊어라"」, 「경향신문」, 2004년 9월 19일.

22 김연지, 「성형이 필요한 메이크오버 프로그램 "의사 출연 대가로 병원 협찬"…여성민우회, 협찬 금지 등 제
재 건의」, 「피디저널」, 2014년 12월 9일.

23 양성희, 「방송 프로그램 포맷의 세계」, 「중앙일보」, 2013년 9월 5일; 김승열, 「방송 프로그램 포맷의 법적
보호」, 「머니투데이」, 2014년 11월 10일; 신혜선, 「지구촌 대중문화의 새 용광로, 중국」, 「중앙일보」, 2013년
10월 10일.

24 양성희, 「방송 프로그램 포맷의 세계」, 「중앙일보」, 2013년 9월 5일

25 오상도, 「예능 '포맷' 한류 시대 중국판 '나가수' 세계판 '우결'」, 「서울신문」, 2013년 5월 6일.

26 방연주, 「'한국산' 예능 포맷 수출 '훈풍' 부나」, 「피디저널」, 2013년 8월 28일.

27 백솔미, 「신선하면 통한다…결론은 콘텐츠」, 「동아일보」, 2014년 3월 26일.

28 오상도, 「예능 '포맷' 한류 시대 중국판 '나가수' 세계판 '우결'」, 「서울신문」, 2013년 5월 6일.

29 양성희, 「짧아야 산다, 6초·60단어의 법칙」, 「중앙일보」, 2014년 8월 12일.

30 이성규, 「버즈피드가 트래픽 쓸어 담는 비결 4가지」, 블로터닷넷, 2014년 9월 11일.

31 이정환, 「저널리즘과 광고의 칸막이, 무너져도 괜찮을까」, 「미디어오늘」, 2015년 1월 23일.

32 이정환, 「저널리즘과 광고의 칸막이, 무너져도 괜찮을까」, 「미디어오늘」, 2015년 1월 23일.

33 이정환, 「"말이 좋아 큐레이팅, 클릭 낚시질은 마약만큼 위험"」, 「미디어오늘」, 2014년 11월 17일.

34 양성희, 「짧아야 산다, 6초·60단어의 법칙」, 「중앙일보」, 2014년 8월 12일.

35 김미나, 「숨은 시청률 찾기…'본방사수' 줄고 원하는 시간 선택 늘어」, 「국민일보」, 2014년 7월 2일.

36 최동현, 「VOD의 습격…'본방사수 부대' 무너지나」, 「아시아경제」, 2015년 1월 13일.

37 정윤희, 「VOD 광고 공해 가이드라인 만든다」, 「디지털타임스」, 2014년 9월 29일.

38 이학렬, 「실시간 방송 광고 규제 VOD 광고에는 적용 안돼…시청권 위협」, 「머니투데이」, 2014년 10월 10일.

39 김병규, 「월정액 내고 광고도 보라고?…유료 VOD에 광고 '논란'」, 「연합뉴스」, 2013년 9월 15일.

40 김병규, 「케이블TV·IPTV, 본방 1주일 지나도 무료 VOD 못본다」, 「연합뉴스」, 2013년 5월 14일.

41 정선미, 「내달부터 지상파 방송 다시보기 3주 후에 무료」, 「조선일보」, 2013년 7월 24일.

42 김유정, 「지상파 통합 '세컨드 스크린' 상반기 중 론칭」, 「디지털타임스」, 2014년 1월 16일.

43 김윤경, 「'세컨드 스크린'을 잡아라…트위터와 TV방송사 '힘 합치기'」, 「뉴스핌」, 2013년 9월 23일.

44 박수선, 「지상파 3사 '세컨드 스크린' 부가 서비스 공동 추진」, 「피디저널」, 2014년 1월 16일.

45 임철우, 「TV·PC보다 모바일에 더 빠진 한국인」, 「한국경제」, 2014년 3월 14일, A21면

46 이원태, 「소셜 미디어에서 온라인 정치 담론의 가능성과 한계」, 「소셜네트워크와 정치 변동」(한울아카데미,
2012), 303~304쪽.

47 공훈의, 「소셜 저널리즘, "뉴스 선정성 깨끗이 털어냈다"」, 위키트리, 2013년 5월 30일.

48 곽선미, 「"소셜 저널리즘, 기존 저널리즘 보완재 될 것"」, 『기자협회보』, 2011년 7월 6일.

49 정부경, 「내 헬스클럽 사진 올려놓고 "섹시하다" 칭찬 즐기고…SNS판 화차 사건 경악」, 『국민일보』, 2014년 1월 8일.

50 정부경, 박세환, 「"연예인처럼 예뻐서 부러운 마음에 그냥 갖다 썼다"」, 『국민일보』, 2014년 1월 8일.

51 박세환, 「"획일적 가치만 인정이 원인"」, 『국민일보』, 2014년 1월 9일.

52 정부경, 박세환, 「"연예인처럼 예뻐서 부러운 마음에 그냥 갖다 썼다"」, 『국민일보』, 2014년 1월 8일.

53 정부경, 「'온라인 인생 절도' 속수무책」, 『국민일보』, 2014년 1월 9일.

54 데이비드 커크패트릭, 임정민 · 임정진 옮김, 『페이스북 이펙트』(에이콘, 2011), 309쪽.

55 유원정, 「일본 가고 대만 뜬다? '리메이크' 드라마 전성시대」, 『CBS노컷뉴스』, 2014년 7월 2일.

56 김민정, 「대만 드라마 리메이크가 뜨는 이유는?」, 『스포츠동아』, 2014년 7월 17일.

57 김소라, 「미드보다 담백해 일드보다 달콤해 대드 맛에 빠지다」, 『서울신문』, 2014년 7월 17일.

58 김민정, 「대만 드라마 리메이크가 뜨는 이유는?」, 『스포츠동아』, 2014년 7월 17일.

59 박민주, 「드라마 TV 탈출 모바일 속으로」, 『서울경제』, 2013년 12월 2일.

60 양성희, 「내 손 안에서 10분 …웹드라마 중독되겠네」, 『중앙일보』, 2013년 12월 5일.

61 박민주, 「드라마 TV 탈출 모바일 속으로」, 『서울경제』, 2013년 12월 2일.

62 문완식, 「웹드, 드라마의 구세주가 될 수 있을까」, 『스타뉴스』, 2014년 11월 12일.

63 양성희, 「내 손 안에서 10분 …웹드라마 중독되겠네」, 『중앙일보』, 2013년 12월 5일.

64 김희영, 「전문가 참여 전담 팀 장기 프로젝트로 제작: 영미권 언론 '멀티미디어 뉴스' 사례」, 『기자협회보』, 2014년 1월 29일.

65 이성규, 「디지털 세상은 '펜 기자'를 원하지 않는다」, 『미디어오늘』, 2013년 12월 8일.

66 원성윤, 「신문, 멀티미디어 뉴스로 온라인 독자와 소통하다」, 『기자협회보』, 2014년 1월 29일.

67 편집위원회, 「디지털 스토리텔링 일회로 끝나선 안돼」, 2014년 2월 5일.

68 이용욱, 「中정부, 외국 드라마 수입 제한 공식 발표」, 『마이데일리』, 2006년 2월 1일.

69 이용욱, 「중국서 '대장금'은 주선율 드라마?」, 『마이데일리』, 2007년 2월 2일.

70 유효정, 「美 드라마 퇴출" 온라인 단속 나선 中…IT 기업 주가 줄줄이 하락」, 『전자신문』, 2014년 4월 29일.

71 김선영, 「'나쁜 남자' 흥행 공식과 웹드라마의 성공적 결합」, 『한겨레』, 2014년 9월 20일; 양성희, 「'10분의 승부' 웹드라마 시대」, 『중앙일보』, 2014년 10월 21일.

72 김태헌, 「거실의 제왕 'TV의 굴욕'」, 『이투데이』, 2013년 8월 26일.

73 김태헌, 「동영상 콘텐츠 무료로 즐겨라: 곰TV · 다음팟 플레이어 등 인기…이통사 다시보기 서비스 고화질로 즐겨」, 『이투데이』, 2013년 8월 26일.

74 김광일, 「스마트폰 · 무선 기반 N스크린…"이젠 코드 제로 시대"」, 『이투데이』, 2013년 8월 26일.

75 김태헌, 「TV 없어도 '드라마 킬러'…비결은 '손 안'에 있다」, 『이투데이』, 2013년 8월 26일.

76 정재민, 「'진격의 온데만데'와 코드 커팅」, 『기자협회보』, 2013년 12월 18일.

77 박성제, 「IPTV, 지속적인 성장 가능할까」, 『이투데이』, 2013년 8월 8일.

78 니코 멜레, 이은경 · 유지연, 『거대 권력의 종말: 디지털 시대에 다윗은 어떻게 새로운 골리앗이 되는가』(알에이치코리아, 2013), 76쪽.

79 강진아, 「'크라우드 소싱' 저널리즘이 뜬다: 한겨레 · 뉴스타파 등 공개 프로젝트 진행…시민 참여형 '개방형 저널리즘' 시대 예고」, 『기자협회보』, 2013년 7월 17일.

80 김은미 · 이동후 · 임영호 · 정일권, 「언론 매체로서의 소셜 미디어」, 『SNS혁명의 신화와 실제』(나남, 2011), 187~188쪽.

81 설진아, 『소셜 미디어와 사회 변동』(커뮤니케이션북스, 2011), 133~134쪽)

82 임영호, 「저널리즘과 SNS」, 한국언론학회 엮음, 『정치적 소통과 SNS』(나남, 2012), 23쪽)

83 카르스텐 괴릭, 박여명 옮김, 『SNS 쇼크: 구글과 페이스북, 그들은 어떻게 세상을 통제하는가?』(시그마북스, 2012), 170~176쪽.

84 이원태, 「소셜 미디어에서 온라인 정치 담론의 가능성과 한계」, 『소셜네트워크와 정치 변동』(한울아카데미, 2012), 313~314쪽.

85 곽정욱, 「VOD 서비스, 미디어 산업 바꾼다」, 『디지털타임스』, 2014년 1월 17일.

86 손유리, 「본방사수? No! 난 몰아본다」, 『매일경제』, 2013년 10월 29일.

87 김종화, 「인터넷 신문 호황 끝, '조정기' 어떻게 버티나」, 『미디어오늘』, 2009년 7월 8일.

88 이본영, 「각계 필진만 5만 명……댓글 · SNS 통해 '열성 독자' 키워」, 『한겨레』, 2013년 11월 11일.

89 신현규, 「허핑턴포스트 미디어그룹 회장 '아리아나 허핑턴'…'애덤 스미스를 다시 공부할 때'」, 『매일경제 Luxmen』, 제18호(2012년 3월); 이본영, 「각계 필진만 5만 명…댓글 · SNS 통해 '열성 독자' 키워」, 『한겨레』, 2013년 11월 11일.

90 이봉현, 「"표현은 오락…사람들은 정보 활동 참여하고 싶어한다"」, 『한겨레』, 2012년 6월 5일.

91 박현, 「한겨레, 허핑턴 포스트 손잡다」, 『한겨레』, 2013년 11월 10일; 최원형, 「허핑턴 코리아 세계 · 한국을 오가는 빠른 창이 열린다」, 『한겨레』, 2013년 11월 11일.

92 박찬은, 「'잊혀질 권리' 보장하는 자기 파괴 SNS 인기」, 『매일경제』, 2014년 1월 2일.

93 강동완, 「2014년 통계청이 소개한 '블루슈머' (1)」, 『머니위크』, 2014년 2월 4일.

94 민혜정, 「'잊힐 권리를 드립니다'…'휘발성 메시지' 서비스 등장」, 『아이뉴스24』, 2012년 7월 7일.

3_ Digital Section

1 김주연, 「관종 아닌 애용자 되려면…」, 『한국일보』, 2014년 8월 20일.

2 박주희 · 이서희, 「'애용'과 '관종' 사이 당신의 SNS는 안녕하십니까?」, 『한국일보』, 2014년 8월 29일.

3 김지호, 「SNS서 타인 반응 집착하면 현실서 외톨이일 가능성」, 『한국일보』, 2014년 8월 20일.

4 김효정, 「홍가혜 사례로 본 '관심 종자' '어그로꾼'…무엇이 그들을 움직이나」, 『주간조선』, 2014년 4월 28일.

5 매튜 프레이저 · 스미트라 두타, 최경은 옮김, 『개인과 조직, 시장과 사회를 뒤바꾸는 소셜네트워크 혁명』(행간, 2010), 134~135쪽.

6 구본권, 「구글링」, 『한겨레』, 2013년 2월 20일.

7 김원석, 「구글링 해킹, 손쉬운 개인 정보 유출 채널로 부상」, 『전자신문』, 2013년 7월 31일.

8 정석우, 「공정위의 구글링 수준」, 『매일경제』, 2012년 11월 27일.

9 니코 멜레, 이은경 · 유지연, 『거대 권력의 종말: 디지털 시대에 다윗은 어떻게 새로운 골리앗이 되는가』(알에이치코리아, 2013), 210쪽에서 재인용.

10 김태균, 「'지역 산발 테러' 들불처럼 활활…지구촌 몸살」, 『연합뉴스』, 2014년 2월 5일.

11 김보라 · 박병종, 「테러는 외국인들 소행?…美, 등잔 밑 '자생적 테러'에 당했다」, 『한국경제』, 2013년 4월 26일.

12 랜달 스트로스, 고영태 옮김, 『구글, 신화와 야망』(일리, 2008), 167~168쪽.

13 스티븐 레비, 위민복 옮김, 『In The Plex: 0과 1로 세상을 바꾸는 구글 그 모든 이야기』(에이콘, 2011), 205쪽.

14 스코트 클리랜드, 『두 얼굴의 구글: 구글 스토리에 숨겨진 또 다른 이면』(에이콘, 2012), 271쪽.

15 재닛 로우, 배현 옮김, 『구글 파워: 전 세계 선망과 두려움의 기업』(애플트리태일즈, 2009), 166쪽.

16 켄 올레타, 『구글드: 우리가 알던 세상의 종말』(타임비즈, 2010), 132쪽.

17 백욱인, 「마키아벨리의 '디지털 군주론'」, 『경향신문』, 2014년 4월 11일.

18 재닛 로우, 배현 옮김, 『구글 파워: 전 세계 선망과 두려움의 기업』(애플트리태일즈, 2009), 167쪽.

19 정미나, 「디지털 용병」, 『전자신문』, 2013년 10월 14일.

20 지연진, 「日의회 해킹, 중국인 '디지털 용병'…日·韓 기업도 공격」, 『아시아경제』, 2013년 9월 26일.

21 배영, 「SNS의 사회적 의미」, 『소셜네트워크와 정치 변동』(한울아카데미, 2012), 87쪽.

22 배영, 「SNS의 사회적 의미」, 『소셜네트워크와 정치 변동』(한울아카데미, 2012), 98쪽.

23 강다영, 「'라이프 로그'에 주목하라」…일상적 행동 패턴에서 특이점 찾아내라」, 『매일경제』, 2013년 2월 18일.

24 한세희, 「당신의 모든 기록 담는 '라이프 로그' 서비스가 뜬다」, 『전자신문』, 2013년 12월 11일.

25 김호경, 「웨어러블 원년…당신이 보고 듣는 모든 것을 기록한다」, 『동아일보』, 2014년 1월 13일.

26 황수정, 「美 '바이오 해커' 등장」, 『서울신문』, 2009년 5월 14일.

27 노창현, 「'바이오 해커를 아시나요' 美 다락방 연구원들 눈길」, 『뉴시스』, 2009년 5월 13일.

28 김우재, 「소그룹과 창조경제」, 『한겨레』, 2014년 4월 7일.

29 서상범, 「왕따보다 무서운 사이버폭력 2-1, 사이버폭력 심해지는데 정부 대책은 겉핥기만」, 『헤럴드경제』, 2014년 1월 3일.

30 민상식, 「왕따보다 무서운 사이버 학교폭력 "채팅방 욕설 다 보기전엔 나갈 수 없어요"」, 『헤럴드경제』, 2013년 12월 19일.

31 진달래, 「은밀하게 집요하게…위험한 '띵똥~'」, 『머니투데이』, 2014년 5월 1일; 유대근, 「온라인에 퍼진 '왕따 신상' 전학 가서도 난 왕따였다」, 『서울신문』, 2014년 2월 10일.

32 김재현, 「"SNS 이용한 괴롭힘 '女中生' 끼리 가장 많아"」, 『헤럴드경제』, 2014년 8월 26일.

33 김지훈, 「카톡방에 불러 단체로 욕설…스마트폰 따돌림 '사이버 불링'」, 『한겨레』, 2014년 1월 8일.

34 박인영, 「"정부, 인터넷 시민사회 활성화 대처 미흡"」, 『연합뉴스』, 2008년 12월 11일.

35 이소영, 「소셜 미디어는 정치적 지식을 어떻게 확대하는가?」, 『소셜네트워크와 정치 변동』(한울아카데미, 2012), 141~142쪽.

36 노성열, 「인터넷 토론, 집단 비난·배척 성향 강해」, 『문화일보』, 2008년 9월 30일.

37 손택균, 「포털, 지식의 안내자 아닌 통제자로 변질」, 『동아일보』, 2009년 9월 25일.

38 최광, 「텔레그램 열풍 '모바일 액티비즘'…실 이용은 여전히 카톡?」, 『머니투데이』, 2014년 10월 4일.

39 황인선, 「책벌레도 '소셜 리딩' 시대, 독서 습관에 새 바람 분다」, 『한국경제』, 2013년 5월 21일.

40 김슬기, 「책 골라주고 함께 읽는 '소셜 리딩 시대' 열린다」, 『매일경제』, 2014년 11월 30일.

41 이규성, 「독서의 진화, "읽기에서 관람으로…" 소셜 리딩의 과제는?」, 『아시아경제』, 2013년 3월 6일.

42 송영숙, 「소통 부재..'소셜 리딩'으로 넘자」, 『아시아경제』, 2012년 6월 18일.

43 이원태, 「소셜 미디어에서 온라인 정치 담론의 가능성과 한계」, 『소셜네트워크와 정치 변동』(한울아카데미, 2012), 289쪽.

44 장건희, 「또 SNS 위력…여론·투표에 영향력 더 커져」, 『국민일보』, 2014년 11월 6일.

45 국기연, 「'스마트폰 시대' 美 유선전화 여론조사 사양길」, 『세계일보』, 2014년 10월 9일.

46 「스마트폰 노안, "보기만 해도 노안된다고? 왜?"」, 『동아일보』, 2012년 6월 2일.

47 송혜민, 「스마트폰, 얼굴 '아래쪽 피부' 급격히 늙게 한다」, 『서울신문』, 2015년 1월 14일.

48 석유선, 「스마트폰 '절친', '노안' 빨리 맞는다」, 『시사저널』, 제1182호(2012년 6월 13일).

49 배영, 「SNS의 사회적 의미」, 『소셜네트워크와 정치 변동』(한울아카데미, 2012), 108쪽.

50 박혜정, 「소셜 미디어, 한번에 '혹' 하지만 한방에 '혹' 간다」, 『아시아경제』, 2012년 3월 6일.

51 김상수, 「SNS 피로 증후군」, 『동아일보』, 2011년 12월 26일; 오세욱, 「SNS 자주 쓸수록 지름신 온다」, 『매일경제』, 2012년 11월 9일.

52 지그문트 바우만, 조은평·강지은 옮김, 『고독을 잃어버린 시간』(동녘, 2012), 123쪽에서 재인용.

53 박봉권, 「제2 삼성 만드는 기업 환경이 창조경제: 新성장이론 대가 폴 로머 뉴욕대 교수에게 듣는다」, 『매일경제』, 2014년 3월 28일.

54 박세준, 「'웨트웨어(Wet-ware)' 형 인간이 돼라」, 『기자협회보』, 2009년 4월 15일.

55 이상은, 「"경제민주화, 따뜻한 느낌 주지만 사실은 비논리적 단어"」, 『한국경제』, 2012년 9월 21일.

56 김명수, 「폴 로머 뉴욕대 교수는 웨트웨어 중시 노벨상 후보 1순위」, 『매일경제』, 2012년 5월 25일.

57 장우영·차재권, 「소셜네트워크 선거캠페인」, 『소셜네트워크와 정치 변동』(한울아카데미, 2012), 237쪽.

58 김환표 편, 「카페트 정치」, 『트렌드 지식사전 2』(인물과사상사, 2014).

59 니코 멜레, 이은경·유지연, 『거대 권력의 종말: 디지털 시대에 다윗은 어떻게 새로운 골리앗이 되는가』(알에이치코리아, 2013), 263쪽.

60 박영준·권이선, 「병 키우는 인터넷…검증 안 된 의학 정보 수두룩」, 『세계일보』, 2014년 1월 22일.

61 카르스텐 괴릭, 박여명 옮김, 『SNS 쇼크: 구글과 페이스북, 그들은 어떻게 세상을 통제하는가?』(시그마북스, 2012), 144쪽.

62 이인열, 「인터넷은 정말 인간의 뇌를 바꿔놓고 있는가」, 『조선일보』, 2014년 10월 21일.

63 팔란티리 2020, 『우리는 마이크로 소사이어티로 간다』(웅진윙스, 2008), 78~79쪽

64 김경락, 「본인 정보 이용·제공 현황 조회 가능하게」, 『한겨레』, 2014년 3월 10일.

65 배정원, 「현황 조회·동의 철회 가능…자기 정보 결정권 보장」, 『조선일보』, 2014년 3월 10일.

66 배미정, 「내 금융 정보 언제든 삭제·조회 쉬워진다」, 『매일경제』, 2014년 3월 10일.

67 김형중, 「개인 정보 자기 결정권이 답은 아니다」, 『세계일보』, 2014년 3월 11일.

68 황지혜, 「한국이동통신 출범 30년, 모빌리언 5,400만 명 폰으로 통하고 느끼고 즐기고…커넥티즌 시대」, 『매일경제』, 2014년 3월 26일.

69 황지혜, 「모바일 新인류 '커넥티즌' 제2 IT빅뱅 이끈다」, 『매일경제』, 2014년 4월 1일.

70 이대호, 「구글이 보는 모바일 혁명, '퍼스트→온리'로 간다」, 『디지털데일리』, 2014년 11월 4일.

71 김현수, 「트위터가 돈되는 시대 왔다」, 『동아일보』, 2011년 12월 10일.

72 정미나, 「트위터롤로지」, 『전자신문』, 2013년 10월 28일; 김신영, 「트위터롤로지(Twitterology)…학자들 트위터로 연구하는 시대」, 『조선일보』, 2011년 11월 1일.

73 김현수, 「트위터가 돈되는 시대 왔다」, 『동아일보』, 2011년 12월 10일.

74 문영수, 「트위터, MIT 소셜 데이터 연구에 1천만 달러 투자」, 『아이뉴스24』, 2014년 10월 2일.

75 「정보시대 신종 病 "패스워드 증후군" 증가」, 『연합뉴스』, 1996년 12월 5일.

76 조병욱, 「영문·숫자·특수문자까지…'비번 암기 스트레스'」, 『세계일보』, 2013년 7월 5일.

77 이강원, 「슈미트·코언 "인터넷엔 삭제키 없다…사생활 수호해야"」, 「연합뉴스」, 2013년 5월 1일.

78 조병욱, 「영문·숫자·특수문자까지… '비번 암기 스트레스'」, 「세계일보」, 2013년 7월 5일.

79 「폭소노미(folksonomy)」, 「디지털타임스」, 2007년 2월 28일.

80 팔란티리 2020, 「우리는 마이크로 소사이어티로 간다」(웅진윙스, 2008), 111쪽.

81 김정운, 「검증가능성(verfiability) 반증가능성(falsifiability) 편집가능성(editability)」, 「중앙선데이」, 제249호 (2011년 12월 18일).

82 김정운, 「누구나 '지식 편집자' 시대 '웹'에서 '앱' 시대로…포털 편집 권력이 모든 개인에게 분산」, 「조선일보」, 2010년 10월 6일.

83 김수운, 「프로필 사진의 심리학, '인기 높은 플픽' 이렇게 찍어라」, 「팝뉴스」, 2014년 1월 7일.

84 「조건 만남, 플픽 사기…"카톡 메시지만으로 '입금' 함부로 하지 마세요"」, 「헤럴드경제」, 2013년 2월 21일.

85 허자경, 「나체 사진 찍어 트위터에 올리는 10대 소녀들…왜?」, 「조선일보」, 2013년 12월 6일.

86 이지선, 「소셜네트워크 확산의 기술」(동아일보사, 2010), 47쪽.

87 이원태, 「소셜 미디어에서 온라인 정치 담론의 가능성과 한계」, 「소셜네트워크와 정치 변동」(한울아카데미, 2012), 295~296쪽.

88 이형섭, 「"해시태그 반란이다"」, 「한겨레」, 2011년 10월 5일.

89 송경화, 「'#' 부름에 사회성이 꿈틀…행동주의 새 지평 열다」, 「한겨레」, 2012년 1월 9일.

90 정은미, 「SNS '해시태크(#)'에 주목하다」, 「아이뉴스24」, 2015년 2월 28일.

91 이원태, 「소셜 미디어에서 온라인 정치 담론의 가능성과 한계」, 「소셜네트워크와 정치 변동」(한울아카데미, 2012), 295~296쪽.

92 이형섭, 「"해시태그 반란이다"」, 「한겨레」, 2011년 10월 5일.

93 송경화, 「'#' 부름에 사회성이 꿈틀…행동주의 새 지평 열다」, 「한겨레」, 2012년 1월 9일.

94 이원태, 「소셜 미디어에서 온라인 정치 담론의 가능성과 한계」, 「소셜네트워크와 정치 변동」(한울아카데미, 2012), 295쪽.

95 이형섭, 「"해시태그 반란이다"」, 「한겨레」, 2011년 10월 5일.

96 김인순, 「모든 직원을 창업가로 바꾸는 페이스북 '해커톤'」, 「전자신문」, 2013년 9월 7일.

97 강유현, 「IT로 사회문제 해결'…해커톤, 세상을 밝히다」, 「동아일보」, 2013년 10월 8일.

98 문상호, 「IT로 재능 나누는 공익 해커톤…이젠 현실화된 아이디어가 나올 때」, 「조선일보」, 2014년 1월 29일.

4_ Technology Section

1 서명덕, 「완전 익명 인터넷 서비스 "다크넷!?"」, 「세계일보」, 2006년 8월 18일.

2 「"오바마 대통령 암살 후원금 모아요"」, 「헤럴드경제」, 2013년 11월 20일.

3 임세정, 「한국 등 53개국, 온라인 아동 성학대 방지 이행 선언」, 「국민일보」, 2014년 12월 12일.

4 니코 멜레, 이은경·유지연, 「거대 권력의 종말: 디지털 시대에 다윗은 어떻게 새로운 골리앗이 되는가」(알에이치코리아, 2013), 235쪽.

5 신진, 「Like 늘리려 음란물 게시…야해진 페이스북」, 「중앙일보」, 2013년 11월 25일.

6 카르스텐 괴릭, 박여명 옮김, 「SNS 쇼크: 구글과 페이스북, 그들은 어떻게 세상을 통제하는가?」(시그마북스,

2012), 88쪽.

7 신진, 「Like 늘리려 음란물 게시…야해진 페이스북」, 『중앙일보』, 2013년 11월 25일.

8 박소영, 「페이스북의 두 얼굴, '19금' 치자마자 음란 전문 페이지 쉽게 접속…유해물로 팔로어 확보한 계정 온라인 거래도」, 『디지털타임스』, 2014년 4월 3일.

9 정보라, 「페북, '좋아요' 노린 이벤트 글 속아낸다」, 블로터닷넷, 2014년 4월 14일.

10 박소라, 「저작권은 무뎌지고 성인물은 판치는 페이스북」, 『전자신문』, 2014년 7월 7일.

11 권용민, 「무선전파 대신 빛으로… 'Li-Fi' 인터넷 시대 열린다」, 『아시아경제』, 2013년 10월 21일.

12 채민기, 「"빛으로 인터넷 하는 시대 3년 내 열린다"」, 『조선일보』, 2013년 12월 9일.

13 백강녕, 「한 줄기 빛으로 데이터를 나른다 '라이파이'「LED+WiFi」를 켜라」, 『조선일보』, 2013년 12월 6일.

14 채민기, 「"빛으로 인터넷 하는 시대 3년 내 열린다"」, 『조선일보』, 2013년 12월 9일.

15 김은미·이동후·임영호·정일권, 「일상미디어로서의 소셜 미디어」, 『SNS혁명의 신화와 실제』(나남, 2011), 231~232쪽.

16 Mike Elgan, 「CES 2014: 일상 전체를 기록하는 '라이프 로깅' 시대 열린다」, 아이티월드, 2014년 1월 14일.

17 손봉석, 「'인터넷 만리장성'으로 구글 막는 중국」, 『경향신문』, 2014년 9월 23일; 김다영, 「구글, 中서도 검색어 자동 암호화 '만리장성 방화벽' 검열 어려워져」, 『문화일보』, 2014년 3월 13일.

18 에릭 슈밋·제러드 코언, 『에릭 슈미트 새로운 디지털 시대: 사람, 국가, 비즈니스의 미래를 다시 쓰다』(알키, 2013), 147쪽.

19 신동주, 「中 인터넷 통제 '만리방화벽' 또 도마에」, 『세계일보』, 2014년 11월 19일.

20 유효정, 「위키피디아 "中 정부 검열 거부"…구글·야후와 다른 길 간다」, 『전자신문』, 2013년 8월 13일.

21 김지선, 「툭하면 접속 차단…의혹의 '만리장성 방화벽'」, 『디지털타임스』, 2014년 7월 9일.

22 김관용, 「초연결 시대 '만물인터넷' 시대 개막」, 『아이뉴스24』, 2014년 1월 2일.

23 고수연, 「사물인터넷? 만물인터넷? 사물과 사람을 뛰어넘는 '초연결시대' 개막(2)」, 『아이티데일리』, 2014년 1월 1일.

24 박계현, 「IT 기업들 '사물인터넷' 시대 대비 나섰다」, 『아이뉴스24』, 2013년 8월 4일.

25 손유리, 「시스코가 꿈꾸는 만물인터넷 세상」, 『매일경제』, 2013년 9월 3일.

26 민경원, 「은행 홈피서 정상 이체했는데 …금융 사기 당했다」, 『중앙일보』, 2013년 8월 21일.

27 김현섭, 「'진짜' 은행 사이트인데 사라진 2,700만 원… '메모리 해킹' 아시나요」, 『국민일보』, 2013년 8월 15일.

28 김태호, 「계좌 이제 끝났는데 돈 빠져… '메모리 해킹' 주의보」, 『한국경제』, 2013년 8월 23일.

29 김원철·박유리·박승헌·김효진, 「"국정원이 선거판에 '사이버 삐라' 121만 장 뿌린 것"」, 『한겨레』, 2013년 11월 22일.

30 강철원, 「실적 쌓으려 '봇 프로그램'으로 유포…조직적 개입 결정적 증거 최초 글은 2만 6,550건…복사해 뿌린게 121만 건」, 『한국일보』, 2013년 11월 22일.

31 강희경, 「계정 402개서 작성 '봇' 프로그램이 알아서 자동 리트윗 국정원 대량 트윗 어떻게」, 『한국일보』, 2013년 10월 20일.

32 이영완, 「영화 아바타처럼…사람 생각만으로 동물을 움직였다」, 『조선일보』, 2013년 4월 4일.

33 남도영, 「완벽 '뇌 지도' 그려 난치병 뇌 질환 정복 나선다」, 『디지털타임스』, 2014년 5월 26일.

34 고수연, 「사물인터넷? 만물인터넷? 사물과 사람을 뛰어넘는 '초연결시대' 개막(2)」, 『아이티데일리』, 2014년 1월 1일.

35 홍장원, 「모든 사물이 인터넷과 연결되다: 세계 최대 전자박람회 CES 2014 트렌드」, 「매일경제」, 2014년 1월 13일; 박계현, 「IT 기업들 '사물인터넷' 시대 대비 나섰다」, 「아이뉴스24」, 2013년 8월 4일.

36 우승호, 「2020년 700억 개 사물 연결…교통·원격 진료 등 활용 가치 무한대」, 「서울경제」, 2013년 8월 18일.

37 홍장원, 「모든 사물이 인터넷과 연결되다: 세계 최대 전자박람회 CES 2014 트렌드」, 「매일경제」, 2014년 1월 13일.

38 정호재, 「무선 태그 통해 '불법 의약품' 가려내고…백화점서 자동으로 '의상 코디' 받는다」, 「동아일보」, 2013년 6월 11일.

39 박정현, 「새로운 정보 혁명의 주인공으로 떠오르다」, 「조선일보」, 2013년 11월 8일.

40 이형근, 「사물인터넷시대 정보 과잉…기회비용·탄소 발생 우려 데이터 연간 66% 폭증…전문가들 부작용 경고」, 「디지털타임스」, 2013년 9월 6일.

41 이정환, 「우리 집 세탁기가 '카톡'을 보냈다…"세제 주문할까요?"」, 「미디어오늘」, 2014년 2월 2일.

42 김보영, 「TV·냉장고가 일거수일투족 감시…해킹 땐 사생활 100% 노출」, 「한국경제」, 2014년 2월 21일.

43 조환규, 「역설의 정보 보호론」, 「경향신문」, 2014년 3월 30일.

44 권준, 「'유령'에 등장한 사회공학적 해킹, 이보다 더 위험할 수 없다!」, 「보안뉴스」, 2012년 6월 13일.

45 배영, 「SNS의 사회적 의미」, 「소셜네트워크와 정치 변동」(한울아카데미, 2012), 104쪽.

46 김원석, 「사회공학적 기법 활용한 해킹 공격, 국가 안보 위협」, 「전자신문」, 2013년 8월 20일.

47 김국배, 「사람 취약점 노리는 사회공학적 해킹 '너무 똑똑하네'」, 「아이뉴스24」, 2013년 4월 25일.

48 설진아, 「소셜 미디어와 사회 변동」(커뮤니케이션북스, 2011), 72쪽; 데이비드 커크패트릭, 임정민·임정진 옮김, 「페이스북 이펙트」(에이콘, 2010), 228쪽.

49 Dan Farber, 「페이스북의 주커버그, '소셜 그래프'에 공을 돌리다」, 「지디넷코리아」, 2007년 5월 30일.

50 매튜 프레이저·스미트라 두타, 최경은 옮김, 「개인과 조직, 시장과 사회를 뒤바꾸는 소셜네트워크 혁명」(행간, 2010), 108쪽.

51 「전력 대란의 핵심 솔루션, '스마트 그리드'」, 위키트리, 2013년 8월 8일.

52 김우영, 「투자 새 에너지는 '에너지株'」, 「헤럴드경제」, 2013년 9월 3일.

53 「스마트 그리드, 언제까지 활성화만 외칠 것인가」, 「전자신문」, 2013년 8월 12일.

54 「㈜비즈오션, '스마트 인터랙션 이용 터치리스 인식 기술 전망 세미나' 열어」, 「전자신문」, 2014년 9월 3일.

55 류한석, 「이제 '스마트 인터랙션'이 경쟁력이다」, 「주간경향」, 1005호(2012년 12월 18일).

56 엄형준, 「'IT 미래, 집에 있다'…스마트 홈 전쟁」, 「세계일보」, 2014년 1월 14일.

57 이정환, 「우리 집 세탁기가 '카톡'을 보냈다…"세제 주문할까요?"」, 「미디어오늘」, 2014년 2월 2일.

58 켄 시걸, 김광수 옮김, 「미친듯이 심플」(문학동네, 2014), 354쪽; 이다름, 「iOS 7, 6년 만에 '스큐어모피즘' 버리다?」, 「이투데이」, 2013년 6월 11일.

59 이정환, 「애플 iOS7 한 달, 눈물겹게 잡스가 그리워졌다」, 「미디어오늘」, 2013년 7월 7일.

60 조윤경, 「애플 iOS7 "잡스는 없다" vs "혁신의 시작" 평가 극과 극」, 「매일경제」, 2013년 6월 12일.

61 「Steganography」, Wikipedia.

62 「스테가노그래피」, 「디지털타임스」, 2013년 6월 11일.

63 김인순, 「美 NSA 피해 이메일 보내는 방법은 '스테가노그래피'」, 「전자신문」, 2013년 9월 9일.

64 「스테가노그래피」, 「매일신문」, 2014년 1월 13일.

65 김형중, 「'스테가노그래피' 당장 도입하자」, 「전자신문」, 2013년 7월 7일.

66 김형중, 「'스테가노그래피' 당장 도입하자」, 『전자신문』, 2013년 7월 7일.

67 이지희, 「스테가노그래피란? 국정원장이 말한 요즘 간첩의 수법」, 『주간조선』, 제2249호(2013년 3월 25일).

68 「탈옥(Jailbreak)」, 『디지털타임스』, 2013년 12월 31일.

69 임민철, 「애플 iOS7, 아이폰 탈옥 어려워지나」, 『지디넷코리아』, 2013년 9월 10일.

70 권용민, 「iOS7도 결국…탈옥툴 배포 시작」, 『아시아경제』, 2013년 12월 23일.

71 배재련, 「아이폰5 탈옥툴 개발 완료 '이번엔 완탈이다' 모든 기기 사용 가능」, 『뉴스엔』, 2013년 2월 5일;
    송주영, 「아이폰 탈옥툴 갈수록 인기…iOS6.1 최고」, 『지디넷코리아』, 2013년 2월 9일.

72 신윤희, 「모바일 올림픽 MWC」, 『매일경제』, 2014년 2월 26일.

73 김민기, 「'모바일' 전시회, '모바일'을 넘어서다」, 『뉴시스』, 2014년 3월 2일.

74 송혜영, 「미디어 소비 패러다임 진화와 방송 산업 창조경제화」, 『전자신문』, 2013년 11월 4일.

75 김인순, 「미디어 OTT 부상…TV 시대 종말 앞당긴다」, 『전자신문』, 2014년 1월 27일.

76 백홍기, 「TV 위협하는 OTT서비스 인터넷 통해 미디어 콘텐츠 제공 방송 패러다임 변화 주도」, 『서울경제』,
    2014년 1월 15일.

77 김병철, 「"OTT가 유료 방송 시장 접수한다": 케이블TV 등 유료 방송 위기 가시화…"미국처럼 유료 방송 위
    축되고 OTT 확산될 것"」, 『미디어오늘』, 2013년 11월 30일.

78 곽노필, 「웨어러블기기 · 뇌컴퓨터 등 미래 바꿀 10개 기술」, 『한겨레』, 2014년 3월 3일.

79 손재권 · 황지혜 · 홍장원, 「"스마트폰 대체할 웨어러블 新시장 무한"」, 『매일경제』, 2014년 3월 5일.

80 곽노필, 「웨어러블기기 · 뇌컴퓨터 등 미래 바꿀 10개 기술」, 『한겨레』, 2014년 3월 3일.

81 제프 자비스, 『공개하고 공유하라』(청림출판, 2013), 60~61쪽.

82 설성인, 「'저커버그의 법칙'이 페이스북을 망친다?」, 『조선일보』, 2013년 12월 19일.

83 제니퍼 아커 · 앤디 스미스, 김재연 옮김, 『드래곤플라이 이펙트』(랜덤하우스, 2010), 219~220쪽.

84 정동철, 「직장인 67% '테크노스트레스 증후군' 시달려」, 『스포츠한국』, 2014년 4월 18일.

85 박민영, 『낭만의 소멸』(인물과사상사, 2014), 101쪽.

86 김태열, 「스마트폰 없으면 불안 · 초조…당신도 테크노스트레스?」, 『헤럴드경제』, 2014년 1월 10일.

87 장우성, 「구멍 뚫린 감청 규제, '통비법' 개정 목소리」, 『기자협회보』, 2013년 9월 25일.

88 권순택, 「국정원, G메일까지 패킷 감청했다」, 『미디어스』, 2011년 9월 16일.

89 장우성, 「구멍 뚫린 감청 규제, '통비법' 개정 목소리」, 『기자협회보』, 2013년 9월 25일.

90 이지은, 「MB정부 '패킷 감청 장비 도입' 매해 늘어」, 『한겨레』, 2011년 9월 21일.

91 김원석, 「감청의 일상화냐 VS 국가 안보냐?: 다시 들끓는 휴대폰 감청 법안」, 『전자신문』, 2014년 2월 9일.

5_ Economy Section

1   전하나, 「IT 업계 '꽉 잡은' 구글러(Googler)들」, 『지디넷코리아』, 2012년 7월 19일.

2   배준호, 「구글의 힘…구글러 인맥의 비밀 IT 업계의 GE같은 인재풀…혁신 문화 · 대기업 조직운영 경험 조
    화」, 『이투데이』, 2012년 7월 19일.

3   안상희, 「네트워크 확장…新트렌드로 진화」, 『조선일보』, 2012년 8월 30일.

4   이원호, 「"밀실 혁신 시대 가고 개방 혁신 · 공동 창조 시대 왔다" 이상문 범태평양 경영학회장의 공동 창조

경영론」, 『중앙선데이』, 제261호(2012년 3월 11일).

5 「'그라운드스웰'이 온다」, 『전자신문』, 2009년 8월 25일.

6 니코 멜레, 이은경 · 유지연, 『거대 권력의 종말: 디지털 시대에 다윗은 어떻게 새로운 골리앗이 되는가』(알 에이치코리아, 2013), 172~173쪽.

7 인지현, 「"美 보수파 비밀 조직 '진보와의 전쟁'"」, 『문화일보』, 2013년 7월 26일.

8 전종헌 · 윤호, 「불황의 그늘…서민들 카드깡 이어 '금깡'까지」, 『매일경제』, 2014년 3월 5일.

9 신무경, 「TM 중단에…돈줄 막힌 서민 '금깡' 내몰려」, 『한국일보』, 2014년 3월 11일.

10 고은이, 「월가 기관투자가 '다크 풀'로 이동」, 『한국경제』, 2013년 4월 2일.

11 한병철, 『투명사회』(문학과지성사, 2014), 193쪽.

12 강승연, 「美 · EU, 익명 장외거래시장 '다크 풀' 규제 움직임…시장 투명성 확보 차원서 거래 제한 논의」, 『헤럴드경제』, 2013년 11월 25일.

13 김성진, 「리버스 로테이션」, 『연합인포맥스』, 2014년 2월 13일.

14 박봉권 · 황형규 · 석민수, 「글로벌 뭉칫돈 주식서 채권으로 대이동」, 『매일경제』, 2015년 1월 7일.

15 「리베이트는 의료 시스템 망치는 탐욕의 '마약'」, 『중앙일보』, 2014년 12월 8일.

16 조병욱, 「리베이트 공화국 韓…크든 작든 일상화된 '뒷돈'」, 『세계일보』, 2014년 5월 21일.

17 조화유, 「'리베이트'를 '뇌물성 환불'이란 뜻으로 쓰는 건 잘못」, 『조선일보』, 2012년 10월 26일.

18 셰릴 샌드버그, 안기순 옮김, 『린 인(LEAN IN)』(와이즈베리, 2013), 23쪽.

19 셰릴 샌드버그, 안기순 옮김, 『린 인(LEAN IN)』(와이즈베리, 2013), 68쪽에서 재인용.

20 김보미, 「페이스북 2인자 샌드버그 "여성, 성공하려면 더 열정 가져요"」, 『경향신문』, 2013년 3월 13일.

21 양승룡, 「무역이득공유제는 정의다」, 『농민신문』, 2015년 1월 1일.

22 이기웅, 「상생과 통합의 '무역이득공유제'」, 『농민신문』, 2014년 11월 24일.

23 특별취재팀, 「번아웃된 한국 직장인…일에 치이고 보상은 쥐꼬리」, 『매경이코노미』 제1737호(2013년 12월 18 일~12월 24일자).

24 조성진, 「소비로 스트레스 극복…번아웃 쇼핑에 빠지다」, 『서울경제』, 2013년 6월 26일.

25 구경민, 「소녀시대 · 2NE1 · 샤넬 상표 '돈된다'…브로커 기승」, 『머니투데이』, 2014년 10월 6일.

26 김태훈, 「활개치는 상표 브로커…35명이 2만 건 선점」, 『한국경제』, 2014년 11월 19일.

27 엄성원, 「"용어 뜨면 무조건 상표 등록", 전문 브로커의 상표 '작업'」, 『머니투데이』, 2014년 11월 12일.

28 「주목되는 청년 노동자들의 '블랙 기업 운동'」, 『경향신문』, 2014년 11월 9일.

29 서의동, 「블랙 기업(ブラック企業)」, 『경향신문』, 2013년 1월 11일.

30 최우리 · 박기용, 「전태일 몸 사른 지 44년…"인간 대접" 노동 현장 절규는 여전」, 『한겨레』, 2014년 11월 9일.

31 조기원, 「미래 손실까지 회계장부 반영해 '실적 악화' 노출 새 CEO, 전임 경영진에 실적부진 떠넘길 때 사용」, 『한겨레』, 2014년 1월 12일.

32 박원익, 「새로 오신 대표이사님 '목욕(빅 배스 · Big Bath)' 한번 세게 하시네요」, 『조선일보』, 2014년 1월 14일.

33 김경민, 「"CEO 교체기 손실 털자" 5년 만에 '빅 배스' 재연?」, 『파이낸셜뉴스』, 2014년 1월 7일.

34 조기원, 「미래 손실까지 회계장부 반영해 '실적 악화' 노출 새 CEO, 전임 경영진에 실적부진 떠넘길 때 사용」, 『한겨레』, 2014년 1월 12일.

35 박원익, 「새로 오신 대표이사님 '목욕(빅 배스 · Big Bath)' 한번 세게 하시네요」, 『조선일보』, 2014년 1월 14일.

36 「오바마 "살찐 고양이들" 월가 금융계 인사들 비난」, 『헤럴드경제』, 2010년 3월 29일.

37 최희진, 「스위스 'CEO 연봉 규제' 국민투표 통과」, 『경향신문』, 2013년 3월 3일.

38 한희라, 「EU 은행원 보너스 상한제…美 성과급 지급제한 · 환수…'배부른 자본가' 오명 씻기」, 『헤럴드경제』, 2013년 12월 13일.

39 강승연, 「수익 늘었는데 임금 감축… '살찐 고양이' 글로벌IB의 반성?」, 『헤럴드경제』, 2013년 12월 3일.

40 송병승, 「EU, 경영진 보수 주주결정제 연말까지 도입 계획」, 『연합뉴스』, 2013년 3월 5일.

41 천예선, 「"살찐 고양이는 싫다지만…" 연봉은 1달러, 주식 · 배당은 兆 단위」, 『헤럴드경제』, 2013년 12월13일.

42 조민서, 「잡스도 손정의도 콕 찍어 말한 그것… '사장의 인문학'」, 『아시아경제』, 2013년 7월 22일.

43 정세현, 「인류 역사의 4번째 '애플' 모든 제품에 스며든 '인간에 대한 이해'가 경쟁력」, 『세계일보』, 2011년 8월 25일.

44 홍상지, 「기술+인문학…창조적 융합이 시장 선도」, 『중앙일보』, 2013년 6월 26일.

45 박홍식, 「인문학으로 살아가기」, 『독서신문』, 2013년 11월 20일.

46 김종목, 「'아이폰 인문학'」, 『경향신문』, 2013년 8월 19일.

47 김종목, 「'아이폰 인문학'」, 『경향신문』, 2013년 8월 19일.

48 박종성, 「사장님, 여기서 이러시면 안됩니다」, 『경향신문』, 2015년 1월 14일.

49 정정훈, 「'인턴'이라는 낚싯바늘」, 『한겨레』, 2015년 1월 13일.

50 김양진, 「해외시장 상장 · 외국 기업 M&A 겨냥 2,000억 원 펀드 조성」, 『서울신문』, 2014년 2월 26일.

51 조기원, 「'한국형 요즈마 펀드'로 국외 진출 벤처 육성 코스닥 활성화 위해 코스피와 분리 검토도」, 『한겨레』, 2014년 2월 25일.

52 서은영, 「요즈마 펀드 언제까지 우려먹나」, 『서울경제』, 2014년 2월 23일.

53 나주석, 「마리사 메이어 야후 CEO와 유리절벽」, 『아시아경제』, 2012년 7월 19일.

54 황희경, 「또다른 여성 성차별 −유리절벽」, 『연합뉴스』, 2004년 9월 7일.

55 김영화, 「구글 출신 메이어, 추락하는 야후 구원투수 될까」, 『헤럴드경제』, 2012년 7월 17일.

56 나주석, 「마리사 메이어 야후 CEO와 유리절벽」, 『아시아경제』, 2012년 7월 19일.

57 브래드 스톤, 야나 마키에이라 옮김, 『아마존, 세상의 모든 것을 판다』(21세기북스, 2014), 290쪽.

58 안현실, 「안현실의 산업정책 읽기: 공허한 성장동력 타령」, 『한국경제』, 2014SIS 2월 21일.

59 켄 올레타, 김우열 옮김, 『구글드: 우리가 알던 세상의 종말』(2010), 28쪽.

60 브래드 스톤, 야나 마키에이라 옮김, 『아마존, 세상의 모든 것을 판다』(21세기북스, 2014), 290쪽.

61 백종민, 「신문, 아직도 대중매체?」, 『아시아경제』, 2014년 1월 7일.

62 김병철, 「니코 멜레 "네이티브 광고? 광고는 생각도 하지 마라"」, 『미디어오늘』, 2014년 5월 22일.

63 리처드 L. 브랜트, 안진환 옮김, 『원클릭』(자음과모음, 2011/2012), 187쪽.

64 유상호, 「정말 색으로 몸과 마음을 치료할 수 있을까?…컬러 테라피의 세계」, 『한국일보』, 2014년 1월 2일.

65 이미나, 「조상들은 '컬러 테라피'를 알고 있었다」, 『경향신문』, 2012년 12월 27일.

66 유아정, 「불황기에는 컬러 테라피가 유행」, 『일간스포츠』, 2013년 8월 6일.

67 「크림 스키밍」, 『디지털타임스』, 2011년 5월 18일.

68 강주형, 「유승민 "철도 사태 청와대가 잘못한 것", 정몽준 "정치 실종에 집권당 의원으로 자괴"」, 『한국일보』, 2013년 12월 29일.

69 박문규, 「단맛 골라 먹기」, 『경향신문』, 2014년 1월 3일.

70 박병률, 「외국 주재 한국대사관의 '단맛 골라 먹기'」, 『주간경향』, 2014년 1월 29일.

71 강병철, 「돈 되는 T커머스…독 오른 홈쇼핑: 원하는 제품 골라 방송 보고 구매…IPTV 가입자 1,000만 명 눈앞 '쑥쑥'」, 『서울신문』, 2013년 11월 29일.

72 김승규, 「T커머스 승인 9년…이제야 주목 받는 이유는」, 『전자신문』, 2014년 1월 23일.

73 강병철, 「돈 되는 T커머스…독 오른 홈쇼핑: 원하는 제품 골라 방송 보고 구매…IPTV 가입자 1,000만 명 눈앞 '쑥쑥'」, 『서울신문』, 2013년 11월 29일.

74 정미나, 「IT 거인의 방송 시장 진출, 목적은 'T커머스'」, 『전자신문』, 2014년 1월 27일.

75 곽인찬, 「피케티 모르면 간첩?」, 『파이낸셜뉴스』, 2014년 5월 22일.

76 폴 크루그먼, 전수지 정리, 「세슘 자본주의의 엄습」, 『중앙선데이』, 제368호(2014년 3월 30일).

77 이정훈, 「'피케티 신드롬'의 이면」, 『이데일리』, 2014년 5월 20일.

78 강승연, 「중산층 몰락에 '마르크스' 부활? 佛 불평등 경제학자 피케티 인기」, 『헤럴드경제』, 2014년 4월 18일.

79 노영훈, 「"부유세로 불평등 해소" 피케티의 혁명 들불처럼」, 『한국일보』, 2014년 5월 26일.

80 이종혁, 「미국 사로잡은 '신자본론' "부유세 더 늘려 부 재분배 해라"」, 『서울경제』, 2014년 4월 22일.

81 이유진, 「피케티 '부의 소수 집중 논증'에 '큰 발견'」, 『한겨레』, 2014년 5월 8일.

82 임일섭, 「핀테크가 금융 산업의 성장을 선도할 수 있을까」, 『한겨레』, 2015년 3월 22일.

83 임정욱, 「銀行 안 거치고 대출·송금…금융업 뿌리 흔드는 '핀테크 벤처'」, 『조선일보』, 2014년 11월 15일.

84 안정락, 「대만·싱가포르 '핀테크'도 상륙…모바일 결제 '한국은 없다'」, 『한국경제』, 2014년 12월 10일.

85 임지선, 「'핀테크'가 뭔가요」, 『경향신문』, 2015년 2월 8일.

86 방준호, 「'핀테크' 말은 무성한데…알맹이는 '글쎄'」, 『한겨레』, 2015년 2월 10일.

87 이석주, 「'핀테크 활성화 위해 금산분리 폐지해야'」, 『국제신문』, 2015년 2월 22일.

88 임지선, 「'핀테크'가 뭔가요」, 『경향신문』, 2015년 2월 8일.

89 김학재, 「핀테크 막는 키워드 '개인정보보호-금산분리' 사회적 합의 필요」, 『파이낸셜뉴스』, 2015년 1월 20일.

90 특별취재팀, 「保安사고 트라우마…핀테크 성공 열쇠는 '정보 보호'」, 『동아일보』, 2014년 11월 12일; 조현숙·박유미, 「은행들 핀테크 경쟁…모바일 넘어 '웨어러블 뱅킹'」, 『중앙일보』, 2014년 12월 29일.

91 임일섭, 「핀테크가 금융 산업의 성장을 선도할 수 있을까」, 『한겨레』, 2015년 3월 22일.

92 김창우, 「소니·디즈니·제니스…'후계자 리스크' 극복 못해 퇴보 혁신적 창업자 떠난 기업들의 운명은」, 『중앙선데이』, 제239호(2011년 10월 9일); 이경주, 「잡스, 후계자 양성엔 실패했다 삼성경제硏 "한국 기업도 승계 계획 준비해야"」, 『서울신문』, 2011년 10월 28일.

93 김성수, 「잡스 이후는?…'후계자 리스크'에 몰락할수도」, 『매일경제』, 2011년 10월 6일.

94 「조현아 사건의 본질은 '후계자 리스크'」, 『파이낸셜뉴스』, 2014년 12월 12일; 특별취재팀, 「재계의 슈퍼 갑질, 커지는 후계자 리스크」, 『헤럴드경제』, 2014년 12월 19일.

6_ Marketing Section

1 제윤경, 「낭비벽 없는 아내, 유독 냉장고 집착…3대 모두 가득가득」, 『한겨레』, 2014년 12월 30일.

2 김현주, 「"소비자와 通하였느냐?"」, 『세계일보』, 2014년 12월 2일.

3 오윤희, 「몰링하러 몰린다」, 『조선일보』, 2012년 11월 15일.

4 김효진, 「'나를 위한 연말 선물' 새 소비문화 뚜렷」, 『한겨레』, 2014년 12월 15일.

5   최지영, 「브랜드들의 이유 있는 셀럽 콜래보레이션」, 『OSEN』, 2012년 11월 28일.

6   서윤경, 「라벨에 응원메시지·고객 이름 부르고…감성 마케팅 눈에 띄네」, 『국민일보』, 2014년 1월 7일.

7   네이버 지식백과, 「obsolescence」(『교양영어사전1』, 2012년 10월 22일, 인물과사상사)

8   강준만, 「GM에 좋은 것은 미국에도 좋은 것인가?: 앨프리드 슬론의 'GM 제국'」, 『미국은 세계를 어떻게 훔쳤나』(인물과사상, 2013), 130~131쪽.

9   이향휘, 「스타킹·전구…자주 사게 하려고 수명 줄였다」, 『매일경제』, 2014년 4월 18일.

10 도재기, 「휴대전화의 수명은 왜 2~3년밖에 안될까」, 『경향신문』, 2014년 4월 18일; 임종업, 「'계획적 진부화' 자본주의의 체계적 사기 행각」, 『한겨레』, 2014년 4월 20일.

11 허원순, 「공포 마케팅 뒤엔…」, 『한국경제』, 2013년 5월 7일.

12 안석배, 「학원들의 '공포 마케팅'」, 『조선일보』, 2013년 6월 18일.

13 범상규, 「선택해도 후회, 선택하지 못해도 후회!! 후회의 심리학」, 네이버캐스트, 2012년 12월 14일.

14 김희진, 「착한 소비가 뜬다…유통 업체, 불황에도 기부 마케팅」, 『이투데이』, 2013년 2월 13일.

15 박미영, 「구매도 하고 기부도 하고…e쇼핑 '착한 마케팅' 바람」, 『디지털타임스』, 2014년 12월 29일.

16 박학용, 「기부의 進化」, 『문화일보』, 2014년 12월 26일.

17 「저널리즘 새 수익원 '네이티브 광고' 포럼 열린다」, 『한국일보』, 2014년 6월 26일.

18 심재석, 「모바일 광고, 배너 시대는 끝났다」, 『디지털데일리』, 2014년 5월 8일.

19 황지혜, 「'콘텐츠 일부인듯…' 네이티브 광고 주목」, 『매일경제』, 2014년 5월 13일.

20 이성규, 「'네이티브 광고' 딜레마에 빠진 '뉴욕타임스'」, 『블로터닷넷』, 2014년 9월 30일.

21 이성규, 「'네이티브 광고' 딜레마에 빠진 '뉴욕타임스'」, 『블로터닷넷』, 2014년 9월 30일.

22 이정환, 「저널리즘과 광고의 칸막이, 무너져도 괜찮을까」, 『미디어오늘』, 2015년 1월 21일.

23 이성규, 「'네이티브 광고' 딜레마에 빠진 '뉴욕타임스'」, 『블로터닷넷』, 2014년 9월 30일.

24 김병철, 「니코 멜레 '네이티브 광고? 광고는 생각도 하지 마라'」, 『미디어오늘』, 2014년 5월 22일.

25 박성원, 「정치의 뉴로 마케팅」, 『동아일보』, 2014년 1월 11일.

26 장진원, 「지갑 열게 하는 뇌 스위치를 찾아라」, 『한국경제』, 2014년 11월 14일.

27 전준범, 「소비자 뇌 현혹하는 '뉴로 마케팅'…거울 위치만 바꿔도 지갑이 활짝」, 『동아일보』, 2014년 1월 10일.

28 이재구, 「'구글 글래스가 뇌 스캔…생각 읽어내 광고'」, 『지디넷코리아』, 2014년 5월 22일.

29 백승찬, 「색깔 있고 독특한 취향의 '자기표현'…독립 출판의 부흥」, 『경향신문』, 2013년 11월 1일.

30 김윤덕, 「내용은 소소, 출판사는 웃소」, 『조선일보』, 2014년 2월 20일.

31 백승찬, 「색깔 있고 독특한 취향의 '자기표현'…독립 출판의 부흥」, 『경향신문』, 2013년 11월 1일.

32 송금한, 「동물·술 전문 '오덕' 출판사들 "우린 한우물만 판다"」, 『동아일보』, 2013년 4월 8일.

33 「데카르트 마케팅(Techart Marketing)」, 『국민일보』, 2012년 6월 17일.

34 박순찬, 「기술과 예술(Tech+Art)의 결합…진화하는 데카르트 마케팅」, 『조선일보』, 2012년 4월 30일.

35 모신정, 「기술과 예술의 만남, 진화하는 '데카르트' 마케팅 뜬다」, 『한국일보』, 2014년 1월 27일.

36 이상우, 「기술에 예술을 더하다, 데카르트 마케팅」, 『동아일보』, 2014년 1월 28일.

37 이윤진, 「아날로그 추억에 열리는 지갑」, 『주간동아』, 871호(2013년 1월 14일).

38 조옥희, 「한국은 왜 '복고 마케팅'에 열광하나」, 『주간한국』, 2015년 1월 20일.

39 김병희, 「과거를 빌려 현재를 파는 레트로 마케팅」, 『cheil』, 2014년 4월호, 4쪽.

40 하경헌, 「할리우드 영화 대세된 '리부트'를 아시나요?」, 『스포츠경향』, 2014년 4월 2일.

41 김도연, 「할리우드는 지금 '리부트'가 대세 '스타트렉 다크니스' '맨 오브 스틸'」, 『문화일보』, 2013년 5월 9일.

42 오태식, 「골프 용품도 '리부트' 바람」, 『매일경제』, 2015년 1월 8일.

43 임광복, 「"온라인 리타깃팅 광고 시장 2015년 1,000억"」, 『파이낸셜뉴스』, 2013년 6월 25일.

44 고상민, 「'족집게' 리타게팅 광고를 아시나요?」, 『연합뉴스』, 2014년 10월 26일.

45 유효정, 「트위터, 웹 사용 이력 '타깃 광고' 시작」, 『전자신문』, 2013년 12월 6일.

46 장진원, 「비접촉식 결제 '비콘', 유통 혁명 부르나」, 『한국경제』, 2014년 12월 9일.

47 김혜민, 「더 가까워진 사물인터넷 '비콘'을 아십니까」, 『파이낸셜뉴스』, 2014년 7월 30일.

48 황지혜, 「저무는 'NFC' 뜨는 '비콘' 위치 기반 통신으로 경기장 좌석 찾고 편하게 쇼핑」, 『매일경제』, 2014년 5월 1일.

49 김정기, 「비콘(beacon)을 아시나요?」, SBS, 2014년 10월 29일; 김준엽, 「카페 지나쳤을 뿐인데…"음료 할인 쿠폰 왔습니다, 딩동"」, 『국민일보』, 2014년 8월 6일.

50 고승연, 「쇼퍼 마케팅 성패, 3초 안에 결판난다」, 『매일경제』, 2012년 6월 1일.

51 박인혜, 「아직도 소비자 마케팅? '쇼퍼'를 타깃하라」, 『매일경제』, 2013년 8월 16일.

52 최인아, 「이케아 매장의 미로 찾기」, 『중앙일보』, 2012년 5월 18일.

53 심희정·안현덕, 「진화하는 편의점 간편식」, 『서울경제』, 2013년 10월 18일.

54 고은경, 「인스턴트는 옛말…간편식, 기내식까지 진출」, 『한국일보』, 2013년 10월 2일.

55 김준엽, 「키즈업계 "고마워, 골드 앤트·식스 포켓"…불황 모르는 어린이 용품 산업」, 『국민일보』, 2012년 10월 4일.

56 이윤구, 「식스 포켓(Six Pocket)」, 『연합인포맥스』, 2013년 5월 13일.

57 고은경, 「온라인서 고르고 매장서 구매…역쇼루밍족 뜬다」, 『한국일보』, 2013년 12월 11일.

58 전수민, 「인터넷서 제품 검색 오프라인 매장서 구매…'역 쇼루밍'族 늘어난다」, 『국민일보』, 2013년 9월 23일.

59 문재승, 「O2O, 유행 아닌 대세가 되기 위한 조건」, 『지디넷코리아』, 2014년 7월 14일.

60 조양준, 「"고객 생활 패턴 읽어라"…O2O 마케팅 뜬다」, 『서울경제』, 2014년 11월 4일.

61 이초희, 「O2O 출현에 급변하는 모바일 결제 시장…구글·아마존의 파괴력은」, 『아시아경제』, 2014년 12월 3일.

62 이재현, 「옴니채널(omni-channel)」, 『연합인포맥스』, 2014년 12월 12일.

63 심화영, 「옴니채널: 온·오프 쇼핑 유기적 결합…차세대 유통 부상」, 『디지털타임스』, 2014년 10월 13일.

64 조민서, 「내년 모바일 트렌드는?…옴니채널, 그리고 전자지갑」, 『아시아경제』, 2014년 11월 18일.

65 이나영, 「옴니채널, 해외 활용 사례 살펴보니…」, 『뉴스웨이』, 2014년 7월 15일.

66 셜리 위-추이, 「유통의 미래, 옴니채널에 달렸다」, 『중앙일보』, 2014년 11월 25일.

67 김소연, 「롯데百, "나를 위한 작은 사치…셀프 기프팅族 늘어난다"」, 『아시아경제』, 2014년 12월 15일.

68 안소연, 「화려한 싱글 소비는 Self. On-line. Low-price. One-stop…'나홀로족' 더 폼나게 산다」, 『포커스신문사』, 2013년 10월 18일.

69 이관범, 「열심히 산 자신에게 賞을…불황에 '자기 보상 소비' 뜬다」, 『문화일보』, 2013년 12월 2일.

70 김효진, 「'나를 위한 연말 선물' 새 소비문화 뚜렷」, 『한겨레』, 2014년 12월 15일.

71 김현상, 「불황의 경제학」, 『서울경제』, 2014년 5월 30일.

72 문수아, 「건설업계도 '컴플레인 마케팅' 바람」, 『건설경제』, 2013년 5월 20일.

73 이혜운, 「까다로운 '상무님' 王처럼 모셔라…컴플레인 마케팅(complain marketing·고객 불만을 해결하고 활용하는 마케팅) 활발」, 『조선일보』, 2013년 5월 20일.

74 「SNS 애용하는 한국인, 2명 중 1명 불만 쏟아내」, 『매일경제』, 2014년5월 14일.

75 데이브 커펜, 장세현 옮김, 김국현 감수, 『좋아요! 소셜 미디어: 소셜 미디어 시대에 환영받는 브랜드의 비밀』(레인메이커, 2012), 119, 129쪽.

76 황치규, 「모바일앱 기반 디지털 콘텐츠 마케팅 확산」, 『지디넷코리아』, 2014년 10월 7일.

77 김영주, 「허니버터칩과 '땅콩 부사장'」, 『한겨레』, 2014년 12월 10일.

78 최호준, 「'콘텐츠 마케팅'으로 똑똑한 고객을 설득하는 기업들」, 『뉴스토마토』, 2014년 10월 12일.

79 이유미, 「"전환기 맞은 온라인 광고, 콘텐츠 마케팅 필요"」, 『이데일리』, 2014년 10월 11일.

80 손현철, 「소비자와 직접 만나는 기업들: TV 유료 광고 감소의 법칙」, 『피디저널』, 2014년 8월 3일.

81 황보연, 「돈 되는 포장」, 『한겨레』, 2014년 2월 20일.

82 권기석, 「패키징 산업이 뜬다…상품 가치 높이는 포장 기술 속속 개발」, 『국민일보』, 2014년 2월 21일.

83 「IT 기업, 포장재에 '친환경 마케팅'」, 『조선일보』, 2014년 3월 6일.

84 켄 시걸, 김광수 옮김, 『미친듯이 심플』(문학동네, 2014), 303~304쪽.

85 구가인, 「'펫 네임' 아파트 이미지를 결정한다」, 『동아일보』, 2011년 9월 30일; 김두탁, 「갈수록 길어지는 '아파트 이름'… '펫네임' 마케팅 활용 영향」, 『메트로신문』, 2014년 12월 18일.

86 전태원, 「우리 아파트에 이런 뜻이?…단지 이름에 숨은 아파트 DNA」, 『조선일보』, 2013년 11월 5일.

87 박준규, 「더 길고, 복잡하게…아파트 이름은 진화 中」, 『헤럴드경제』, 2014년 12월 19일.

88 정선미, 「'3개월만 팝니다'..이통사 임시 상품 남발로 소비자만 골탕」, 『조선일보』, 2013년 5월 2일.

89 손정희, 「볼펜·콜라·게임까지 '한정판 신드롬'…희소가치 믿을 수 있나?」, 『한국경제』, 2014년 3월 7일.

90 신호경, 김아람, 「'한정판' 열풍…삼둥이 달력 등 값 10배까지 치솟아」, 『연합뉴스』, 2015년 1월 18일.

91 김광현, 『기호인가 기만인가: 한국 대중문화의 가면』(열린책들, 2000), 217쪽; 김헌식, 『K팝 컬처의 심리』(북코리아, 2012), 93쪽; 황선아, 「상상덩어리 위트 패션의 힘」, 『동아일보』, 2013년 7월 4일.

92 김진아, 「한정판 발매…"웃돈 주고도 못 사요"」, 『서울신문』, 2015년 1월 16일.

7_ Society Section

1 김은희, 「기아바이와 유통 업체, 그들의 긴밀한 관계: '지하철 잡상인' 파는 물건, 어디서 오나 했더니」, 『오마이뉴스』, 2013년 3월 5일.

2 박윤아, 「지하철 '잡상인'은 꼭 근절돼야 할까」, 『경향신문』, 2012년 2월 20일.

3 최연진·유소연, 「승객 고개 숙이고 스마트폰에만 집중…지하철 광고·잡상인·걸인 확 줄었네」, 『조선일보』, 2013년 7월 6일.

4 이광호, 「요지경 세태) 삐뚤어진 웨딩문화 실태」, 『일요시사』, 2013년 10월 14일.

5 유인경, 「명품에 쏟는 '꾸밈비' 실속 결혼과는 멀어」, 『경향신문』, 2011년 9월 19일.

6 한윤조, 「'노블리스 말라드'…있는 사람들이 더하네」, 『매일신문』, 2008년 3월 7일.

7 김학순, 「소수뿐인 한국 노블레스 오블리주」, 『경향신문』, 2010년 1월 22일.

8 송정복, 「우리가 가야할 길」, 『울산매일』, 2013년 12월 23일.

9 김상홍, 「'노블레스 말라드'와 다산 정약용」, 『교수신문』, 2013년 4월 8일.

10 강희경, 「일코 용어 사전」, 『한국일보』, 2014년 7월 29일.

11 최진실, 「덕후 용어 사전, 들어는 보셨나요?」, 텐아시아, 2014년 8월 7일.

12 중림동새우젓, 「'오빠들'은 계속 태어난다」, 「시사인」, 356호(2014년 7월 16일).

13 박인하, 「오덕찬가」, 「경향신문」, 2014년 3월 16일.

14 구가인, 「백조가 된 '미운 오리 새끼'…연기돌과 모델테이너가 뜬다」, 「동아일보」, 2014년 9월 25일.

15 장영엽 · 정지혜, 「너희들은 모델테이너에 포위됐다」, 「씨네21」, 2014년 8월 19일.

16 구가인, 「백조가 된 '미운 오리 새끼'…연기돌과 모델테이너가 뜬다」, 「동아일보」, 2014년 9월 25일.

17 온라인뉴스팀, 「서울문예전문학교 모델학과. 연기, 보컬까지 능숙한 모델테이너 양성」, 「전자신문」, 2014년 12월 1일.

18 설진아, 「소셜 미디어와 사회 변동」(커뮤니케이션북스, 2011), 238쪽.

19 서지혜, 「스마트폰에 24시간 빠져사는 당신은 OO족?」, 「헤럴드경제」, 2013년 3월 8일.

20 남원상, 「블로그에 내 얘기만…당신도 미포머족?」, 「동아일보」, 2009년 10월 12일.

21 김태형, 「미포머족」, 「한국일보」, 2011년 4월 5일.

22 류인하 · 주영재, 「이용자 위치 정보 노출 '앱' 인기 "나를 알리고픈 미포머족 성향"」, 「경향신문」, 2011년 5월 2일.

23 한우신 · 권기범, 「소비자가 바이어로…해외직구로 뜨는 '바이슈머'」, 「동아일보」, 2014년 3월 21일.

24 장정훈 · 박미소, 「가격표 앞에 애국심 없다 …해외직구 올 들어 2조 원」, 「중앙일보」, 2014년 12월 1일.

25 민동훈 · 권다희, 「제값 다 주고 사면 "호갱", "똑똑한 직구족 못 말려"」, 「머니투데이」, 2014년 10월 17일.

26 진경호, 「빵 셔틀」, 「서울신문」, 2009년 9월 28일.

27 곽도영, 「요즘 교실은 '데이터 셔틀'」, 「동아일보」, 2013년 10월 29일.

28 「교실 내 존재하는 계급…계급 이동은 중세 까다로워」, 「CBS노컷뉴스」, 2012년 1월 10일.

29 윤희상, 「학교 폭력 신 유형 '빵 셔틀', "왠지 씁쓸~하구만"」, 「미디어스」, 2010년 1월 18일.

30 김도훈, 「홈스 부활하다」, 「씨네21」, 2012년 1월 19일.

31 유선희, 「1934년 미국서 첫 모임…루스벨트도 '광팬'」, 「한겨레」, 2014년 2월 13일.

32 이훈성, 「10년 만에 다시 온 추리의 달인…홈즈 전집 출간」, 「한국일보」, 2012년 3월 2일.

33 이고운, 「"셜록 홈즈는 르네상스 맨이었다"」, 「헤럴드경제」, 2010년 4월 4일.

34 김주영 · 이유진, 「정보 찾을수록 · 사람 모을수록 싸요…'세일 헌터' 김 모 씨의 하루」, 「매일경제」, 2013년 11월 25일.

35 오정민, 「경기 불황 속 '스마트 쇼퍼' 족이 뜬다…할인 행사마다 구름 인파」, 「한국경제」, 2013년 11월 22일.

36 김주영 · 이유진, 「18시간 줄 서서 '득템' · 인터넷 해외직구…찜한 것만 산다」, 「매일경제」, 2013년 11월 25일.

37 김주영 · 이유진, 「웬만해선 지갑 안 열리는…'세일도 파격'」, 「매일경제」, 2013년 11월 25일.

38 최현미, 「그대 이름은 'Heart Stealer' 주연보다 빛난 조연들」, 「문화일보」, 2013년 12월 30일.

39 오진희, 「예능에 부는 새로운 '신 스틸러'…스포츠 스타에서 촬영 스태프까지」, 「유니온프레스」, 2014년 2월 3일.

40 이승미, 「영화에만 신 스틸러 있나?…예능에도 신 스틸러 있다」, 「일간스포츠」, 2014년 4월 8일.

41 지그문트 바우만, 조은평 · 강지은 옮김, 「고독을 잃어버린 시간」(동녘, 2012), 119~120쪽.

42 백혜진, 「초등학생이 화장을?…10대 고객에 중저가 브랜드숍만 싱글벙글」, 「매일경제」, 2013년 8월 19일; 김현주, 「"딸애가 벌써부터 화장한대요"」, 「세계일보」, 2014년 12월 25일.

43 신진우 · 김담덕, 「10만 원 훌쩍 넘는 화장품 여중고생들에 유행…新등골 브레이커로」, 「동아일보」, 2013년 1월 31일.

44 이혜인, 「방송 '화장 놀이' 성장기 아이들에겐 위험하다」, 『경향신문』, 2014년 5월 1일.

45 구가인, 「'연예인 화가' 미술 시장에 새 바람」, 『동아일보』, 2013년 9월 28일.

46 이향휘, 「예술의 경계 허무는 아트테이너 조영남·강석우·최백호·하정우·구혜선…」, 『매일경제』, 2013년 1월 22일.

47 오상도, 「이들이 그리면 완판… '아트테이너' 전성시대」, 『서울신문』, 2014년 3월 11일; 이향휘, 「예술의 경계 허무는 아트테이너 조영남·강석우·최백호·하정우·구혜선…」, 『매일경제』, 2013년 1월 22일.

48 구가인, 「'연예인 화가' 미술 시장에 새 바람」, 『동아일보』, 2013년 9월 28일.

49 오상도, 「이들이 그리면 완판… '아트테이너' 전성시대」, 『서울신문』, 2014년 3월 11일.

50 염희진, 「실속 만점 '애교 예단'…3만~50만 원 세트 인기」, 『동아일보』, 2012년 9월 10일.

51 조아름, 「애교 예단…유행에 멍드는 신부들」, 『한국일보』, 2013년 9월 25일.

52 장슬기, 「"에이즈 환자, 병원 치료도 차별받는다"」, 『미디어오늘』, 2014년 12월 24일.

53 박수지, 「"한국 에이즈 감염자 차별 심각…반기문 총장 만나 알리겠다"」, 『한겨레』, 2014년 10월 24일.

54 장슬기, 「"에이즈 환자, 병원 치료도 차별받는다"」, 『미디어오늘』, 2014년 12월 24일.

55 박수지, 「"한국 에이즈 감염자 차별 심각…반기문 총장 만나 알리겠다"」, 『한겨레』, 2014년 10월 24일.

56 이용권, 「HIV 감염자, 사회적 낙인에 자살 위험성」, 『문화일보』, 2014년 12월 1일.

57 안준헌, 「에코 세대의 슬픔」, 『강원도민일보』, 2013년 3월 29일.

58 신호경, 「1979~92년생 '에코 세대' 자살률 10년 새 5배」, 『연합뉴스』, 2013년 5월 7일.

59 임상연·지영호, 「1,000만 '에코부머' 몰려온다…전세난 고착화 우려」, 『머니투데이』, 2013년 10월 31일.

60 이원태, 「소셜 미디어에서 온라인 정치 담론의 가능성과 한계」, 『소셜네트워크와 정치 변동』(한울아카데미, 2012), 303쪽.

61 주종국, 「"이제 인터넷은 TV의 친구" NYT」, 『연합뉴스』, 2010년 2월 25일.

62 이원태, 「소셜 미디어에서 온라인 정치 담론의 가능성과 한계」, 『소셜네트워크와 정치 변동』(한울아카데미, 2012), 305쪽.

63 김은미·이동후·임영호·정일권, 「일상 문화로서의 소셜 미디어」, 『SNS혁명의 신화와 실제』(나남, 2011), 210~211쪽.

64 김은미·이동후·임영호·정일권, 「일상 문화로서의 소셜 미디어」, 『SNS혁명의 신화와 실제』(나남, 2011), 212~213쪽.

65 김수정, 「'속보'는 널렸다, 이젠 '오피니언'이 뉴스다」, 『한겨레』, 2010년 5월 14일.

66 전승훈, 「커피 전문점의 사회학」, 『동아일보』, 2012년 7월 10일.

67 김윤경, 「코피스족 위한 최고 '스마트 카페'는?」, 『뉴스핌』, 2013년 1월 23일.

68 강지연, 「스타벅스 먹여 살리는 '코피스족'의 정체는?」, 『한국경제』, 2011년 8월 7일.

69 「갤럭시 노트 탑재한 스마트테이블 터치탁, 커피 마시며 태블릿 보는 휴식 공간」, 『경제풍월』, 2013년 12월 30일.

70 김관진, 「"죽치는 스터디족 어찌하오리까" 울상 짓는 동네 카페들」, 『한국일보』, 2014년 1월 7일.

71 김슬기, 「힐링 잡지 킨포크 한국에 상륙」, 『매일경제』, 2014년 5월 15일.

72 송혜진, 「2030 싱글族…'같이 밥 먹자' 열풍」, 『조선일보』, 2014년 7월 2일.

73 김민아, 「타이거 맘」, 『경향신문』, 2013년 4월 8일.

74 이순녀, 「타이거 맘 자녀 '고양이' 된다? 자존감 적고 불안감 높아 美 '안티 타이거 맘' 확산」, 『서울신문』, 2012년 1월 19일.

75 김현수, 「바이올리니스트 바네사 메이 "난 타이거 맘의 희생양"」, 『한국일보』, 2014년 4월 20일.

76 김세진, 「가혹 일변도 '타이거 맘' 아시아계 성공 공식 아니다」, 『연합뉴스』, 2014년 4월 8일.

77 이호기, 「아이비리그 낙방 美여고생 풍자 기고문에 찬반 논란」, 『머니투데이』, 2013년 4월 6일.

78 양모듬, 「中 '타이거 맘(자녀를 엄격히 관리하는 엄마)' 사로잡기 나선 호주 대학들」, 『조선일보』, 2013년 10월 15일.

79 김영미, 「"웃지 마라, 동물처럼 절규하라"」, 『시사인』, 제300호(2013년 6월 19일); 김환영, 「상반신 누드 시위로 주목 받는 여성단체 피멘(FEMEN)」, 『중앙일보』, 2013년 4월 27일.

80 김환영, 「상반신 누드 시위로 주목 받는 여성단체 피멘(FEMEN)」, 『중앙일보』, 2013년 4월 27일.

81 김영미, 「가슴과 억압을 풀어헤치는 여자들」, 『시사인』, 제300호(2013년 6월 19일).

82 김영미, 「웃지 마라, 동물처럼 절규하라」, 『시사인』, 제300호(2013년 6월 19일).

83 양선희, 「웃통까지 벗고 나선 그녀들이 외치는 것은」, 『중앙일보』, 2013년 5월 8일.

84 이혜운, 「'황혼육아族' 250만, 할빠(아빠 역할하는 할아버지)가 아동 용품 큰손 됐다」, 『조선일보』, 2014년 2월 24일.

85 이수민, 「유모차 끄는 조부모…육아 용품 큰손됐네. 맞벌이 부부 증가에 황혼육아↑」, 『서울경제』, 2014년 1월 19일.

86 김상기, 「美교포 정보 교환 사이트 유용…현명한 핫딜족 되기 위한 팁」, 『국민일보』, 2013년 1월 18일.

87 「최저가 아니면 안 산다! 당신도 핫딜족?」, 『아크로팬』, 2014년 12월 16일.

88 서진우, 「특정 시간 할인 좇는 '핫딜 노마드족' 뜬다」, 『매일경제』, 2014년 1월 12일.

89 강재형, 「밥약」, 『한겨레』, 2014년 4월 13일.

90 조건희, 「화장실서 혼자 밥 먹는 대학생들」, 『동아일보』, 2014년 3월 18일.

91 조건희, 「화장실서 혼자 밥 먹는 대학생들」, 『동아일보』, 2014년 3월 18일.

92 손예슬, 「'홈퍼니(Homepany)'를 아십니까」, 『이코노믹리뷰』, 2014년 1월 13일.

93 지연진, 「'맞벌이' 권하는 사회, '육아맘' 내치는 사회」, 『아시아경제』, 2014년 2월 11일.

94 「홈퍼니(Homepany)」, 『매경이코노미』, 제1589호(2011년 1월 12일).

8_ Life Section

1   「Gateway drug theory」, Wikipedia.

2   석현혜, 「대마초 논란, 어떻게 전개될까?」, 『조이뉴스24』, 2005년 3월 8일.

3   민태원, 「인터넷 게임 중독과 '게이트 드럭'」, 『국민일보』, 2013년 10월 13일.

4   배한철, 「초가삼간 태우는 국회 복지위」, 『매일경제』, 2013년 10월 21일.

5   김치중, 「요람부터 '스마트폰 중독'…'또다른 중독 부르는 약물'」, 『경향신문』, 2013년 7월 17일.

6   지그문트 바우만, 조은평·강지은 옮김, 『고독을 잃어버린 시간: 유동하는 근대 세계에 띄우는 편지』(동녘, 2012), 25쪽.

7   강건우, 「공개 선언 효과: 내 결심을 주변에 알리면 실천할 확률 높아져」, 『농민신문』, 2014년 1월 10일.

8   노승길, 「금연 성공하려면 주변에 알려라…공개 선언 효과의 힘」, 『아시아투데이』, 2014년 1월 10일.

9   임창덕, 「꿈을 시각화하자」, 『경기일보』, 2013년 11월 19일.

10 강준만, 「왜 정치인의 공약은 늘 공약이 되는가: 계획 오류」, 『우리는 왜 이렇게 사는 걸까?: 세상을 꿰뚫는

50가지 이론 2』(인물과사상사, 2014), 80쪽.

11 이계삼, 「세 모녀 자살과 기본 소득」, 『한겨레』, 2014년 3월 9일.

12 김종철, 「'기본 소득'이라는 희망」, 『경향신문』, 2014년 3월 5일.

13 안선희, "'모든 국민에게 기본 소득' 국내서도 행동 개시」, 『한겨레』, 2013년 10월 13일.

14 김종철, 「'기본 소득'이라는 희망」, 『경향신문』, 2014년 3월 5일.

15 황옥경, 「'교육권'과 동등한 아동기의 '놀 권리'」, 『경향신문』, 2014년 3월 16일.

16 유춘원, 「아이들의 행복 지킴이」, 『충북일보』, 2014년 10월 12일.

17 박수지, 「한국 어린이 절반 "놀 권리가 뭐예요?"」, 『한겨레』, 2014년 11월 19일.

18 황옥경, 「'교육권'과 동등한 아동기의 '놀 권리'」, 『경향신문』, 2014년 3월 16일.

19 존 휘트필드, 김수안 옮김, 『무엇이 우리의 관계를 조종하는가』(생각연구소, 2012), 110쪽에서 재인용.

20 임귀열, 「Between gossiping and humor(뒷담화와 유머의 차이)」, 『한국일보』, 2011년 6월 14일.

21 「'직장 상사 씹기'가 직장 뒷담화의 최우선순위」, 『세계일보』, 2012년 11월 20일.

22 조우상, 「사람들은 왜 '유명인 뒷담화'를 할까」, 『서울신문』, 2014년 8월 18일.

23 존 휘트필드, 김수안 옮김, 『무엇이 우리의 관계를 조종하는가』(생각연구소, 2012), 121쪽.

24 특별취재팀, 「99%를 위한 99%에 의한 구제…美 '빚 탕감 프로젝트'」, 『세계일보』, 2014년 1월 8일.

25 송경화, 「미국 '롤링 주빌리' 프로젝트는?」, 『한겨레』, 2014년 4월 2일.

26 백웅기, 「시사금융용어 롤링 주빌리(rolling jubilee)」, 『연합인포맥스』, 2014년 4월 30일.

27 김시연, 「7년 넘은 빚 10억 원 탕감…99%가 99명 살려」, 『오마이뉴스』, 2014년 7월 21일.

28 팔란티리 2020, 『우리는 마이크로 소사이어티로 간다』(웅진윙스, 2008), 36~37쪽.

29 조강욱, 「남녀 10명 중 7명 "'밀고 당기기' 해봤다"」, 『아시아경제』, 2010년 9월 20일.

30 강인희, 「왜 우린 연애할 때 '밀당'을 즐길까」, 『경향신문』, 2013년 11월 12일.

31 권혁웅, 「밀당」, 『씨네21』, 2014년 10월 17일.

32 서정민, 「20대가 감동한 '76년 동안의 사랑'」, 『한겨레』, 2014년 12월 10일.

33 「베이비 박스 문제 스웨덴정부에 맡길 참인가」, 『국민일보』, 2014년 3월 11일.

34 김봉수, 「아동 유기 조장 vs 생명권, 베이비 박스 '뜨거운 감자'」, 『아시아경제』, 2013년 12월 1일.

35 염영남, 「베이비 박스」, 『한국일보』, 2014년 1월 2일.

36 국기헌, 「빛 공해 민원 92% 2010년 이후 발생…수면 방해 최다」, 『연합뉴스』, 2014년 10월 23일.

37 임동욱, 「이불 속까지 파고든 '빛 공해'…PC보다 스마트폰이 더해」, 『머니투데이』, 2014년 6월 29일.

38 신호경, 「야간 조명 강한 지역에 유방암 환자 많다」, 『연합뉴스』, 2014년 5월 9일.

39 윤샘이나, 「'빛 공해' 막는다더니…지자체 조례 제정 뒷짐」, 『서울신문』, 2013년 11월 13일.

40 최종학, 「의사들의 'VIP 신드롬'」, 『데일리메디』, 2010년 9월 10일.

41 황해창, 「신해철 씨 죽음과 VIP 신드롬」, 『헤럴드경제』, 2014년 11월 4일.

42 윤세창, 「VIP 신드롬」, 『한국일보』, 2006년 6월 15일.

43 김수종, 「VIP 승객 신드롬」, 『내일신문』, 2010년 4월 15일.

44 이정현, 「'빵과 장미를' 서울 곳곳 세계 여성의 날 행사」, 『연합뉴스』, 2014년 3월 7일.

45 신동호, 「빵과 장미」, 『경향신문』, 2014년 3월 7일.

46 조한욱, 「빵과 장미」, 『한겨레』, 2013년 6월 5일.

47 황보람, 「근거 없는 '철새 탓' 무자비한 '살처분'…품격 잃은 AI 대응」, 『머니투데이』, 2014년 2월 6일.

48 박용하, 「"AI 감염 닭·오리는 121마리, 살처분은 2,500만 마리 홀로코스트"」, 『경향신문』, 2014년 2월 6일.

49 홍성헌, 「"멀쩡한 동물까지 묻어야 하나"…예방적 살처분 논란」, 『국민일보』, 2014년 2월 11일.

50 최훈진·유대근, 「지워지지 않는 '살처분의 기억'…PTSD 시달려 일상생활도 고통」, 『서울신문』, 2014년 2월 10일.

51 최훈진, 「끔찍한 가축 비명·발버둥…내 10년은 생지옥이었다」, 2014년 2월 10일.

52 오현택, 「해마다 계속되는 '색깔+띠' 속설: 청말띠 여자 팔자 더 세다?」, 『세계일보』, 2013년 12월 29일.

53 신동호, 「청마의 해」, 『경향신문』, 2013년 12월 31일.

54 진중언, 「초등 1학년 책가방이 동났다…황금돼지띠 特需」, 『조선일보』, 2014년 1월 21일.

55 오현택, 「해마다 계속되는 '색깔+띠' 속설: 청말띠 여자 팔자 더 세다?」, 『세계일보』, 2013년 12월 29일.

56 김성탁·김기환, 「황금돼지띠 효과 …"교실이 모자라요"」, 『중앙일보』, 2014년 1월 7일.

57 강인식, 「세월호 생존자도 구하라」, 『중앙일보』, 2014년 4월 21일.

58 한기흥, 「생존자의 아픔」, 『동아일보』, 2014년 4월 22일.

59 강현석, 「세월호서 살아남은 아이들 심리는 2차 대전 포로수용소 생존자와 비슷」, 『경향신문』, 2014년 8월 20일.

60 곽병찬, 「생태학적 발자국」, 『한겨레』, 2006년 9월 1일.

61 장 폴 페덱, 「지구의 유한한 자연 자본」, 『한국경제』, 2014년 10월 17일.

62 정유진, 「40년 동안 야생동물 절반으로 줄어」, 『경향신문』, 2014년 9월 30일.

63 윤성열, 「가요도 개그도 요즘 '썸'타요」, 『머니투데이』, 2014년 2월 20일.

64 김소연, 「'썸'이 뭐 길래, 노래도 개그도 썸이 대세」, 『CBS 노컷뉴스』, 2014년 2월 24일.

65 최현미, 「젊은 세대 썸타는 까닭…'위험한 사랑' 꺼리기 때문?」, 『문화일보』, 2014년 3월 24일.

66 박훈상, 「"우리는 '썸타는' 사이"」, 『동아일보』, 2014년 2월 26일.

67 김지현, 「연애, 마침내 '스펙'이 되다」, 『한겨레21』, 2014년 2월 28일.

68 박병률, 「월플라워: 소셜 믹스도 잘해야 사회 갈등 치유된다」, 『주간경향』, 제1033호(2013년 7월 9일).

69 홍인표, 「소셜 믹스」, 『경향신문』, 2012년 12월 17일.

70 한진주, 「임대民들 "소셜 믹스 싫다"」, 『아시아경제』, 2013년 11월 27일.

71 문주영, 「유치원, 그리고 소셜 믹스」, 『경향신문』, 2013년 12월 11일.

72 이원재, 「'소셜 픽션'이라는 화두」, 『한겨레』, 2013년 6월 18일.

73 김시연, 「로봇이 기사 쓰는 시대, 기자들은 모두 사라질까: 30년 뒤 어린이대공원에서 '로봇기자'까지…'소셜 픽션'의 발칙한 상상」, 『오마이뉴스』, 2014년 1월 9일.

74 이원재, 「소셜 같은 미래를 상상하라」, 『한겨레21』, 제987호(2013년 11월 25일).

75 정영무, 「소셜 픽션」, 『한겨레』, 2013년 11월 25일.

76 천경희, 「우리가 원하는 소셜 픽션을 꿈꾸자」, 『여성신문』, 2014년 1월 28일.

77 김은미·이동후·임영호·정일권, 「소셜 미디어를 통한 사회관계의 속성」, 『SNS혁명의 신화와 실제』(나남, 2011), 112~113쪽.

78 팔란티리 2020, 『우리는 마이크로 소사이어티로 간다』(웅진윙스, 2008), 45쪽)

79 김현섭, 「때리는 것보다 더 잔인한 동물 학대…'과잉사육' 처벌해야」, 『국민일보』, 2014년 8월 5일.

80 윤형중, 「화장실까지 개로 꽉 찬 집…서로 싸우다 죽기도」, 『한겨레』, 2014년 7월 20일.

81 우석훈, 「에코웨딩과 마을 결혼식」, 『경향신문』, 2014년 1월 9일.

82 이나영, 「대지를 위한 바느질, 드레스·부케·음식 등 친환경」, 『머니투데이』, 2013년 1월 6일.

83 정은나리, 「토크쇼부터 리얼리티까지…'정치인 예능' 왜 뜨나」, 『세계일보』, 2013년 11월 14일.

84 박홍규, 「'예능' 없는 나라」, 『경향신문』, 2013년 9월 30일.

85 김슬기, 「KBS미디어인사이드, "방송계 '예능 만능주의' 경계해야"」, 『초이스뉴스』, 2014년 4월 7일.

86 이종혁, 「예능화 사회의 부작용」, 『한국일보』, 2013년 11월 20일.

87 윤세호, 「전지현 '별그대' 서 김수현에게 강조한 '케미' 뜻은?」, 『OSEN』, 2014년 1월 10일,

88 「'별에서 온 그대' 8회, 김수현 전지현 '케미' 폭발…무슨 뜻?」, 『이투데이』, 2014년 1월 10일.

89 박효재, 「시청률은 어벙한 연상녀·능력 있는 연하남 커플이 올린다」, 『경향신문』, 2014년 2월 11일.

90 최남주, 「식음료, 환상의 짝짓기 '케미레시피' 마케팅 후끈」, 『헤럴드경제』, 2014년 9월 11일.

91 이근평, 「'현피' 란? '현실에서의 Player Killing'…2006년 고교생 싸움이 시초」, 『문화일보』, 2013년 7월 24일.

92 김봉규, 「'현피' 와 '호접몽'」, 『영남일보』, 2013년 7월 26일.

93 이근평, 「'현피' 란? '현실에서의 Player Killing'…2006년 고교생 싸움이 시초」, 『문화일보』, 2013년 7월 24일.

94 이상준, 「돈 걸고 현피…직접 싸움 주선하기도: 청소년 맞짱 카페 7곳 폐쇄·운영자 등 8명 입건 파문」, 『한국일보』, 2012년 3월 16일.

95 이보람, 「"게임 못한다" 핀잔 준 친구에 칼부림 '살인 미수' 고교생 소년부 송치」, 『세계일보』, 2013년 10월 22일.

96 서상범, 「게임·이념 갈등…'위험한 현피(현실+플레이어킬)'」, 『헤럴드경제』, 2013년 7월 18일.

97 김형원·김정환, 「익명성이 증오심 증폭시켜…폭력을 마치 게임처럼 생각」, 『조선일보』, 2013년 7월 19일.

98 고경업, 「호모헌드레드」, 『제주일보』, 2012년 4월 16일.

99 박소란, 「호모헌드레드 시대를 말하다」, 『조선일보』, 2013년 7월 31일.

100 연제호, 「호모헌드레드여 7330! 운동해서 남 줍니까?」, 『스포츠동아』, 2014년 1월 8일.

101 이창훈, 「해피 호모헌드레드-'100세 시대 노이로제' 탈출하기」, 『매일경제』, 2012년 9월 26일.

트렌드 지식 사전 3

ⓒ 김환표, 2015

초판 1쇄 2015년 4월 27일 찍음
초판 1쇄 2015년 4월 30일 펴냄

지은이 | 김환표
펴낸이 | 강준우
기획 · 편집 | 박상문, 안재영, 박지석, 김환표
디자인 | 이은혜, 최진영
마케팅 | 이태준, 박상철
인쇄 · 제본 | 제일프린테크

펴낸곳 | 인물과사상사
출판등록 | 제17-204호 1998년 3월 11일

주소 | (121-839) 서울시 마포구 서교동 392-4 삼양E&R빌딩 2층
전화 | 02-325-6364
팩스 | 02-474-1413
www.inmul.co.kr | insa@inmul.co.kr

ISBN 978-89-5906-331-4 04320
          978-89-5906-257-7 (세트)

값 16,000원

이 도서의 국립중앙도서관 출판시도서목록(CIP)은 서지정보유통지원시스템 홈페이지(http://seoji.nl.go.kr)와
국가자료공동목록시스템(http://www.nl.go.kr/kolisnet)에서 이용하실 수 있습니다.
(CIP제어번호: CIP2015011070)